Ralf Gréus

MIT DEM WOHNMOBIL IN DIE TOSKANA

Eine Anleitung
für den Erlebnisurlaub

Verlag Roth - Schulz
D - 7129 Brackenheim 4

CIP-Kurztitelaufnahme der Deutschen Bibliothek

Gréus, Ralf:
Mit dem Wohnmobil in die Toskana : Tips, Tricks, Touren, gute Plätze / Ralf Gréus. - Heilbronn : WOMO-Verl., 1991
(Womo-Reihe ; Bd. 8)
ISBN 3-9801102-7-3
NE: GT

Titelbild: In den Bergen des Chianti-Gebietes

1.Auflage 1991, korrigiert 1993
Druck:
Georg Kohl GmbH, 7129 Brackenheim
Karten:
Doris Gréus, Wiesbaden
Fotos:
Seite 87: Reinhard Korn,
alle anderen vom Autor oder von Lena und Anna
Vertrieb:
GeoCenter, 7000 Stuttgart 80
Herausgeber:
WOMO-Verlag
Tel.: 07135/14553
Hornstraße 4, 7129 Brackenheim

ISBN 3-9801102-7-3

Einladung

Toskana... Schließen Sie die Augen und lassen Sie die Gedanken kreisen!

Hügel kommen Ihnen in den Sinn, mit langen Reihen von Zypressen. Sie denken an die Kunst, an Florenz und Siena, an die mittelalterlichen Plätze anderer Städte und an Marktstände mit frischen Kräutern. Sie sehen sich vor Renaissancefassaden sitzen, mit einem Cappuccino auf dem Tisch. Oder mit einem Rotwein vor Ihrem Wohnmobil über den dunstigen Bergen des Chianti.

Ein klassisches Reiseland wartet auf Sie, wie geschaffen für den Wohnmobilurlaub!

Folgen Sie mit diesem Buch Ralf Gréus und seiner Familie kreuz und quer durch eine der schönsten Kulturlandschaften Europas und verweilen Sie an ausgesuchten Stellplätzen.

Ihr

Reinhard Schulz

Inhaltsverzeichnis

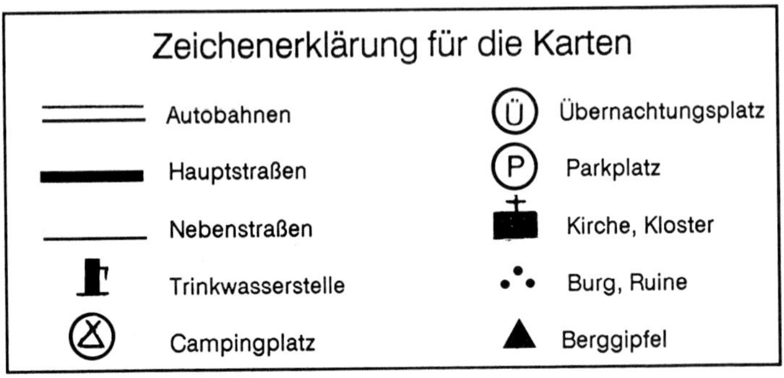
Zeichenerklärung für die Karten
Autobahnen
Hauptstraßen
Nebenstraßen
Trinkwasserstelle
Campingplatz
Übernachtungsplatz
Parkplatz
Kirche, Kloster
Burg, Ruine
Berggipfel

Anleitung für den Erlebnisurlaub mit diesem Reiseführer

Es gibt kaum ein Reiseziel, über welches in deutscher Sprache soviel geschrieben wurde, wie über die Toskana. Jeder Autor trägt das Seine dazu bei, daß der Reisende Land, Leute, Kunst und Landschaft kennenlernen kann. Dem möchte ich mich anschließen und Ihnen von meinen Fahrten erzählen, die ich mit meiner Frau und meinen beiden Kindern, teilweise aber auch beim Wandern mit einem Freund erlebt habe. Sie halten also einen sehr subjektiven Reiseführer in der Hand. Es wird demnach nicht ausbleiben, daß Sie manches ganz anders verspüren. Sie werden mir hoffentlich oft zustimmen, bisweilen werde ich bei Ihnen aber auch auf Kritik stoßen. Dabei mögen Sie daran denken, daß ich Ihnen im Grunde neben rein praktischen Ratschlägen nur eine Anleitung für bewußtes Reisen geben werde, also eine Art Gebrauchsanweisung für den eigenen Erlebnisurlaub, in dem das Abklappern von Sehenswürdigkeiten nicht einziges Reiseziel ist.

Unsere eigenen Fahrten verliefen zumeist in den Oster- oder Pfingstferien in etwa auf den Routen, in die ich die einzelnen Reisebeschreibungen aufgegliedert habe. Ich habe daraus literarisch eine einzige, weitgehend vollständige Toskana-Reise zusammengestellt, wobei ich mir vorstelle, daß so ähnlich auch die Abschnitte Ihres Toskana-Urlaubs aussehen könnten. Sie werden schnell merken, daß die (eine) Toskana-Reise, von der ich Ihnen erzähle, in Wirklichkeit keine einzige war. Jede der 16 Touren ist trotzdem so konzipiert, daß sie in zwei bis drei Tagen das jeweilige Gebiet bereisen können. Dabei gilt als oberstes Gebot: Schlagen Sie sich ein zu großes Programm von vornherein aus dem Kopf! Streß, Hektik und Vielfahrerei sollten Sie den anderen überlassen. Streichen Sie lieber touristische Attraktionen aus Ihrem Programm, denn wenn Sie weniges genießen, haben Sie mehr davon, als wenn Sie vieles abhaken!

Was erwarten Sie von einer Fahrt in die Toskana? Kultur, Bau- und Kunstdenkmäler, Sehenswürdigkeiten; kurzum: Sie wollen etwas besichtigen. Wir nennen Ihnen die Hauptsehenswürdigkeiten, und Sie denken daran, daß wir einen Wohnmobil- und keinen Kunstführer geschrieben haben.

Bei einer Urlaubsfahrt sollen aber auch Gaumen und Kehle nicht zu kurz kommen. Also nennen wir Ihnen auch gute Restaurants, und zwar vorwiegend solche, die wir auch selbst erprobt haben; einfache und feine, billige und teure.

Aus gutem Grunde ist die Toskana als Wandergebiet immer mehr in Mode gekommen, denn die Landschaft läßt sich am intensivsten zu Fuß erleben. Es braucht ja nicht gleich eine ganztägige Wanderung zu sein. Bei Ihnen ist vielleicht nur ein Spaziergang von zwei Stunden drin, bei dem auch Ihre Kinder nicht meutern. Wir führen Sie auf einigen schönen Wanderwegen und erzählen Ihnen auch von kürzeren Ausflügen.

Aber deswegen haben Sie diesen Reiseführer nicht gekauft. Sie besitzen ein Wohnmobil; entweder haben Sie sich eines angeschafft, oder Sie haben ein solches geliehen und wollen nun von uns Vorschläge für Übernachtungsplätze. Sie haben schon so oft miserabel gestanden. Wir beschreiben Ihnen einsame Stellplätze, aber auch solche in der Nähe von Häusern, auf denen auch der ängstliche Wohnmobilfahrer ruhig schlafen kann. Wir helfen Ihnen beim Auffinden solcher Plätze, und manchmal haben wir diese auch fotografiert. Wenn wir einmal an einem Platz nicht selbst genächtigt haben, verschweigen wir das nicht.

Jeder unserer Touren stellen wir eine Übersicht voran, in der wir Ihnen Besichtigungsvorschläge machen, eine oder mehrere Gaststätten empfehlen, wo wir Ihnen Übernachtungsplätze nennen und Sie oft auch auf Wander- und Ausflugsrouten hinweisen. Die den Touren vorangestellten Angaben sind dann im folgenden Text präzise beschrieben. Damit Sie sich bei der Lektüre des Buches orientieren können, sind alle Orte, insbesondere die Übernachtungsplätze auf einer zu den Routen gehörigen Landkarte dargestellt. Diese Skizzen ersetzen natürlich keine Autokarte, wenngleich wir uns um möglichst maßstabgenaue Zeichnungen bemüht haben.

Damit Sie gezielt einen Übernachtungsplatz suchen können, haben wir nachfolgend eine Übersichtskarte abgedruckt, auf der die Ziffern den Nummern der späteren Touren entsprechen.

Wir wissen, daß viele Wohnmobilisten häufig oder wenigstens in gewissen Abständen Campingplätze besuchen. Wir schreiben keinen Campingplatzführer, wir nennen Ihnen aber im Text gelegentlich doch solche Plätze, die für Wohnmobile geeignet sind. Womit wir allerdings weniger die Ver- und Entsorgung meinen, als vielmehr die Stellplatzmöglichkeiten oder einen gewissen lagebedingten Reiz.

Natürlich erwähnen wir auch Wasserzapfstellen, die nicht auf Campingplätzen liegen, viele haben wir sogar auf den Karten eingezeichnet. Wenn im Text der einzelnen Routen das Auffinden dieser Wasserstellen nicht beschrieben ist, liegen diese an der Straße, so daß man sie beim aufmerksamen Vorbeifahren erkennen kann. Wir nennen Ihnen auch öffentliche Toiletten und sonstige Einrichtungen, die für uns Wohnmobilurlauber von großer Bedeutung sind.

Bei den einzelnen Reisebeschreibungen mußten wir beim Konzept dieses Buches feststellen, daß sich vieles wiederholt.

Wir mußten uns daher - ungern - dazu entschließen, den eigentlichen Reisebeschreibungen einen weiteren, sozusagen allgemeinen Teil hinzuzufügen. Wenn Sie also mit diesem Büchlein verreisen wollen lesen Sie bitte zunächst die allgemeinen Tips im hinteren Teil des Buches vollständig und folgen Sie erst dann unseren Touren. Diese bauen nämlich auf dem allgemeinen Teil auf, und wenn Sie ein Stichwort gar nicht interessiert, können Sie dieses zunächst auch einmal auslassen.

Und noch eines: Weder der Verlag noch ich als Autor können dafür einstehen, daß das Übernachten auf den von uns erwähnten Plätzen polizeilich oder sonstwie erlaubt ist. Wir haben sorgfältig recherchiert, wir können aber in diesem Buch Fehler nicht ausschließen. Und einiges wird sich im Laufe der Zeit auch verändern. Vielleicht finden Sie auch Orte, die wir nicht kennen oder nicht für erwähnenswert gehalten haben. Dann schreiben Sie an den Verlag oder an

Ralf Gréus
Bahnhofanlage 18
6830 Schwetzingen
Tel. 06202/25775

denn ein Reiseführer lebt in den Folgeauflagen auch von den Tips der Leser!

Am Ende der Vorrede möchte ich noch mit der vollen Wahrheit herausrücken: Ich habe dieses Buch in erster Linie für mich selbst gemacht und dabei viel Freude gehabt. Ich wünsche Ihnen, daß Sie in der Toskana wenigstens einen Teil davon abkriegen, es wird dann nicht Ihr letzter Toskana-Urlaub gewesen sein.

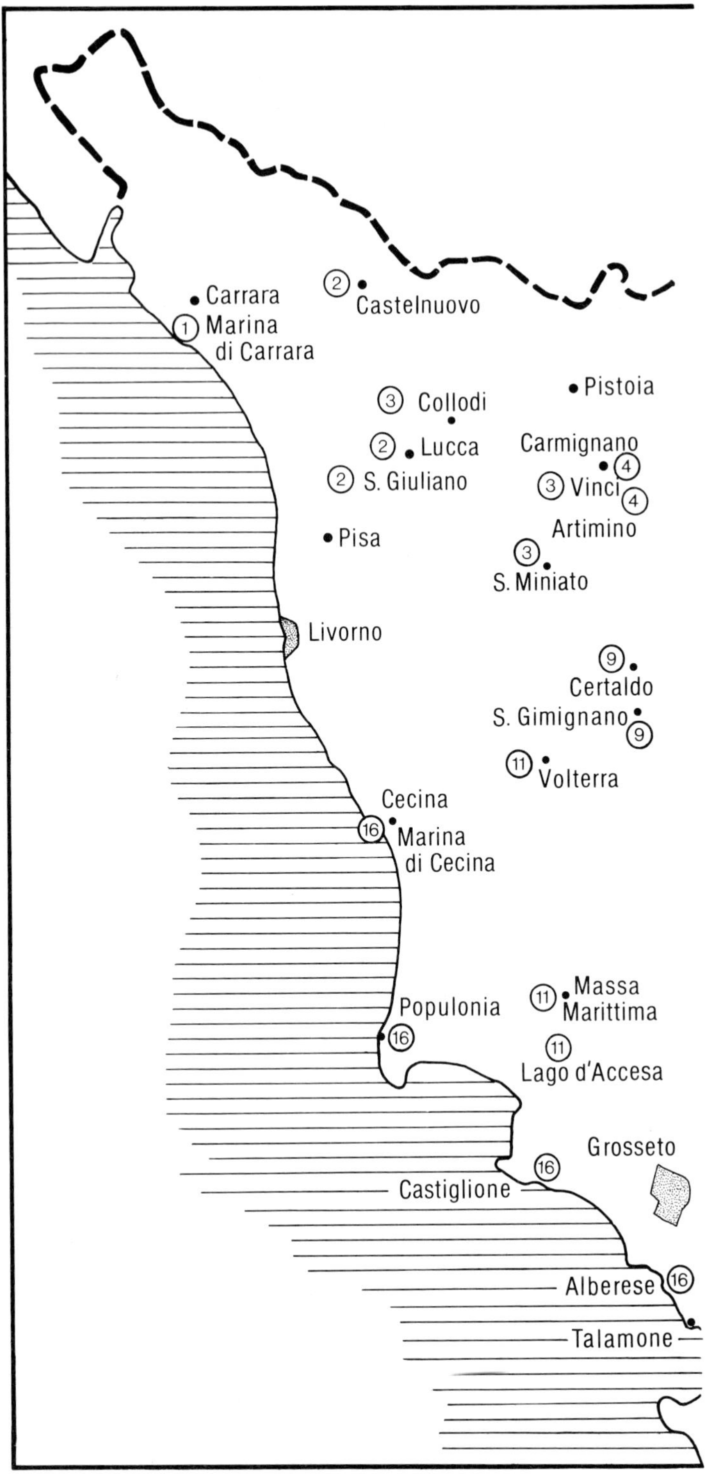
Carrara
1 Marina di Carrara
2 Castelnuovo
3 Collodi
2 Lucca
2 S. Giuliano
Pistoia
Carmignano 4
3 Vinci 4
Artimino
Pisa
3 S. Miniato
Livorno
9 Certaldo
S. Gimignano 9
11 Volterra
Cecina
16 Marina di Cecina
Populonia 16
11 Massa Marittima
11 Lago d'Accesa
Grosseto
16
Castiglione
Alberese 16
Talamone

ÜBERNACHTUNGSPLÄTZE UND TOUREN

(Die Ziffern betreffen die Touren ab Seite 16)

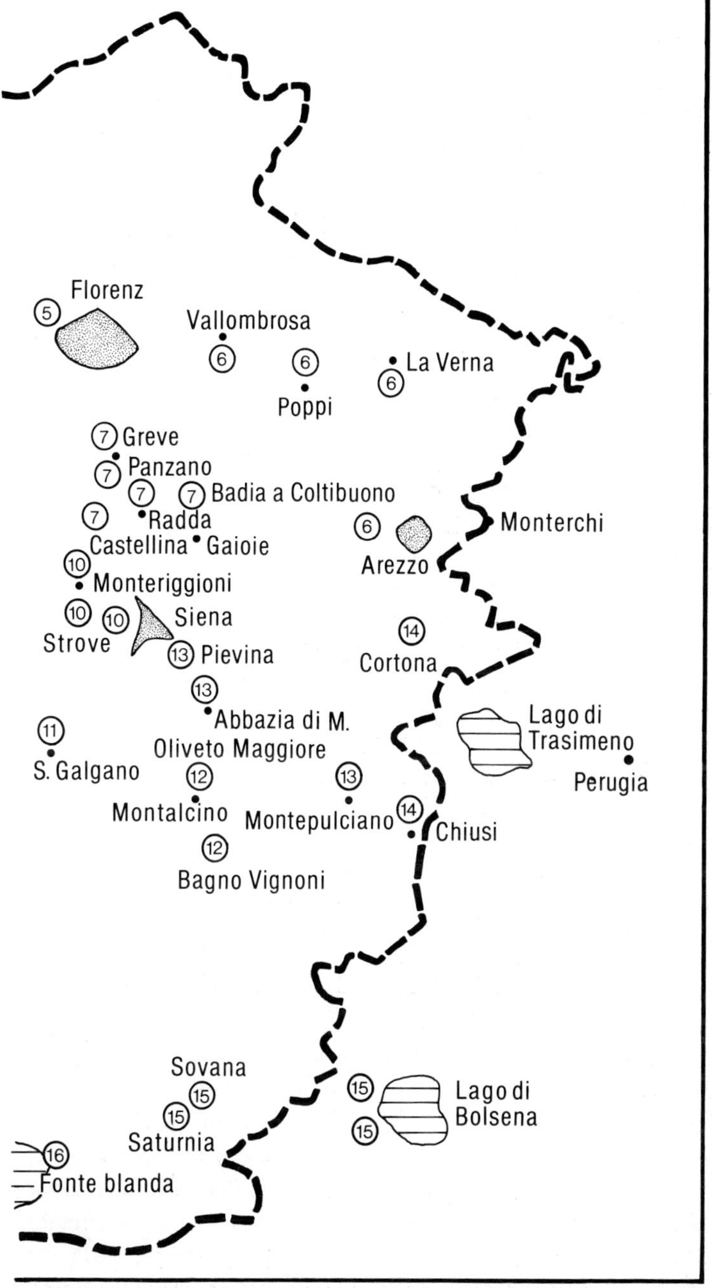

Anreise

Wie man in die Toskana kommt, wissen Sie selbst. Denn Straßenkarten können Sie lesen, sonst hätten Sie sich nie ein Wohnmobil angeschafft oder geliehen. Wir wollen es Ihnen glauben, obgleich gute Freunde von uns - im Alltag durchaus lebenstauglich und keineswegs Analphabeten - auf dem Heimweg aus der südlichen Toskana nach zwei Stunden Fahrtzeit fast vor den Toren Roms standen. Ich will es aber nicht übertreiben und mich auf die *Hauptrouten* beschränken:

Für alle die, welche über Frankfurt oder westlich davon auf schnellstem Weg nach Süden brausen wollen, ist die Strecke über Basel, Luzern und durch den **St. Gotthard-Tunnel** sowohl die kürzeste wie auch die schnellste. In der Schweiz trifft man dann mit den Urlaubern aus dem Großraum Stuttgart zusammen, die über Singen und Zürich nach Luzern vorstoßen. Wenn es darum geht, möglichst rasch in die Toskana zu kommen, und meistens geht es darum, gibt es für die Wohnmobilisten aus dem westlichen, südwestlichen und auch aus den meisten nördlichen Teilen der Bundesrepublik für diese Strecke keine Alternative.

Aber nur dann, wenn nicht zur selben Zeit alle anderen auch in Urlaub fahren. Wer sonntags morgens losfährt, wird keine Probleme mit Staus haben. Ganz im Gegensatz zu dem, der freitags nachmittags oder samstags bange den Verkehrsfunknachrichten lauscht. Um ehrlich zu sein, wir gehören auch nicht zu den Leuten, die nach Ferienbeginn erst einmal eineinhalb Tage zu Hause auf dem Balkon relaxen und stolz auf sich sind, daß sie nicht so blöd sind wie die anderen, die gerade jetzt im Stau bei Karlsruhe stehen.

Unser Oster- oder Pfingst-Toskanaurlaub beginnt auch schon am Freitagnachmittag, aber auf **"alternativer" Strecke**: Parallel zur deutschen Autobahn verläuft jenseits des Rheins auf elsässischer Seite eine Straße, die zwar nicht ganz autobahnmäßig ausgebaut ist (aber zum größten Teil), auf der man jedoch kaum langsamer vorankommt. Fahren Sie über Speyer, Germersheim, Lauterbourg und Strasbourg! Aber da wir auch nicht am Abend in Basel oder am nächsten Tag vor dem Gotthard-Tunnel im Abgasgestank unseres Vordermanns im Schrittempo vorankriechen wollen, bleiben wir zwei Nächte im Elsaß, um dann dort von Süden am Sonntagmorgen in Richtung Toskana zu starten. Sie glauben nicht, wie schön die ersten eineinhalb Urlaubstage bei einer solchen Planung sind, zumal das Elsaß allein schon einen ganzen Urlaub lohnt. Stellplätze und viele Tips gebe ich in Band 6 der WOMO-Reihe: *"Mit dem Wohnmobil ins Elsaß"*. Bestimmt nicht der Reklame wegen prophezeie ich, daß Ihre südeuropäischen Urlaube, haben Sie diese Variante erst einmal getestet, demnächst häufiger seitlich der elsässischen Autobahn beginnen.

Bis in die Schweiz hinein kann man deutsche Verkehrsfunknachrichten hören, die auch von Staus an der Zufahrt zum Gotthard-Tunnel berichten. Man kann dann unter Umständen noch rechtzeitig über Zürich, Chur und durch den **St. Bernardino-Tunnel** ausweichen. Im Tessin bei Locarno führen dann beide Strecken wieder zusammen.

Das nächste Nadelöhr ist dann die schweizerisch-italienische Grenze bei Chiasso, wo man die Fahrzeugschlange an der Zollstation umfahren darf, wenn man die Fahrspur für Busse und Wohnwagen benutzt, ehe dann auf dem Weg nach Milano bald die erste Mautstelle zum Bremsen nötigt.

Über Vignetten und Autobahngebühren haben andere schon viel gejammert, wir nehmen sie als unabänderlich, denn über die Landstraße fährt ohnehin kaum jemand in die Toskana. Das Hauptärgernis auf den Autobahnen besteht darin, daß man nicht nur dem Kassierer einige tausend Lire durchs Fenster reichen, sondern bei starkem Verkehr zu diesem Zweck erst einmal eine halbe Stunde anstehen muß. Ich frage mich immer, wie lange die Einnehmer ihren Job wohl machen und wieviele von ihnen krank werden. Denn der Katalysator ist in italienischen Autos eine Ausnahme, und die Rußwolken der zahlreichen Dieselmotoren steigen just dann stinkend nach oben, wenn das Auto anfährt.

Es nutzt Ihnen wenig, wenn ich hier bezüglich der Mautgebühren mit Zahlen glänze, sie ändern sich doch ständig und letztlich spielt es keine Rolle, ob die Anreise 5.000 Lire teurer oder billiger ist. Es gibt nichts Schlimmeres, als die Urlaubsbekannten, die vorrechnen, wie sie genau 11.500 Lire Autobahngebühr eingespart und dabei schon den Kraftstoffmehrverbrauch berücksichtigt haben. Und wenn es Sie beruhigt: Die italienischen Autobahnen sind für Wohnmobile wesentlich billiger als die französischen. Von der Schweizer Grenze bis nach Florenz (über Bologna) kostete ein Wohnmobil mittlerer Größe im Sommer 1990 umgerechnet rund 40,-- DM.

Etwa in der Mitte des südlichen Autobahnrings um Milano muß man sich dann entschieden haben, welche toskanische Gegend zuerst angesteuert werden soll. Möchten Sie nämlich in die Region von Massa, Lucca oder Pisa, empfiehlt sich unbedingt der Weg über die A 7 Mailand - Genua, und dann weiter auf der A 12 über La Spezia. Man kommt auf dieser Autobahn, jedenfalls soweit sie durch das Gebirge verläuft, nicht schnell voran, da die Streckenführung stellenweise sehr kurvig und bergig ist. Außerdem durchquert man einen Tunnel nach dem anderen. Wir wählen diesen Hinweg trotzdem fast immer, hat er nämlich noch einen weiteren, unschätzbaren Vorteil: Der kürzeste Weg zum Meer endet für die Benutzer der Gotthard-Strecke bei Genua.

Und so kann man schon in der ersten italienischen Nacht Meeresrauschen erleben. Beispielsweise in **Chiavari**, wo ein großer Platz seitlich des Hafens direkt am Strand von Wohnmobilen bevölkert wird. Lassen Sie sich dort nicht von den Schildern, die eine Übernachtung verbieten, abhalten; die Carabineri drehen abends eine Runde und imponieren Ihnen mit ein paar Brocken Deutsch, vor allem mit dem Satz: "Hier ist es schön!". Noch besser ist die Übernachtungsmöglichkeit in **Levanto**, wo man oberhalb des Strandes, also ebenfalls direkt am Meer nächtigen kann. Ein erstes Bad im Meer direkt beim WOMO ist hier garantiert.

Übernachtung in Levanto

Bei starkem Reiseverkehr empfiehlt sich die Strecke über Genua allein schon deswegen, weil man nicht an der Mautstelle südöstlich von Mailand vorbeikommt, wo sich häufig kilometerlange Staus bilden. Überdies umgeht man die langweilige und stark befahrene Autobahn zwischen Mailand und Bologna.

Wer über den östlichen oder südöstlichen Teil der Bundesrepublik anreist, wird unweigerlich zur **Brenner-Route** tendieren, die landschaftlich abwechlungsreicher als die Gotthard-Strecke ist. Der Autobahnbenutzer spart jedoch keinesfalls Geld, denn allein die Maut von Innsbruck bis zur italienischen Grenze kostet fast soviel wie die Schweizer

Autobahnvignette. Insoweit kann man die Urlaubskasse entlasten, wenn man der alten Brenner-Staatsstraße den Vorzug gibt, auf der man erstaunlich gut vorankommt. Kurz vor Ostern, Pfingsten oder beim gefürchteten Ferienbeginn haben wir auf diesem Weg schon mehrfach gut gelaunt ohne Staus die Alpen überquert, während wir die Massen der Urlauber auf der nahen Autobahn im Stau sehen sahen und förmlich fluchen hörten. Man sollte dann auf jeden Fall bis Sterzing (Vipiteno) der Landstraße den Vorzug geben, wobei wir dann bis kurz vor Bozen allein schon wegen der landschaftlichen Reize die Autobahn, deren Benutzung in Südtirol auch nicht gerade billig ist, meiden.

Auf Zähflüssigkeiten muß auch der gefaßt sein, der via Bologna den Weg nach Florenz sucht, denn die A 1 trägt nicht ohne Grund den Beinamen "camionale", was bedeuten soll, daß sich hier Laster hinter Laster über Steigungen, Brücken und vor allem durch Tunnelröhren quälen.

Werden Sie auf Urlaubsfahrten von einem Dieselmotor genervt, können Sie die **Kraftstoffpreise** bei der Routenauswahl fast vergessen, insoweit trifft man nämlich in allen Herkunfts-, Ziel- und Transitländern auf ein nur wenig unterschiedliches Preisgefüge. In Deutschland ist die Tankfüllung am billigsten und in Italien am teuersten.

Wer indessen einen Otto-Motor mit Superbenzin füttern muß, sollte nicht nur vor Erreichen der italienischen Grenze volltanken, sondern sich auch die Brennerstrecke dreimal überlegen. Auf ihr erreicht man das Land, in dem nicht nur die Zitronen blühen, sondern auch der Liter Super über 2,-- DM kostet, schon früher.

Irgendwann führt jeder Weg in die Toskana (falls nicht, lesen Sie bitte im hinteren Teil des Buches unter dem Stichwort "Unfall" weiter), so daß Sie uns dort auf unseren 16 Routen begleiten können.

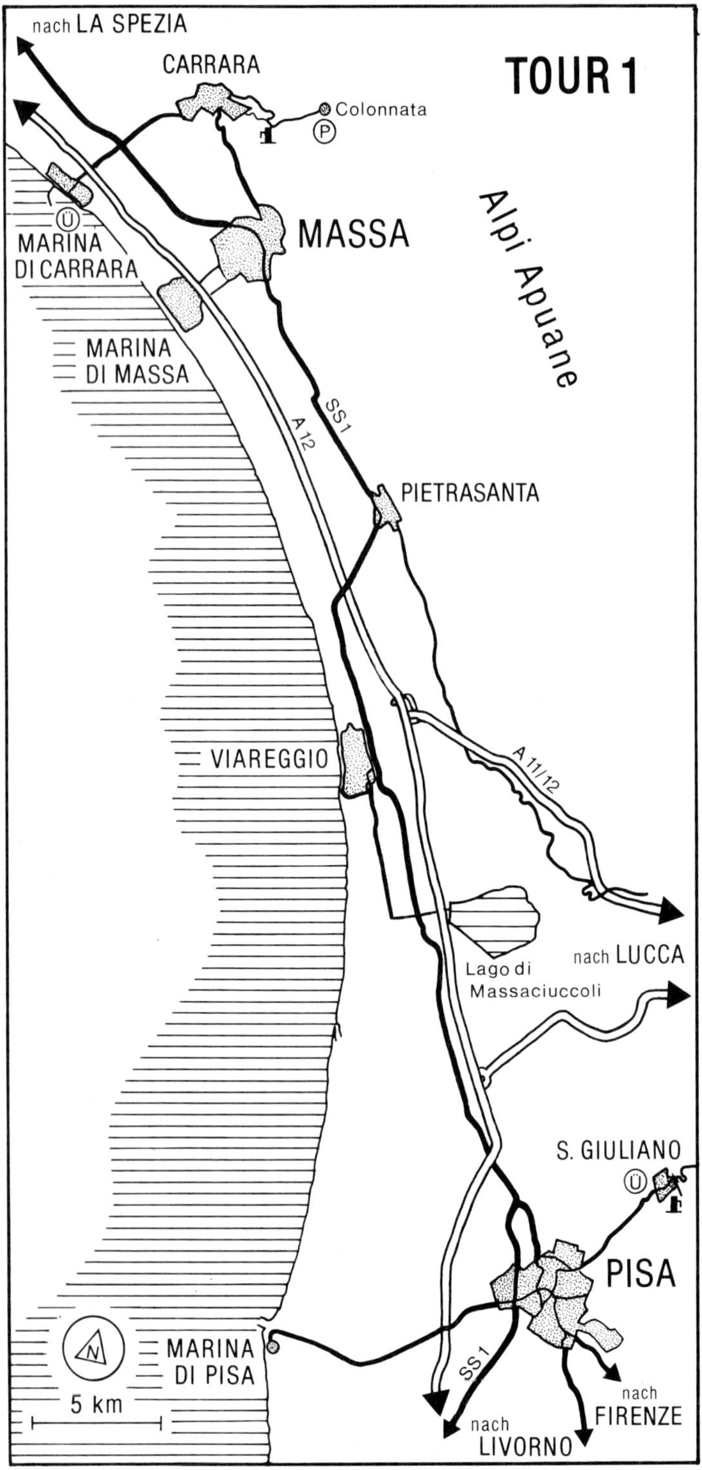
TOUR 1
nach LA SPEZIA
CARRARA
Colonnata
MASSA
MARINA DI CARRARA
MARINA DI MASSA
Alpi Apuane
SS1
A 12
PIETRASANTA
VIAREGGIO
A 11/12
Lago di Massaciuccoli
nach LUCCA
S. GIULIANO
PISA
MARINA DI PISA
5 km
SS1
nach LIVORNO
nach FIRENZE

DURCH DIE TOSKANA AUF 16 TOUREN

Tour 1: Zwischen Meer und Marmorbergen nach Pisa

Carrara- Nördliche Küste - Pietrasanta - Pisa

Übernachten:	An der Küste zwischen Marina di Carrara und Marina di Massa; am Sportplatz von San Giuliano zwischen Pisa und Lucca
Besichtigen:	Marmorsteinbrüche bei Colonnata; Marmorverarbeitungswerkstätten bei Colonnata und Fantiscritti; Innenstadt und Dom von Carrara; Altstadt von Pietrasanta; Domplatz in Pisa (mit "Schiefem Turm"); Altstadt von Pisa
Wandern:	Ausflug in die Marmorsteinbrüche;
Essen:	In der "Trattoria Venanzio" in Colonnata; im "Da Bruno" in Pisa

Es ist Freitagmittag, eine Woche vor Pfingsten, als uns kurz vor der Autobahnausfahrt Carrara ein großes, grünes Schild den Anfang der Toskana signalisiert. Wir, das sind meine Frau Gisela und unsere beiden Töchter Lena (10) und Anna (7) haben in Levanto an der ligurischen Küste (siehe unter "Anreise") übernachtet, gebadet und uns etwas von der Fahrt erholt. Es ist uns noch gar nicht "toskanisch" zumute, keine Zypressen und Ölbäume, statt dessen lange Reihen von Freizeitbooten in einem Kanal rechts der Autobahn. Und es herrscht allgemeine Sommer-, Sonne-, Strandstimmung.

Diese ändert sich aber schnell, als wir nach ein paar Kilometern hinter **Carrara** auf einem schmalen Sträßchen zum Dorf **Colonnata** zwischen grünen Wäldern die **Marmorsteinbrüche** suchen. Wir folgen den Wegweisern zu den "Cave Marmo", sie bedeuten uns, daß wir hier den Abbau des Marmors im Berg besichtigen können, sowie direkt daneben die Weiterverarbeitung. Zwangsläufig müssen wir mit dem Endprodukt in Form von mehr oder weniger kitschigen Marmorfiguren, -Schachbrettern, -Kegeln und -Käsebrettern anfangen. Denn leichtes Donnerrollen hat sich zu einem kräftigen Gewitter entwickelt und bald zwingen uns bräunlich-weiße, die Straße herabschäumende Wasserbäche zum Anhalten vor einer der zahlreichen Verkaufsbuden. Zum Teil stammt die ausgestellte Ware aus dem Sortiment des üblichen Tourismusartikel-Großhändlers, viele Stücke kommen aber auch aus der eigenen Werkstatt, wo man beim Hauen, Schleifen, Drechseln und Polieren des Steins zusehen kann.

Erst nachdem sich das Gewitter in die oberen Regionen der fast 2000 m hohen, inzwischen von Wolken umhüllten Apuanischen Alpen verzogen hat, können wir an mehreren

Marmorsteinbruch

Einschnitten zusehen, wie mit Drahtseilen und mit Hilfe einer Mischung aus Sand und Wasser ganz langsam große, rechteckige Marmorblöcke aus dem Berg geschnitten werden; eine Technik, zu der man erst im letzten Jahrhundert übergegangen ist. Bis dahin hat man seit der Renaissance Sprengstoff benutzt - und Raubbau betrieben, dessen Reste in Form riesiger Schutthalden schon vom Strand aus zu sehen sind. Vor der Erfindung des Schwarzpulvers, vor allem in der Antike rammte man Holzpfähle in den Berg und begoß diese mit Wasser. Durch die

Ausdehnung des Holzes wurde der Marmor in den natürlichen Adern auseinandergesprengt. Aber auch heute noch geht man hinter Carrara und Massa nicht gerade schonend mit den steinernen Gaben der Natur um, denn das Marmorgeschäft floriert wieder. Nach einer Flaute in den 60-iger Jahren sorgten danach vor allem die Ölscheichs beim Bau ihrer Prunkpaläste für den gehörigen Marmorabsatz. Inzwischen hat sich aber auch in Mitteleuropa wieder der Geschmack gewandelt, und manch ein schwäbischer "Häuslebauer" läßt seinen Architekten in Carrara vor Ort die Badezimmerfliesen aussuchen.

Man kann sich am Rande der Steinbrüche in Ruhe umsehen und ein wenig herumklettern. Aber immer wieder krachen vom Regen gelöste Brocken in die tief eingeschnittenen Abbauschluchten. Sie sind uns Warnung, nicht die Wege zu verlassen, von denen aber auch alles Wesentliche zu sehen ist. Nur den reinen, weißen Statuenmarmor, den schon Michelangelo höchstpersönlich hier oben ausgewählt haben soll, suchen wir vergeblich.

Trotzdem: Marmorqualitäten wie die bei Carrara werden weltweit kein zweitesmal gefunden, und das - meist kleinbetriebliche - Verarbeitungsgewerbe hat einen so hohen Standard, daß man sogar Marmor aus Übersee heranschifft, um aus ihm bei Carrara Endprodukte herzustellen, die dann vom nahen Hafen wieder in aller Herren Länder exportiert werden.

Auf dem Rückweg von Colonnata nach Carrara, den wir über Fantiscritti wählen (an der Straßengabelung rechts abbiegen), kommen wir an weiteren Marmorbrüchen und Sägereien vorbei. Dort stehen die diamantbestückten Drähte niemals still, mit denen die großen Blöcke in Platten, Scheiben oder kleinere Quader zersägt werden. Das lesen wir in unseren Reiseführern schon vorher, als uns auf dem kleinen Parkplatz von Colonnata ein zweiter Gewitterschauer aus den engen Gassen ins WOMO treibt. Im Dorf gibt es übrigens ein viel gerühmtes *Lokal*, die **"Trattoria Venanzio"** (Tel. 0585/73617; donnerstags und sonntags abends geschlossen). Von eigenen Genüssen können wir hier schon deshalb nicht schwärmen, weil wir vor dem Gewitter flüchten müssen, ehe wir das Wirtshaus überhaupt entdeckt haben.

Das Sträßchen nach Colonnata ist mit dem Wohnmobil einigermaßen gut zu befahren. Man muß allerdings sehr aufpassen, weil in Kurven plötzlich Laster entgegenkommen, die mit einem 20-Zentner-Marmorblock beladen sind (vor den Kurven hupen!). Bei der Rückkehr nach **Carrara** sieht man den Häusern an, daß hier vornehmlich Arbeiter zu Hause sind, die seit Jahrhunderten unter schlechten Bedingungen in den Steinbrüchen für einen kargen Lohn arbeiten müssen. Wir wundern uns daher nicht, daß die Stadt Hochburg italienischer Anarchisten ist und zur Zeit des Faschismus Zentrum der Widerstandskämpfer war. An den Häusern kleben auch heute noch auffallend viele politische Plakate. Sozusagen auf Marmor, der hier als Baustoff reichlich Verwendung gefunden hat, sogar für das Straßenpflaster und für Trockenmauern. Nicht nur deswegen macht es Spaß, durch Carrara zu laufen, dessen Innenstadt sehr homogen, richtig italienisch und gar nicht touristisch wirkt. Das gilt auch für den von seinem Vorplatz merkwürdig abgewendeten Dom, der zwar in verschiedenen Stilrichtungen gebaut wurde aber - wen wundert's - vorwiegend aus Marmor besteht.

Den dritten Wolkenbruch dieses Tages erleben wir auf der *Stellplatzsuche*, die bei einer Stadt in Küstennähe geradezu zwangsläufig am Meer stattfindet. Und genau dort darf in der Toskana niemand ein ruhiges, schönes Plätzchen erwarten. Fast zu unserer eigenen Überraschung werden wir zwischen den Marinas von Carrara und Massa direkt am Strand fündig: Schon von weitem sehen wir im Süden von Marina di Carrara einen alles überragenden runden Turm mit unzähligen Fenstern. Direkt bei diesem Wohnsilo führt von der Küstenstraße ein Weg zum Meer, um dann zwischen Turm und Strand zu enden. Wir bleiben am Rande dieses Weges stehen, der Sandstrand grenzt nun unmittelbar an unsere Wohnmobiltür.

Übernachtungsplatz bei M. di Carrara

Auch das letzte Gewitter hat sich verzogen, und wir stürzen uns sofort erleichtert in die Meeresfluten. Denn mit einem derartig schnellen und wirklich befriedigendem Erfolg bei der Suche nach einem Standplatz hat keiner gerechnet. Das runde Ungetüm hinter uns steht jetzt in den Pfingstferien aber auch leer. Im Hochsommer hätten wir wohl kaum Platz für unser WOMO gefunden. Der Wolkenkratzer ist übrigens ein Überbleibsel von Mussolini, der hier eine "Colonia" hochziehen ließ, um die Jugend in den Ferien faschistisch-militärisch zu drillen. Auch heute finden hier die Kinder von Fiat-Arbeitern unter anderen Vorzeichen in den Sommerferien noch Erholung.

Ansonsten hätten wir uns an der Küste der Versilia bei der Suche nach einem Standplatz schwergetan. Wie Perlen an einer Kette reihen sich die privaten Badeanstalten, die "Bagni" an die Küstenstraße. Das toskanische Meeresgestade gehört nämlich nicht gerade zu den Schönheiten Italiens, weshalb wir Sie bei der 16. Tour, wo wir uns generell und näher mit der Meeresküste befassen, auch vor einem Toskana-Strandurlaub warnen. Dabei kann man gerade an unserem Stellplatz noch erahnen, daß hier vor vielleicht 70 Jahren vor der Kulisse der zackigen Berge einer der schönsten Abschnitte des nördlichen Mittelmeers anzutreffen war. Das ist aber Vergangenheit. Der Mensch hat alles zugebaut, betoniert, asphaltiert und mit den Häßlichkeiten ausgestattet, die der Massentourist zu seinem Urlaub zu brauchen scheint. Wer an der Küste nördlich von Livorno lange auf der Suche nach einem ruhigen Plätzchen herumkurvt, vergeudet wertvolle Ferienzeit. Dies ist uns schon nach einem Blick auf die Landkarte klar, wir sagen daher dem Meer vorerst: "Lebewohl und werde nicht noch schmutziger!"

.Nach einem vormittäglichen Strandleben, gerade rechtzeitig vor dem ersten Sonnenbrand machen wir uns am nächsten Tag auf den Weg nach Pisa. Unterwegs zweigen wir nach **Pietrasanta** ab, einer der kleineren Städte, an denen man gewöhnlich vorbeifährt, wenn man nicht gerade große Teile seines Urlaubs in der Versilia, jenem Küstenabschnitt zwischen den Apuanischen Alpen und dem Meer verbringt. Es entgeht einem dann allerdings auch der nette Domplatz, am Rande dessen wir das erste italienische Eis des Urlaubs schlecken - es werden noch viele folgen.

Bei der Weiterfahrt knausern wir diesmal mit der Lira und ziehen die Landstraße der Autobahn vor. Wir könnten ja etwas versäumen! Um den **Lago di Massaciuccoli**, den größten toskanischen Binnensee, wäre es aber nicht so schade gewesen. Zwar ist er Zentrum eines gleichnamigen Naturschutzgebietes, das aber hier Naturschutz nicht gebietet: Man kann im umgekippten See nicht mehr baden und an seinen schilfbewachsenen Rändern treiben im Sommer Milliarden von Moskitos ihr blutrünstiges Unwesen.

Egal, ob man die Autobahn oder die Landstraße wählt, irgendwann steht man vor ihm, dem **"Schiefen Turm" von Pisa**.

"La Torre Pendente"

Leider ist es inzwischen soweit! Nicht daß er umgefallen wäre, um das zu erleben, müssen Sie im Jahre 2010 noch einmal wiederkommen, falls sich bis dahin nicht die Berechnungsmethoden geändert, oder die Wissenschaftler ein Rezept gegen sein Umstürzen gefunden haben. Nach langen Diskussionen darf man nun seit dem 7. Januar 1990 nicht mehr die 293 Stufen des Campanile, besser bekannt als "Schiefer Turm" hochsteigen. Wobei dieser Begriff nie genau gestimmt hat, denn wenn man gerade auf der sich neigenden Seite war, hatte man eher das Gefühl, beim Hinaufsteigen die Treppen runter zu gehen. Der Bürgermeister von Pisa prohezeite bei der Schließung zwar, der Turm werde schon in drei Monaten wieder offenstehen, während der zuständige Minister drei Jahre für wahrscheinlicher hielt. Der Herr Bürgermeister hatte nicht recht, wie wir nun wissen. Dies wird er sehr bedauern, denn allein der Verlust an Eintrittsgeldern (seit 1922, als erstmals Eintrittskarten verkauft wurden, haben fast 18 Millionen Besucher gezahlt) betrug jährlich zuletzt 20 Millionen Mark, die indirekten Einnahmen kommen noch hinzu.

Aber das Geschäft wird fortdauern, solange nicht die jährlich durchschnittlich um 1,2 mm zunehmende Neigung durch Sturm oder Erdbeben beschleunigt wird oder falsche Sanierungsmaßnahmen dem "Torre pendente" ein jähes Ende bereiten. 1935 wäre es nach unbedachten Zementinjektionen beinahe so weit gewesen. Welch ein Jammer ist der Menschheit erspart geblieben. Auf Zehntausenden von Kommoden und Fernsehvitrinen würden keine rotschimmernden, campanileartigen Fernsehleuchten die Herzen erfreuen, und die Fotoindustrie würde jährlich Zentner von Silber einsparen, die allein bei dem Versuch belichtet werden, das Weltwunder wenigstens fotografisch gerade zu rücken oder es in die Bilddiagonale zu legen. Sehr beliebt ist auch das Motiv wie der Vater mit Hilfe seiner Kinder den Turm abstützt, während er der Mutter - Feministinnen mögen es mir verzeihen - die letzten Anweisungen für den Schnappschuß gibt. Und während vielleicht ein Autoknacker sich ein paar hundert Meter weiter gerade am Auto und dort am Cassettenrecorder zu schaffen macht. Denn in Pisa hat die Zunft der Diebe angeblich, ich habe es nicht überprüft, Hochkonjunktur.

Wenn Sie nun meinen, ich könnte Pisa nicht leiden, tun Sie mir Unrecht. Aber die totale Vermarktung einer einzigen Stelle einer ansonsten sehr schönen Stadt ist schade. Auch Sie würden vielleicht gar nicht hierher fahren, gäbe es nicht den Turm. Dabei gehört das gesamte Bautenensemble der "Piazza dei Miracoli", wie der **Domplatz** genannt wird, zum Eindrucksvollsten, was Architektur überhaupt zu bieten hat: Weißer Marmor über grünem, bewässerten Rasen bestimmt das Szenarium. Dem 1064 begonnenen und nach etwa 100 Jahren Bauzeit verlängerten Dom sieht man an, daß Pisa, damals noch am Meer gelegen, aufgrund des Handels eine der reichsten Städte Italiens war, wobei die Bauten des Domplatzes vor allem mit der Beute eines gewonnenen Seekrieges über die Araber finanziert worden sind. Darüber lesen Sie ausführlich in Ihrem Kunstreiseführer. Genauso wie über die bronzenen Domtüren oder die Geschichte des "Torre pendente" und über die vergeblichen Bemühungen der altehrwürdigen Baumeister, ihn nach hundertjähriger Bauunterbrechung durch Korrekturen oberhalb der dritten Säulenreihe zu begradigen (wie man deutlich sehen kann). Sie lesen davon, daß Galilei vom Turm die Fallgesetze erprobt und am Leuchter im Dom die Pendelgesetze studiert haben soll. Sie erfahren aber auch, daß dies gar nicht stimmen kann, hat der Universalgelehrte doch seine Entdeckungen schon veröffentlicht, bevor der Leuchter überhaupt aufgehängt worden ist. Fällt Ihnen auch auf, daß das runde romanische Baptisterium (Bauzeit 1153 - 1358) etwa einen Meter höher ist als der schiefe Turm? Bei unseren Besuchen hat der Custode, als sich das Rund der ehemals nach oben offenen Taufkapelle mit Besuchern gefüllt hat, die Türen geschlossen und dann, wenn endlich das letzte Blitzlicht erloschen war, Akustik und Echo des Raumes demonstriert. Und lesen Sie auch etwas über die Kanzeln! Nicola Pisano schuf für das Baptisterium das bekannteste frühgotische Bildhauerwerk und gleichzeitig die erste freistehende Kanzel, während sein Sohn Giovanni Schöpfer der ebenso schönen Kanzel im Dom war. Sie werden bei späteren Touren nach Pistoia oder Siena noch mehr von meiner Begeisterung für diese beiden Herren lesen.

Vergessen Sie nicht den **Camposanto**, den mittelalterlichen Friedhof in der Ecke des "Platzes der Wunder", wo die Reichen in heiliger Erde bestattet wurden, die im 13. Jahrhundert auf 53 Schiffen von Golgatha hierher transportiert worden war. Die Fresken aus dem 14. Jahrhundert haben leider im 2. Weltkrieg durch Brandbomben Schäden erlitten, die in den letzten Jahren aber größtenteils repariert werden konnten. Beachten Sie auch, daß die Bauten zwischen 13,oo und 15,oo Uhr geschlossen sind.

"Piazza dei Miracoli"

Nach der touristischen Pflicht nun zur Kür, das heißt in die Stadt Pisa. Denn der Domplatz liegt außerhalb der eigentlichen **Innenstadt**, so wie im Mittelalter die Dome meistens gebaut wurden. Im Gegensatz zu anderen Städten hat das innerstädtische Wachstum den Dom nicht eingeholt, was nicht heißen soll, daß man von hier aus zu Fuß den alten Stadtkern nicht bald erreicht. Wir sind jedesmal auf's Neue von der Vitalität dieser italienischen Großstadt (knapp über 100.000 Einwohner) begeistert. An der traditionsreichen Universität studieren 25.000 junge Menschen, und das bedeutet Leben. Folglich wird auch alles angeboten, was man so zum Leben in Italien braucht. Wir haben selten schönere Nudelgeschäfte gesehen, wo man im Laden zuschauen kann, wie die Pasta frisch aus der Maschine in die Schubladen der Regale kommt. Man trinkt in geselliger Runde einen Espresso, oder man läßt sich einfach treiben. Das Bild der Schaufenster wird nicht in dem Maß anderer oberitalienischer Großstädte von Luxusgütern geprägt, bei deren Preisen - sofern überhaupt solche an der Ware sind - ich mich immer frage, woher eigentlich ausreichend Käufer mit dem notwendigen Kleingeld kommen.

Nur darf man nicht den Fehler machen, der uns bei unserem vorletzten Besuch unterlaufen ist, als wir erst am späten Vormittag den Domplatz "erledigt" hatten, um dann in der Stadt zu flanieren. Die Geschäfte wurden gerade geschlossen und es war ausgesprochen trist, während der Mittagspause durch eine einigermaßen intakte italienische Innenstadt zu laufen.

Aber in diesem Jahr sind wir früher dran und machen alles richtig. Nur beim innerstädtischen *Übernachten* haben wir

Probleme, zu eindringlich warnen Insider vor den Autoknackern. Wenn wir schon in einer Stadt schlafen, wollen wir auch davon etwas haben und abends noch sorglos bummeln. Meine bislang vergebliche Suche nach einem geeigneten Stellplatz ist daher nur halbherzig. Viele WOMOs stehen rund um den Domplatz und deren Bewohner wissen ganz bestimmt nicht, was daran reizvoll sein soll. Das gilt auch für den *Campingplatz*, der schon ziemlich außerhalb, nämlich einen Kilometer westlich des Domplatzes liegt und häufig überfüllt ist

. Wir fahren auch jetzt wieder hinaus aus der Stadt bis nach Lucca, dort gibt es in unmittelbarer Zentrumsnähe gute *Stellplatzmöglichkeiten*. Eine Behelfslösung können wir noch anbieten: Etwa 7 km von Pisa entfernt auf dem Weg nach Lucca kommt man durch die kleine Stadt San Giuliano. Wenn man sich von Pisa kommend am Ortsanfang gleich links hält, gelangt man am Rande eines Neubauviertels zu einem Sportgelände mit Hallenbad und großräumigen Parkplätzen. Wir haben dort schon in erträglicher Umgebung am Rande von Rasenflächen eine sehr ruhige Nacht verbracht und waren am nächsten Morgen wieder in Windeseile mitten in Pisa.

Aber vielleicht finden Sie auf eigene Faust ein schönes Übernachtungsplätzchen in der Stadt und parken zuvor Ihr WOMO vor einer kleinen Bar. Sie nehmen einen Aperitif und freunden sich mit dem Mann an der Espressomaschine an. Sie bitten ihn, ein Auge und ein Ohr (eine Alarmanlage ist für solche Fälle sehr nützlich) auf Ihre Behausung zu werfen und gehen gemütlich essen.

Drei Lokale haben wir getestet, zwei davon waren so schlecht, daß ich die Namen wieder vergessen habe, aber beim dritten sind wir dem Ratschlag gefolgt, auf den kein Reiseführer verzichten kann und bei **"Da Bruno"** gelandet (Tel. 050/560818; montags abends, dienstags und in der ersten Augusthälfe geschlossen). Wir sind auf der Via Contessa Matilde (der breiten Straße, die parallel zur großen Stadtmauer hinter dem Camposanto entlangführt) etwa 250 m in Richtung Lucca gelaufen, um dann gegenüber dem Stadttor nach links in die Via Bianchi einzubiegen. Wir haben dann gleich auf der rechten Seite eine Trattoria vorgefunden, wo zwar nicht ganz billige, aber ehrliche Speisen aufgetragen werden. Es stimmt wirklich, was man überall lesen kann, daß hier auch viele Einheimische tafeln. Ob es allerdings die in Pisa ständig beschworenen Studenten sind, darf bezweifelt werden. Von der Rechnung eines Essens zu zweit habe ich früher eine ganze Woche lang studiert - und außerdem die Kneipen der Heidelberger Altstadt besucht.

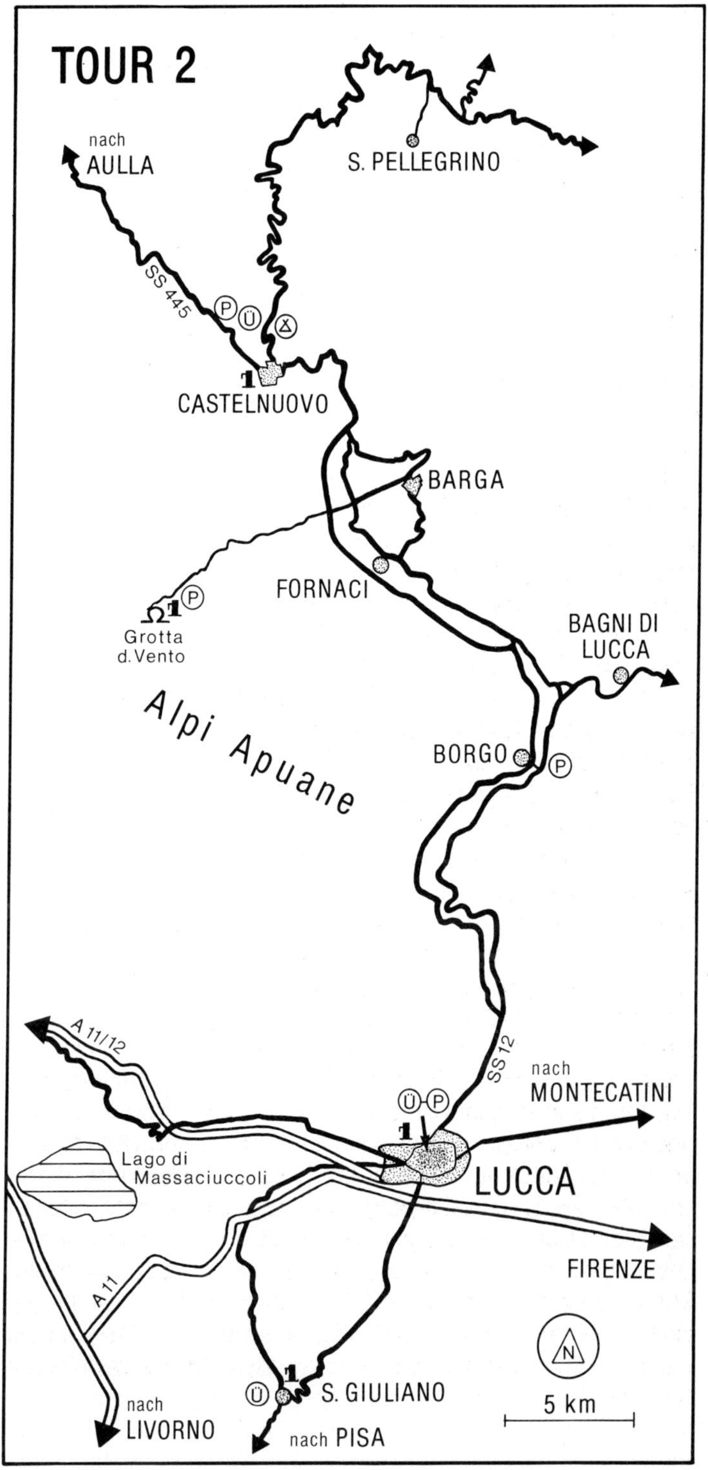
TOUR 2
nach
AULLA
S. PELLEGRINO
SS 445
CASTELNUOVO
BARGA
FORNACI
Grotta
d. Vento
BAGNI DI
LUCCA
Alpi Apuane
BORGO
A 11/12
SS 12
nach
MONTECATINI
Lago di
Massaciuccoli
LUCCA
FIRENZE
A 11
N
5 km
S. GIULIANO
nach
LIVORNO
nach PISA

Tour 2: Nach Lucca und in die Garfagnana

Lucca - Borgo - Barga - Castelnuovo

Übernachten:	Vor der Stadtmauer von Lucca; beim Schwimmbad von Castelnuovo Garfagnana; Campingplatz an der Straße von Castelnuovo nach San Pellegrino
Besichtigen:	In Lucca: Altstadt, Dom, Palazzo Guinigi, Kirche S. Michele, Piazza del Anfiteatro; "Teufelsbrücke" bei Borgo; Dom von Barga; Grotta del Vento
Wandern:	Auf dem Stadtwall von Lucca; durch die Grotta del Vento
Essen:	In Lucca: Im "Buca di Sant' Antonio", in der Trattoria "Da Giulio in Pelleria" oder in der Pizzeria "K2"; Im Castelnuovo: In der Pizzeria "La Rocca"
Übersichtskarte:	Auf Seite 27

Lucca ist eine der wenigen großen toskanischen Städte (88.000 Einwohner), in deren Zentrum wir wirklich gerne mit dem Wohnmobil fahren. Und das bei jeder Reise, wenn wir es irgendwie einrichten können. Verantwortlich dafür sind nicht nur die in sich völlig abgeschlossene, gut erhaltene Altstadt, ihre Bauwerke und Kunstdenkmäler, sondern auch die Stadtbefestigungsmauer und der rundum verlaufende Grüngürtel. Soviel freie Fläche mitten in einer Fast-Großstadt - und das noch dicht beim historischen Stadtkern - sucht man anderswo vergeblich. Tagsüber kann man hier parken und abends bleibt man einfach stehen oder fährt sein WOMO noch ein Stückchen dichter an die Mauer.

Lucca bietet also ideale innerstädtische *Übernachtungsbedingungen*, die besten auf der Nordseite kurz vor der östlichen Ecke der Stadtmauer. Sie werden in der Regel von Westen kommen, folgen Sie dann zunächst den Wegweisern ins Centro, und wenn Sie die Festungsmauern vor sich haben, den Schildern nach Abetone und Pistoia. Die Straße führt nun nördlich um die Altstadt, die Mauer immer rechts in Sichtweite. Wenn die Straße nach Abetone links abbiegt, sind es noch 50 m, ehe Sie von der Straße nach Pistoia nach rechts auf einen überaus großflächigen Parkplatz vor der Mauer gelangen (notfalls einmal die Stadt umrunden, die größte Freifläche an der Mauer ist die richtige). Die schönsten Plätze finden Sie links und rechts der eckig vorgebauten Mauerbastion. Erschrecken Sie nicht, wenn der weitläufige Platz zugeparkt ist. Spätestens am Nachmittag werden sich die Autos lichten, und am Abend werden Sie fast alleine, aber nicht einsam sein. Denn hier standen auch schon vor unserer publizierten Empfehlung andere Wohnmobile und oft campiert sogar ein kleiner Zirkus in der Nähe.

Bei unserem letzten Besuch hat man die beiden Zirkuspferde, sehr zur Freude unserer Kinder, in den Resten des Grüngürtels angepflockt. Während wir am Abend mit der Familie aus dem Nachbar-WOMO ein Gläschen trinken, werden wir von einem schmetternden Trompetensolo unterhalten, mit Hilfe eines Lautsprechers, dem man anhört, daß er schon einige toskanische Gewitterregen und Fußtritte auf dem Kasten hat. Ab und zu scheint es auch Höhepunkte im Programm zu geben. Dann werden die beiden Pferde von einem Mitglied der Zirkusfamilie abgeholt und kurz darauf übertönen die Trompeten sogar den Verkehr der nahen Straße.

Wir sind natürlich nicht nur nach Lucca gekommen, um vor der Stadtmauer zu übernachten. Den - auch nachts noch gelegentlich zu hörenden - Verkehrslärm nehmen wir auf uns, um hautnah eine mittelalterliche Stadt zu erleben, in der keine Museumsatmosphäre und kein Touristennepp das wirklich Städtische haben verkümmern lassen.

In Lucca haben schon die Etrusker gewohnt und angeblich ist hier das berühmte Triumvirat der Herren Cäsar, Pompejus und Crassus besiegelt worden. Die durch den Seidenhandel groß gewordene Stadt wurde seit dem späten Mittelalter nicht mehr nennenswert zerstört, der im 16. Jahrhundert aus Millionen von Ziegelsteinen erbauten Mauer sei Dank. Diese Befestigungsanlage bietet wegen ihrer 12 m Höhe fast rundum eine hervorragende Sicht auf die Stadt und selbst im heißesten Hochsommer kann man unter den ausladenden Platanen im Schatten spazieren oder sogar radfahren.

Ganz in der Nähe unseres Autos klettern wir auf den Wall und lassen die Farben des mittelalterlichen Lucca auf uns wirken. Man glaubt gar nicht, wieviele Variationen es an rotbraunen Dächern gibt. Im letzten Jahr haben wir die Stadt auf den 4,2 km des Mauerwegs umrundet, was ein Erlebnis ganz besonderer Art war. Zu diesem *Spaziergang* empfiehlt sich der Nachmittag, denn in die Stadt hinein sollte man vor Mittag oder gegen Abend gehen, wenn alle Läden geöffnet sind und das geschäftige Treiben am größten ist.

Alle Teile der Altstadt sind an einem Tag, wenn man früh genug aufsteht, sogar an einem Vormittag, zu erreichen. Deswegen brauchen wir auch bei keinem unserer Besuche eine der vier **Hauptsehenswürdigkeiten** auslassen: Den Palazzo Guinigi, den Dom, die Kirche S. Michele und außerdem den Marktplatz.

Ihr, der **Piazza del Mercato** (Piazza del Anfiteatro), sieht man unschwer an, daß sie in römischer Zeit ein Amphitheater war. Im Mittelalter hatte man zwar Häuser auf die untersten

Zuschauerränge gebaut und dafür Steine aus den oberen Etagen des römischen Gemäuers benutzt. Man beschränkte sich aber nicht nur darauf, den ovalen Ring der Tribüne zuzubauen, die meisten Häuser standen am Ende im Innern der Arena. Diese Behausungen wurden aber in der Mitte des letzten Jahrhunderts wieder abgerissen, während die Gebäude auf den Bogenfundamenten der Tribüne stehen blieben und so heute einen einmaligen Marktplatz umrahmen.

Piazza del Anfiteatro

Der **Turm des Palazzo Guinigi** ist Ihnen sicher schon beim Mauerspaziergang aufgefallen, seine Zinnen werden nämlich von mehreren Steineichen überragt. Früher war es ein Zeichen von Reichtum und Macht einer Familie, wenn der Turm ihres Hauses möglichst hoch und zudem noch mit Bäumen bewachsen war. Den Torre Guinigi besteigt man aber nicht nur wegen seiner Eichen, sondern vor allem wegen der Aussicht. Hat Sie schon der Spaziergang auf der Stadtmauer erfreut, werden Sie beim Ausblick vom Turm regelrecht begeistert sein. Zu den unfassbaren farblichen Nuancen der alten Stadt kommt hier noch der Blick auf die Berge ringsum hinzu.

Wahrscheinlich haben Sie von oben auch den **Dom** gesehen, in dessen Innern Sie sich vor allem den Sarkophag der Ilaria del Carretto ansehen müssen, in Stein gehauen mitsamt dem treuen Hündchen am Fuß der Verstorbenen. Und geizen Sie nicht mit Lirestücken bei der Illumination. Sollten Sie kein Kleingeld in der Tasche haben, ist die Chance, das sogenannte Volto Santo zu sehen, wesentlich größer. So nennt man ein Holzkruzifix in einem kleinen Tempelchen im Dom, das schon im Mittelalter verehrt wurde und auch heute noch so viele

Gläubige anlockt,daß sich nicht nur Menschentrauben an den zum Schutz angebrachten Gitterstäben drängen, sondern daß man hier sogar für Dauerlicht gesorgt hat. Eine große Ausnahme in toskanischen Kirchen.

Zu guter Letzt stehen wir bei unserem Stadtrundgang noch vor der Fassade der **Kirche S. Michele in Foro**, deren Name daran erinnert, daß sie auf dem ehemaligen römischen Forum errichtet ist. Wer den Hals nicht vollkriegen kann, darf in Lucca noch 90 weitere Kirchenbauten aufsuchen, denn in dieser Stadt ist der Katholizismus präsent. Auch im Stadtparlament, das hier im Gegensatz zu den meisten anderen - roten oder kommunistischen - toskanischen Städten seit langem von der Christdemokratie beherrscht wird.

Suchen Sie in Lucca statt der 92 Kirchen ein hervorragendes *Restaurant*? Haben Sie genug Lire in der Tasche und sind Sie bezüglich innerer Einstellung und Outfit auch einer etwas gediegeneren Atmosphäre gewappnet? Dann lassen Sie die Fassade der Kirche S. Michele im Rücken und gehen Sie auf dem ehemaligen Forum an der linken (südlichen) Ecke geradeaus, also in westlicher Richtung. Sie kommen dann nach wenigen Metern am linkerhand gelegenen **"Buca di Sant' Antonio"** in der Via della Cervia 1/5 vorbei, dessen hervorragende Küche es sogar zu einem Stern bei Michelin gebracht hat (Tel. 0583/55881; sonntags abends, montags und zwei Wochen im Juli geschlossen). Wir können Ihnen aber auch ein billigeres, gleichwohl gutes Lokal empfehlen, in dem die rechtzeitige Vorbestellung allerdings unerläßlich ist: Das **"Da Giulio in Pelleria"** in der Via San Tommaso 29 im nordöstlichen Teil der Altstadt. Wenn Sie durch das große westliche Mauertor in die Stadt kommen, müssen Sie sich links halten, die Trattoria liegt dann in der Nähe der Stelle, wo die Mauer auf der nordwestlichen Ecke abknickt (Tel. 0583/55948; sonntags, montags, im August und zum Jahreswechsel geschlossen).

Wir begnügen uns diesmal nach dem Stadtbummel mit einer **Pizza** im **"K2"** am westlichen Eingang zur Piazza del Anfiteatro (mittwochs geschlossen) und starten dann um die Mittagszeit unser WOMO, nachdem wir unseren Wassertank frisch aufgefüllt haben. Die Stadtväter Luccas haben uns nämlich neben das Fußgängertor östlich des Mauervorsprungs bei unserem Übernachtungsplatz sogar einen öffentlichen Wasserhahn installiert, den wir im hohen Gras fast übersehen hätten.

Ziel ist die **Garfagnana**. Sie verkörpert gar nicht, was der gemeine Reisende von der Toskana erwartet. Kaum ein Ölbaum, nur selten eine Zypresse. Aber auch keine Wohnmobilrudel und vom Massentourismus erst recht keine Spur. Dafür ausgedehnte Eßkastanienwälder und unglaublich viel - für norditalienische Verhältnisse - beinahe unberührte Natur. Die Rede ist von dem Landstrich auf der Rückseite der Alpi Apuane, jener Berge, deren Marmor uns schon bei Carrara begeistert hat. Wer gute Luft, abwechslungsreiche Landschaften und touristische Abgeschiedenheit sucht, ist hier gerade recht.

Der Weg dorthin führt den Flußlauf des Serchio hinauf durch die in Oberitalien im Bereich größerer Städte nie endende Besiedlung. Aber spätestens bei Borgo a Mozzano halten wir das erste Mal an, um die sogenannte **"Teufelsbrücke"** ("Ponte del Diavolo") aus dem 12. Jahrhundert, die eigentlich Ponte della Maddalena heißt und heutzutage nicht mehr nur den Serchio, sondern auch dessen kleinen Stausee überspannt, zu fotografieren. Der teuflisch kühne Schwung des großen Bogens will mir aber nicht so recht ins Bild passen, obwohl ich die Kamera aus allen erdenklichen Perspektiven auf ihn halte. Bis ich den richtigen Standpunkt für den Schnappschuß finde: Man fotografiert die Südseite der Brücke vom westlichen Ufer. Ich vermute allerdings, daß mancher Fotoliebhaber noch heimlich die Terrasse des kleinen Hauses betritt, aus dem die Bewohner ein ganzes Sommerhalbjahr lang Köpfe mit Fotoapparaten vor der Stirn sehen müssen. Wir parken auf der Ostseite des Flusses und laufen über die Brücke ans andere Ufer, denn der Brückenaufgang ist wiederum von Osten schöner.

Wieder im WOMO zögern wir an der nächsten Straßengabelung. Sollen wir nach links dem Serchio folgen oder uns rechts **Bagni di Lucca** ansehen? Wir entscheiden uns für beides. Zuerst in dem verschlafenen Badeort für die leicht angegammelten Überreste des Baustils der Jahrhundertwende, bei deren Anblick ich mich nie entscheiden kann, ob mir die

Häuser im heruntergekommenen oder im restaurierten Zustand lieber sind. In Bagni di Lucca plädiere ich für abblätternden Putz als untrügliches Zeichen für die Vergänglichkeit der viel gelobten "Gründerzeit". So können inzwischen nicht nur die Reichen ihr Rheuma in einer der 19 Thermalquellen heilen.

Gemessen an der Anzahl der Brunnen ist in dem kleinen Städtchen heutzutage wirklich wenig los. Ob das im Jahre 1828 noch anders war, als nämlich Heinrich Heine (Gedenktafel an der Piazza San Martino) hier weilte und nach seinen eigenen Worten bis dato "nie ein reizenderes Tal" gesehen haben wollte. Das schönste thermale Freibad ist das der Villa Alda im Zentrum des Ortes. Die Badesaison dauert dort vom 1.4. bis zum 30.11..

Später fahren wir wieder entlang des Serchio und zwar beim Hinweg auf dem nordöstlichen, linken Ufer, während wir für den Rückweg die andere Seite wählen werden. In **Barga** wollen wir Städtchen und Dom besichtigen und ein Übernachtungsplätzchen suchen. Spätestens hier wird uns klar, warum sich die Reise in diesen unbekannten Teil der Toskana so sehr lohnt. Wir parken unten im eigentlichen Ortskern (am besten auf dem Parkplatz links nach der Autowerkstatt) und klettern zu Fuß hoch in die Oberstadt und zum **Duomo**.

Dom von Barga

Kunsthistoriker kommen schon bei der Beschreibung des Kirchenbaus ins Schwärmen, was ich etwas übertrieben finde. Dasselbe denken vielleicht auch die Kunsthistoriker von meinem Loblied auf die Lage. Ich leihe mir aus ihrem Wortschatz die Vokabel: Erhaben! Mehr muß ich eigentlich nicht mehr sagen. Und wenn ich lange genug auf einem Mäuerchen am Rande des Domplatzes sitze und mir betrachte, wie die grüne Domwiese sich mit dem Rot der Hausdächer, den blaugrünen Wäldern ringsum und dem weißen Travertin des Gotteshauses zu einer Farbenkomposition vermischt, dann kann ich auch die Kunsthistoriker wieder gut verstehen. Für sie spricht hier oben aber auch noch die von zwei Löwen und einem Zwerg getragene Kanzel. Und im Ergebnis, also bei der Liebe zu Barga bin ich mit ihnen ohnehin einig.

Nur einen Übernachtungsplatz finden wir nicht, trotz genauer Ausschau vom Domplatz und noch intensiverer Herumkurverei rund um das Städtchen. So fahren wir am späten Nachmittag weiter nach **Castelnuovo di Garfagnana**. In den kleinen Gassen am Fuße der mitten im Ort liegenden Burg kaufen wir ein und freuen uns, daß die Kleinstadt genau das verkörpert, was man so auf der Wohnmobilreise sucht: malerisch, schön gelegen, abwechslungsreiche Geschäfte, italienischer Alltag und wenig Touristen, aber trotzdem nicht am Ende der Welt.

Bepackt mit unseren Vorräten machen wir uns auf in Richtung S. Pellegrino. Am Ortsausgang von Castelnuovo haben wir einen *Campingplatzwegweiser* entdeckt. Warum ihm nicht nachfahren? Die Strecke zieht sich aber in die Länge, und nach einer Weile stehen wir vor einem verschlossenen Tor, wo es uns nicht gelingt, festzustellen, ob die Wegweiser von gestern sind, oder ob die saisonale Campingplatzeröffnung erst noch bevorsteht. Immerhin ist es Ende Mai und die Saison hat längst begonnen. Inzwischen soll der Platz aber wieder - und zwar ganzjährig - offen sein. Die Lage hoch im Gebirge ist wunderschön, und wenn es Ihnen nicht zuviel ist, selbst einmal dem Wegweiser zu folgen, könnten Sie - wir übernehmen keine Gewähr - eine ruhige Nacht auf einem Campingplatz verbringen. Bei der Hin- und Rückfahrt, oder auch bei der Weiterfahrt in Richtung S. Pellegrino wird uns noch eines klar: Hier können Naturliebhaber und Einsamkeitsfanatiker schöne Plätzchen finden. Uns sind allerdings einige Stellplatzalternativen am Rande kleiner Wäldchen zu einsam, da wir augenblicklich auch nur als Einzelfamilie in einem Auto unterwegs sind. Die wirklich prachtvolle Landschaft fordert eine Übernachtung hier oben aber geradezu heraus.

Am Ende stehen wir unten in Castelnuovo und der *Übernachtungsplatz* am Rande des Serchio ist auch alles andere als eine Notlösung. Schließlich können wir von hier zu den Bergen aufschauen. Am Schwimmbad und Sportplatz finden wir seitlich des Flusses unter einigen Pappeln einen großräumigen Parkplatz, an dem man bei den letzten Häusern des Ortes automatisch vorbeikommt, wenn man von Castelnuovo östlich des Serchio flußauf fährt. Beim Schwimmbad gibt es sogar einen öffentlichen Wasserhahn, und die Carabineri scheinen die

Stelle auch sehr zu mögen. Damit niemand das süße Nichtstun beobachten kann, stellen sie ihr Auto in eine von der Straße nicht einsehbare Ecke und lehnen sich gemütlich zu einem Schläfchen zurück. Da wollen wir natürlich nicht stören, wir ziehen uns deswegen in die gegenüberliegende *Pizzeria* **"La Rocca"** zurück; eine gute und recht preiswerte Idee (montags geschlossen).

Ein höchst unerfreuliches Geräusch weckt mich am nächsten Morgen. Der Regen trommelt auf unser Dach, und zwar einer der Sorte, von der man schon vor dem Blick aus dem Fenster weiß, daß er nicht bald wieder aufhören wird. Ich ziehe die Bettdecke über die Ohren und beschließe, ganz besonders lange zu schlafen. Aber irgendwann kommt der Zeitpunkt, an dem sich das Aufstehen nicht mehr vermeiden läßt. Wir riskieren einen zaghaften Blick hinter den Kombirollo: Der Tag ist noch düsterer als befürchtet. Wo gestern der Fluß noch beidseitig von anmutigen Bergen gesäumt war, ist heute nur noch ein graues Nichts. Unseren geplanten Vorstoß weiter hinein in die Garfagnana zum Oberlauf des Serchio müssen wir abblasen. Falls es Ihnen besser geht, falls Sie kurvenfest und sogar auf dem Heimweg sind, können Sie von Castelnuovo über Fivizzano bis nach Aulla an die Autobahn A 15 weiterfahren. Vielleicht sind Sie aber auch auf dem Hinweg, dann bietet sich diese Strecke als Variante zur Küstenautobahn an - für eine dreiviertel Autobahnstunde muß man dann aber fast einen ganzen Tag einplanen.

Wir beschließen, das Bergtal zu verlassen und in Richtung Lucca zurückzufahren. Unterwegs wollen wir etwa auf der Höhe von Barga einen Abstecher in die Apuanischen Alpen zur **Grotta del Vento** wagen. In einer 3,5 km langen und immer gleichbleibend kühlen Tropfsteinhöhle, eine der schönsten Italiens, kann einem ein Regentag nichts mehr anhaben. Aber es gibt Momente im Urlaub, an denen fast alles schief geht. Erst finden wir kein Geschäft mit frischen Brötchen, dann fällt der Salzstreuerdeckel in Lenas Frühstücksei, und schließlich steht schon wenige Meter nach der Abzweigung zur Höhle des Windes ein Italiener am Straßenrand und schwingt vielsagend seinen Regenschirm. Wir verstehen "Grotta chiusa" (geschlossen) und haben keinen Ehrgeiz, zur Überprüfung die 14km lange und schmale Straße zu bewältigen. Diese soll allerdings recht gut befahrbar sein, sie ist auch breit genug, angeblich verkehrt dort nämlich ein Bus. In der Höhle selbst werden unterschiedlich lange Führungen angeboten; die kürzeste dauert eine Stunde. Nehmen Sie warme Kleidung mit, die Temperatur in der Unterwelt beträgt konstant 10,7 Grad. Im Freien gibt es neben den obligatorischen Nippesläden auch mehrere Lokale. Aber wie gesagt, wir disponieren um, in der Hoffnung, mit dem Gebirge auch den tiefhängenden Wolken den Rücken zu kehren.

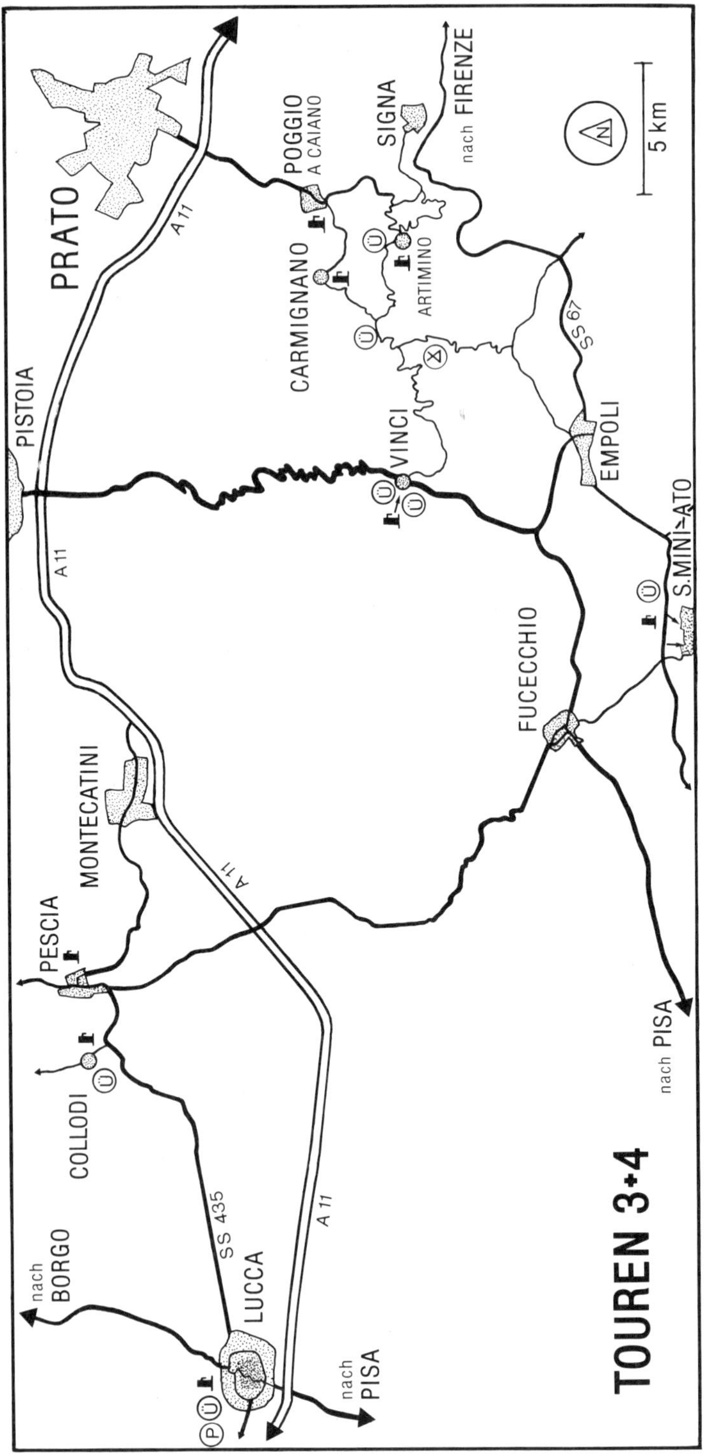
TOUREN 3+4
PRATO
PISTOIA
POGGIO A CAIANO
SIGNA
nach FIRENZE
CARMIGNANO
ARTIMINO
5 km
A 11
SS 67
VINCI
EMPOLI
S.MINIATO
FUCECCHIO
MONTECATINI
PESCIA
COLLODI
nach PISA
nach BORGO
LUCCA
SS 435
nach PISA

Tour 3: Über die Hügel zwischen Florenz und der Küste

Collodi - Pistoia - Vinci - San Miniato

Übernachten:	Beim Pinocchio-Park in Collodi; in Vinci: unterhalb der Burg oder beim Sportplatz; auf dem Domplatz von San Miniato
Besichtigen:	Pinocchio-Park und Garten der Villa Garzoni in Collodi; Blumenmarkt in Pescia; in Pistoia: Dom und Kanzel in der Kirche S. Andrea; Geburtshaus von Leonardo in Vinci; Leonardo-Museum in der Burg von Vinci; Das Städtchen San Miniato
Wandern:	Spaziergang in den alten Ortskern von Collodi; Halbtageswanderung
Essen:	In der Pizzeria "Leonardo" in Vinci

Schlechtes Wetter treibt uns aus dem Tal des Serchio auf die weitläufigen Hügel nördlich der Arnoebene. Über Bagni di Lucca kurven wir auf einer schmalen Straße durch das urige Dorf Villa Basilica in den kleinen Ort Collodi. Unterwegs begegnen uns ständig Lastwagen mit riesenhaften Papierrollen. Deren Industrie ist hier zu Hause, angeblich wird in der Nähe das Papier für die Lire-Scheine hergestellt. Man paßt sich aber auch dem Trend der Zeit an: Zwischen Villa Basilica und Collodi dient vornehmlich Altpapier als Rohstoff. **Collodi** selbst scheint hauptsächlich aus Geschäften und Buden zu bestehen, in welchen hölzerne Pinocchio-Puppen aller Arten und Größen feilgeboten werden. Denn Carlo Collodi war das Pseudonym eines gewissen Carlo Lorenzini, der seine Kindheit in dem Dorf Collodi verbracht hat und sich deshalb den gleichlautenden Künstlernamen gab, als er in den Jahren 1881 bis 1883 die Kindergeschichte "Pinocchios Abenteuer" schrieb; zuerst in Fortsetzungen für eine Zeitschrift, später als Italiens berühmtestes Kinderbuch. Derartiges verpflichtet, und so entstand der "Collodi-Park" eine bei Kindern und Erwachsenen gleichermaßen beliebte Ansammlung von Plastiken und Gebilden aus dem Leben des Kinderbuchstars. Der Park ist aber mehr etwas für Erwachsene, als für Kinder. Die Figuren sind größtenteils leicht abstrakt aus nicht rostendem Material zusammengeschweißt und unsere Kinder wirken etwas enttäuscht. Dafür ist die Parkanlage aber sehr schön und an heißen Sommertagen schattig. Es gibt vielfältige Spiel- und Klettermöglichkeiten, so daß die ganze Familie mit dem ersten Programmpunkt des regnerischen Nachmittags insgesamt dann doch zufrieden ist.

Im Collodi-Park

Collodi hat aber noch zwei weitere Attraktionen: Das auf einem Bergrücken malerisch gelegene Dorf und davor zu dessen Füßen die schloßähnliche Villa Garzoni mit ihrem in Terrassen angelegten Park, dem angeblich schönsten Barockgarten Italiens. Dessen Besichtigung, unser zweiter Regenprogrammpunkt, ist allerdings eindeutig zu teuer: 6.500 Lit. für jeden Erwachsenen und noch einmal 4.500 Lit. für jede unserer beiden Töchter, zusammen fast 30,-- DM. Dafür sind Garten und Attraktion nicht groß genug. Zur Besichtigung des Schlosses hätten wir noch einmal fast denselben Betrag auf den Tisch der Contessa legen sollen, was wir allerdings dankend ablehnen. Die adlige Familie, der die ganze Anlage gehört, braucht offensichtlich Bares, das der kräftig gebeutelte Tourist dann beim Verlassen des Parkes zum dritten Mal aus der Tasche ziehen soll, wird er dort nämlich noch in eine "Cantina" gelotst, wo es allerlei Eß- und Trinkbares zu kaufen gibt. Das Dörfchen und die wunderbare Sicht von dort oben sind aber gratis. Und gäbe es weder Pinocchio- noch Garzoni-Park, wir würden Ihnen allein schon des Ausblicks wegen die Reise nach Collodi empfehlen.

Für die *Übernachtung* haben wir uns den großen Parkplatz am Pinocchio-Park ausgesucht, mit uns zwei weitere Wohnmobile. Am nächsten Morgen müssen wir uns etwas beeilen, da kräftige Männer gerade dabei sind, rund um unser WOMO Marktstände aufzubauen. Aber das macht nichts, wir fahren einfach zum Parkplatz auf die andere Seite des Baches. Vorbei am Restaurant "Gambero Rosso", dessen Speisekarte wesentlich mehr verspricht als die Köche halten. Wasser gibt es beim Parkplatz auf der anderen Bachseite aus einem großen Brunnen.

Eigentlich wollten wir früh aufstehen, um im benachbarten **Pescia** den Blumenmarkt zu besuchen, der aber schon um 9,3o Uhr schließt. Hier werden vor allem im Sommer von montags bis samstags ab 6,3o Uhr Hunderttausende von Blumen, hauptsächlich Nelken verkauft. Im Sommer setzt man täglich angeblich bis zu 3 Millionen Blütenstengel um. Während die Pflanzenhändler zusammenpacken und Geld zählen, sitzen wir im 5 km entfernten Collodi noch beim Frühstück, so daß wir uns später in Pescia mit einem Einkaufsbummel in der schönen Altstadt begnügen müssen. Vor allem die Piazza Grande hat es uns angetan, eigentlich mehr Straße als Platz, aber sehr harmonisch.

Anschließend lassen wir uns 8 km weiter in **Montecatini-Terme** ein Vorurteil bestätigen, denn weder wir noch unser WOMO passen in den mondänen Bade- und Kurort, den wir denen überlassen, die in den Grandhotels absteigen, in der Excelsior-Terme kuren und sich mit Pelzen, Leder und Juwelen in den zahlreichen Luxusläden die Zeit vertreiben. Um ehrlich zu sein: Wir steigen gar nicht aus und verzichten auch auf die Fernsicht vom höhergelegenen Montecatini-Alto.

Wir eilen lieber nach **Pistoia** (95.000 Einwohner) und kommen dort gerade noch rechtzeitig an, bevor die Marktstände in den Gassen in der Nähe des Domplatzes abgeräumt werden. Dort wird das Baptisterium leider gerade renoviert und ist deshalb von einem undurchsichtigen Gerüst zugebaut. Darunter leidet etwas das Gesamtbild des Platzes. Aber damit muß man in der Toskana auch andernorts leben - und sich auf einen späteren Besuch in gerüstloser Zeit freuen. Die größte Sehenswürdigkeit der Stadt ist nach unserem Geschmack aber die Kanzel von Giovanni Pisano in der Kirche S. Andrea . Giovannis Kanzeln, wie auch die seines Vaters Nicola muß man sich alle ansehen, und zwar langanhaltend und ausreichend beleuchtet. Giovanni schuf später die noch kunstvollere Kanzel im Dom von Pisa, während sein Vater durch die Kanzeln im Baptisterium von Pisa und im Dom von Siena berühmt geworden ist (siehe auch bei den Touren 1 und 10). Mit Worten lassen sich die Schönheit dieser Kanzeln und die Genialität ihrer Erschaffer kaum beschreiben, wobei viele Reiseführer der Kanzel von Pistoia kaum mehr als einen Nebensatz widmen.

Nach einer Mittagspause in einer Tavola Calda nehmen wir die Kurven nach **Vinci** in Angriff. Schon beim Blick auf die Karte kostet die Fahrt hierher Überwindung, und unten von der Ebene aus traut man dem Monte Albano, den es zu überqueren gilt, mehr zu als seine 627 Höhenmeter.

Schlagartig sind wir in einer anderen Welt, in einer Toskana-Landschaft wie aus dem Bildband, da wir das stark be- und zersiedelte Becken mit den Städten Pistoia, Prato und Firenze hinter und unter uns zurücklassen. Wenn man bedenkt, daß sich jenseits des Gebirges im Arnotal, besonders in der Umgebung vom Empoli die Industrieansiedlungen fortsetzen, ist es schon erstaunlich, daß wir hier ein kleines, umgrenztes Gebiet vorfinden, das, jedenfalls dem äußeren Anschein nach, eine heile Toskana-Welt verkörpert. Die Hügel, die kleinen Ortschaften und die einzelstehenden Gehöfte erinnern uns stark an das Chianti-Land, nur stehen im Bereich des Monte Albano weniger alte Bauernhäuser leer, da sie zu Wochenendheimen umgebaut worden sind. Wir durchqueren nämlich gerade ein Naherholungsgebiet dreier Großstädte, was uns aber an einem Werktag gar nicht bewußt wird. Nur wenn sich gelegentlich eine Aussichtsmöglichkeit hinunter in die Ebene bietet, merken wir, wie nahe wir den ineinandergewachsenen Städten sind. An das Chianti-Gebiet erinnert auch der Wein, der sich hier ebenfalls Chianti nennen darf; nur nicht "Chianti classico", und das Qualitätszeichen des schwarzen Hahns auf der Flasche ist hier auch verboten. Dafür hat man sich einen kleinen nackten Engel einfallen lassen und nennt den Chianti "Putto", wie übrigens auch in den anderen Anbaugebieten des Chianti außerhalb der klassischen Zone. Hier oben am Monte Albano gibt es aber noch ein zweites Weinanbaugebiet, das kleine, aber sehr feine Gebiet um Carmignano, wohin unsere nächste Tour führt.

Inzwischen haben wir **Vinci** erreicht. Ein kleines Nest, das seinen Ruhm nicht sich selbst verdankt, sondern dem Zufall, daß 2 km nördlich von hier in einem abgelegenen Bauernhaus am 15. April 1452 eine Magd einen Sohn zur Welt brachte, den sie Leonardo nannte. Vielleicht sollte der Knabe vor der Welt verborgen bleiben, wahrscheinlich hat die Mutter gerade deswegen abseits der Stadt geboren. Denn Leonardos nichtehelicher Vater war ein Herr aus den allerbesten Florentiner Kreisen, ein Notar heißt es. Die "Casa natale", also das Geburtshaus besichtigen wir anläßlich unserer morgigen Wanderung, dabei führt uns die sehr freundliche Wächterin sogar in das Geburtszimmer Leonardos. Ob er hier und in diesem Haus tatsächlich das Licht der Welt erblickt hat, darf bezweifelt werden. Aber Zweifel sind nicht erwünscht, wenn man sich vorstellen möchte, an der Geburtsstätte eines Universalgenies zu stehen. Also zweifeln wir nicht.

Kurz vor Vinci sehen wir schon von weitem den Turm der Burg, in der wir morgen das Leonardo-Museum bestaunen werden, an ihrem Fuß werden wir heute Nacht *schlafen*. Das wissen wir aber noch nicht, als wir beim Erreichen des Ortsmittelpunktes von Norden kommend die Straße wählen, die rechts, also westlich um die Burg herumführt. An ihrem Rand sind Parkplätze eingezeichnet, wobei wir uns auf eine für einen Bus aufgemalte Fläche stellen (die Polizei ist mehrfach vorbeigefahren und hat dieses nicht bemängelt). Man kann sich aber auch unbeanstandet quer zu den Pkw-Markierungen plazieren. Von hier aus sind es nur wenige Schritte hinauf zur Burg in das **"Museo Vinciano"** (9,30 bis 12,oo Uhr und 14,3o bis 18,oo Uhr, mittwochs geschlossen, 3.000 Lire pro Erwachsener). Das kleine Museum überrascht uns angenehm, weil hier nicht allerlei quer durch die Lebensgeschichte Leonardos präsentiert wird, was zweifellos auch aufregend wie das Leben dieses Künstlers, jedoch schon wegen der Sprachprobleme schwer verständlich wäre. Statt dessen hat man sich im wesentlichen darauf beschränkt, die von Leonardo gezeichneten technischen Modelle nachzubauen. Über jedem Schaustück hängt nun eine Abbildung der Zeichnung Leonardos, damit der Betrachter sich sowohl von dem Erfindungsreichtum des Schöpfers wie auch von der Detailtreue der modernen Modellbauer überzeugen kann. Besonders alle Arten von Lastenkranen, Radgetrieben und -übersetzungen zeugen von dem Bedürfnis der Renaissance nach technischer Unterstützung der menschlichen Arbeitskraft. An fast jedem Gerät findet man dann auch eine kleine Kurbel oder ein Rädchen, an dem man durch Drehen die Funktionalität nachvollziehen oder testen kann. Ein hoffnungslos überforderter Museumswächter tippt dem Besucher dabei manchmal mahnend aber letztendlich vergeblich auf die Schulter. Man müßte sich schon selbst die eine Hand mit der anderen festhalten, um diesen tollen Modellen zu widerstehen. Ich glaube auch, daß die Museumsführung hauptsächlich nur hemmungsloses Herumhantieren, das früher angeblich möglich war, verhindern will, da man sonst mit der Reparatur der teilweise 60 Jahre alten Maschinen nicht mehr nachkommt. Die zaghafte, heimliche Berührung nach verstohlenem Blick zum Wächter gehört also dazu. Leonardo, dessen Universalgeist - man denke nur an Mona Lisa - Ausdruck der Renaissance war, hat aber der Menschheit nicht nur Gutes getan, wie man an den Modellen eines Panzers und anderer Kriegswerkzeuge sehen kann. Man muß auch wissen, daß seine Schöpfungen nicht unbedingt eigene Erfindungen waren, lediglich die Umsetzung in eine technische Konstruktionszeichnung, vielleicht auch die Verfeinerung einer Idee stammen hier und da von ihm - oder sind nur von ihm der Nachwelt überliefert. Wer sich mit all dem intensiver auseinandersetzen möchte, sollte sich im Museum oder im Geburtshaus das Buch "Die Maschinen Leonardo da Vincis" kaufen.

Der sich an den Museumsbesuch anschließende Bummel durch das kleine Städtchen hat uns hungrig gemacht, so sind wir die ersten Gäste der abends um 19,3o Uhr öffnenden **Pizzeria "Leonardo"** direkt hinter unserem WOMO am Fuß der Burg (mittwochs geschlossen). Allein schon die besonders leckeren Pizzas aus hauchdünnem Teig zu niedrigen Preisen werden allzeit in unserer besten Erinnerung bleiben, zumal uns die Wirtsfamilie auch nicht schief ansieht, als wir unser Abendessen auf Pizzas beschränken. Überraschenderweise suchen wir die auf der Speisekarte erwartete "Pizza Leonardo" vergeblich, dafür wird "Chianti Leonardo" aufgetischt. Wenn Herr da Vinci wüßte, welch mäßiger Säuerling mit seinem Bartgesicht vermarktet wird!

Nach dem Essen ist die Straße völlig leer und so gut wie unbefahren. Wir stehen am Rande schöner Olivenplantagen und obendrein noch im Morgenschatten. Warum sollten wir jetzt noch wegfahren? 80 m weiter gibt es eine sehr saubere Toilette und schräg hinter unserem WOMO an der Auffahrt zum Castello einen Wasserhahn. So kommt es, daß wir hier die oben beschriebenen Parkbuchten zum *Übernachtungsplatz* umfunktionieren. Wer eine Übernachtungsmöglichkeit etwas abseits des Ortes sucht, die auch großflächiger ist, sollte durch den Ort runter in Richtung Vitolini und Carmignano fahren und am Fuß von Vinci vor dem Sportplatz nächtigen (mit Wasser am Häuschen zwischen den Fußballplätzen). Bei unserem letzten Besuch war dort allerdings einiges an Baumaterial gelagert. Man kann auch weiterfahren und auf halbem Weg nach Carmignano unterhalb des Restaurants "Il Pinoe" bleiben; zu dieser schönen Stelle führen wir Sie anläßlich der nächsten Tour.

Unser Plätzchen in Vinci hat neben der schönen Lage auch den Vorteil, daß wir von hier aus am nächsten Morgen eine *Halbtageswanderung* beginnen können. Die Sonne scheint wieder, als wir zunächst mehr oder weniger den Wegweisern und der Straße zur "Casa natale" folgen, wobei wir zwischendurch den Weg durch Olivenhaine abkürzen oder verschönern. In mehreren Reiseführern haben wir gelesen, daß die Ölbäume um Vinci ungewöhnlich silbrig glänzen. In der Tat fällt uns auf, daß die Kulturen hier nicht nur viel Raum einnehmen, sondern auch besonders gepflegt sind. Auf der ganzen Wanderung sehen wir immer wieder Bauern beim Zurückschneiden oder -sägen der knorrigen Bäume oder beim Verbrennen der abgeschnitten Äste. Wir beobachten, wie mit speziellen Maschinen, teilweise sogar mit kleinen Raupen der Boden unter den Bäumen umgepflügt wird, und daß bei Neuanpflanzungen an jedes kleine Olivenbäumchen eine Bewässerungsmöglichkeit geführt ist. Die Landflucht scheint hier nicht so ausgeprägt wie in anderen Gebieten, weshalb die Tradition der Ölgewinnung dadurch weniger tangiert worden ist.

Hinzu kommt, daß der kalte Winter 1984/85 mit seinen Nachtfrösten der Gegend um Vinci weniger anhaben konnte, so daß hier weniger Ölbäume, die allenfalls Temperaturen bis minus 20 Grad standhalten, erfroren sind. Wenn man den ganzen Tag den Olivenbaum vor Augen hat, beschäftigt man sich automatisch näher mit ihm, das gebietet schon sein Alter: Bleibt er nämlich von starken Frösten und menschlichen Sägen oder Hacken verschont, kann er leicht mehrere hundert Jahre alt werden. Es dauert auch viele Jahre, bis ein Baum erstmals Früchte trägt, von denen man schließlich 10 kg benötigt, um davon eineinhalb Liter Öl der ersten Qualitätsklasse (Olio extra vergine di oliva) zu pressen. In der Toskana werden die Oliven größtenteils auch früher geerntet als in Sizilien, Spanien oder Griechenland, damit das Öl weniger fettsäurehaltig, aber auch geschmacksintensiver wird. Solche Früchte muß man Stück für Stück mit der Hand pflücken, während sie sonst auf unter den Bäumen ausgebreitete Netze oder Tücher geschüttelt oder mittels spezieller Kämme, die durch die Äste streichen, geerntet werden. Natürlich ist in der Toskana nicht jede einzelne Olive handverlesen, jedoch wendet der Erzeuger, welcher auf sich hält, zunehmend diese Erntemethode an. Der Markt für hochwertige Öle ist nämlich groß.

Am Parkplatz beim Geburtshaus wählen wir den Weg entlang der Straße Richtung Faltugnano, empfehlenswert ist auch die von Helmut Dumler (siehe im allgemeinen Teil beim Stichwort "Wandern") beschriebene Wanderung auf der geradeaus führenden Straße über Santa Lucia. Bevor wir die wenigen Häuser von Faltugnano erreicht haben, verlassen wir die Straße auf einem der nach rechts abbiegenden Wege. Je nach

Blick auf Vinci

Länge der Wanderung wählt man die Alternativen: Die erste Gelegenheit kommt schon bald, nachdem die Straße in einer Haarnadelkurve den Bach überquert, im Wald leicht bergauf und dann um eine Linkskurve geführt worden ist. Ziemlich genau in dieser Kurve zweigt nach rechts ein Asphaltsträßchen ab, von dem man wieder mehrere Möglichkeiten nach links oder rechts zum Abbiegen hat. Wir wandern hier auf Sicht, denn den Turm der Burg von Vinci sehen wir ständig unter uns, und wenn einmal ein Weg nicht weiterführt, werden wir uns nicht verirren, sondern einfach umkehren. Wir hätten die Straße nach Faltugnano genausogut erst weiter oben nach rechts verlassen können. Am Ende kommen wir nach drei Stunden am Sportplatz von Vinci heraus und haben wegen der sich ständig verändernden schönen Blicke auf die Stadt einen halben Film verknipst.

Will man nun von Vinci über Vitolini nach Carmignano weiterfahren, kommt man nicht nur nach wenigen Kilometern an dem schon erwähnten Übernachtungsplatz vorbei, man trifft auch auf die Strecke der 4. Tour, die man in Vinci recht gut beginnen kann. Wir entschließen uns aber nach einer kurzen Stärkung am frühen Nachmittag zu einem Abstecher nach **San Miniato**, das wir uns als Tagesetappenziel ausgesucht haben.

San Miniato

Die Stadt südlich des Arno und der Schnellstraße nach Pisa ist erstaunlicherweise vom Tourismus noch weitgehend verschont, sie wird in vielen Reiseführern nicht einmal erwähnt. Wir versuchen erst einmal gar nicht, unser WOMO durch die engen Gassen zu lenken und parken am Rande des Städtchens, ehe wir die beiden langgezogenen Hauptstraßen zu Fuß in Angriff nehmen. Der Weg führt uns dann unvermeidlich zu dem auf der

Bergkuppe gelegenen kleinen Dom am Fuße der ehemaligen Burg des deutschen Kaisers Friedrich II.

Schon als wir die Treppen zum mit Bäumen bestandenen Domplatz hinaufsteigen, erahnen wir die schöne Aussicht und wünschen uns dort oben ein *Übernachtungsplätzchen*. Zu unserer Freude treffen wir auf einen geräumigen Parkplatz außerhalb der eigentlichen Ortsbebauung, und als wir feststellen, daß sogar eine Straße hier hoch führt, holen wir als erstes unser Wohnmobil.

Zum Höhepunkt von San Miniato sind es dann nur noch wenige Schritte: Wir ersteigen nämlich den ehemaligen Burgturm, der wieder aufgebaut wurde, nachdem er im II. Weltkrieg zusammen mit Teilen der Stadt von deutschen Truppen zerstört worden war. Diese traurige Tatsache hat mit dem Beinamen der Stadt "al Tedesco" nichts zu tun, dieser ist vielmehr Überbleibsel von Kaiser Friedrich, der genau wußte, warum er hier oben eine Burg bauen ließ. Der Blick ist nämlich einzigartig: Unten die auf drei langgezogenen Bergrücken hingestreckte Stadt und rundum Hügellandschaft wie aus dem toskanischen Bildkalender. Der liebe Gott tut sein übriges und taucht das Ganze in ein mildes Nachmittagslicht. Zwei Stunden später beschert er uns auch noch einen violettfarbenen Sonnenuntergang, einen von der Sorte, den auch der zurückhaltende Fotograf wenigstens zehn Mal auf Zelluloid bannt. Auch wenn das Licht nicht so schöne Bilder malen würde, hier oben muß man einfach ein paar Urlaubsstunden verbringen. Am besten zweimal, um sowohl das Licht des Nachmittags wie auch das des frühen Tages für Fotos auszunutzen, mit denen man auch den verwöhnten Gast der häuslichen Diaschau am Einschlafen hindert.

Auch in den Osterferien ein Jahr später haben wir hier oben Glück, dann wird am späten Abend die Atmosphäre noch von einer Karfreitagsprozession gekrönt, deren vielstimmiger Gesang ganz in unserer Nähe am Dom beginnt und dann im Schein zahlreicher Fackeln unten in der Stadt verklingt.

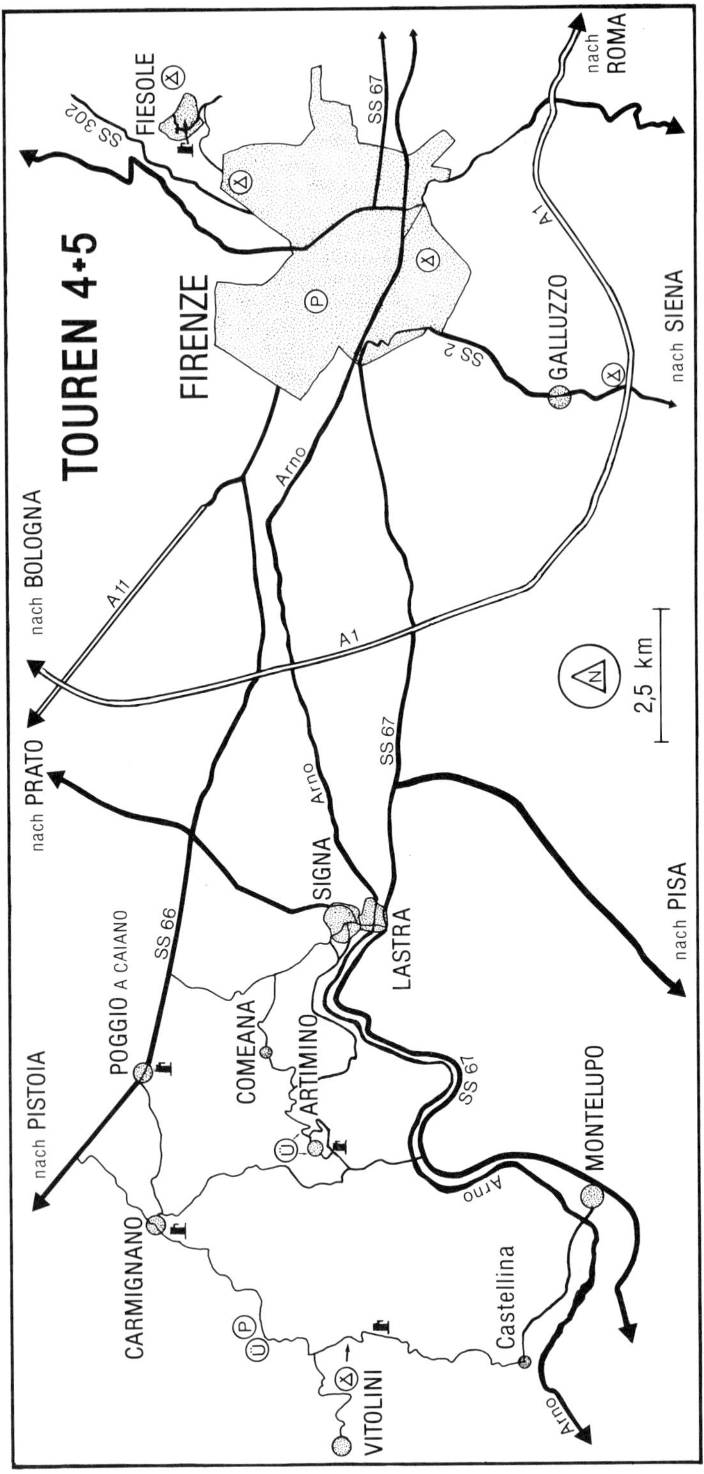
TOUREN 4+5
FIRENZE
FIESOLE
SS 302
SS 67
nach ROMA
A1
nach SIENA
GALLUZZO
SS 2
nach BOLOGNA
A11
Arno
N
2,5 km
nach PRATO
SIGNA
LASTRA
nach PISA
SS 66
POGGIO A CAIANO
nach PISTOIA
COMEANA
ARTIMINO
MONTELUPO
CARMIGNANO
Castellina
VITOLINI

Tour 4: Ins Jagdrevier der Medici

Poggio a Caiano - Artimino - Carmignano

Übernachten:	zwei Plätze in oder bei Artimino; unterhalb des Gasthauses "Il Pinone" an der Straße von Vinci nach Carmignano; Campingplatz "San Giusto" bei Carmignano
Besichtigen:	Medici-Villen in Poggio a Caiano und Artimino
Wandern:	von Carmignano nach Artimino
Essen:	In Artimino im "Da Delfina" oder im "Biagio Pignatta" ; im "Il Pinone" an der Straße von Vinci nach Carmignano

Am Morgen schwanken wir in Empoli, einer Stadt unten am Arno, in der die Flaschen für den toskanischen Wein hergestellt werden, ob wir der Hauptstraße im Flußtal ostwärts folgen sollen, oder ob nicht das kleine Sträßchen, das sich nordwestlich von Empoli in die Berge schlängelt, reizvoller ist. Wir entscheiden uns - wie meistens bei solchen Alternativen - für den zuletzt genannten Weg und können Ihnen nur empfehlen, dieselbe Wahl zu treffen. Es gibt sogar zwei Strecken, die beide auch von großen WOMOs befahren werden können, entweder über Vitolini oder ab Castellina nordöstlich von Empoli. Nach rund 20 Kilometern und zahlreichen Fotopausen parken wir in **Poggio a Caiano**. Das Städtchen am Ufer des Ombrone würde

Villa von Poggio a Caiano

kein Mensch besuchen, hätte sich nicht der Medici-Fürst "Lorenzo der Prächtige" in den Jahren zwischen 1480 und 1485 hier ein Landhaus bauen lassen, das auf dem Hügel eines großen Parkes die Besucher anzieht und auch ein geradezu klassisches Beispiel für einen wohlproportionierten Profanbau der Renaissance darstellt.

Wir sind an einem Werktag gegen Mittag (Besichtigungszeiten 9,oo bis 13,3o Uhr, Gärten länger; montags geschlossen) die einzigen Besucher, so daß uns die Wächter in aller Ruhe durch die prachtvollen Säle führen können. Ich frage mich nur, ob schon "Lorenzo II Magnifico" an einem der beiden Billardtische spielte und höre später gerüchteweise, Mussolini habe die Villa diesbezüglich bereichert. Dafür sind die beiden prachtvollen Betten echt. Starben in ihnen die Nachfahren Lorenzos, der Großherzog der Toskana, Francesco I., und wenige Tage danach seine Gemahlin, Bianca Capella? Als Opfer eines heimtükkischen Giftmordes, angezettelt vom Bruder Francescos, seines Zeichens Kardinal? Oder raffte beide, wie andere Quellen berichten, die Malaria dahin? Jedenfalls wurde der Kardinal nach dem Doppeltod des Bruders und der Schwägerin Großherzog der Toskana und nannte sich fortan Ferdinand I. Geplagt vom schlechten Gewissen und der Prunksucht erbaute er - richtiger: er ließ erbauen - eine nicht weniger eindrucksvolle Villa in **Artimino**, ganz in der Nähe.

Um zu dem Dorf südwestlich von Poggio a Caiano zu gelangen, muß unser WOMO kräftig Schwung holen. Artimino liegt nämlich auf einer Bergkuppe, zu der sich ein schmales Sträßchen emporschlängelt, das ganz unten hinter Comeana mit einer Steigung beginnt, die von einem durchschnittlichen, also überladenen WOMO das Äußerste fordert. Haben Sie keine Angst, auch Ihres wird das kurze Stück schaffen, wenn Sie nicht zwischendrin anhalten.

An dieser Stelle der Reiseerzählung überlege ich mir, ob ich nicht lieber schreiben soll, der Weg wäre zu steil, oder ob es nicht besser wäre, den Ort vielleicht ganz unerwähnt zu lassen. Wer schon einmal in Artimino war, wird uns die Existenz dieses Reiseführers möglicherweise nie verzeihen. Denn eines ist sicher: Wenn sich irgendwann am Abend Massen von WOMOs seitlich des Stadttors drängen, ist der Reiz ein bißchen kleiner. Während ich dieses schreibe, beschleicht mich wieder der Gedanke, daß das Schreiben eines Wohnmobilreiseführers aus diesem Grund eine durchaus zwiespältige Angelegenheit ist. Jetzt habe ich Sie zwar auf Artimino richtig heiß gemacht, aber hoffentlich auch ein wenig verantwortungsvoll.

Und ehrlich gesagt ist es auch gar nicht allein die Medici-Villa, die uns so begeistert hat, als vielmehr die unvergleichliche Lage, das Restaurant "Da Delfina" und zwei ausgezeichnete *Übernachtungsplätze*. Fangen wir mit ihnen an: Der eine eignet sich eher für den etwas ängstlichen Wohnmobilisten, man findet ihn, wenn man auf das Stadttor zufährt links desselben. Die Straße ist bei dem Torbogen platzartig ausgeweitet, und vor der

Mauer können mehrere Wohnmobile hintereinander stehen, mit der sicheren Gewähr eines Blicks auf Ferdinands Schloß "La Ferdinanda" und die anmutige Landschaft.

Die andere Stelle ist nicht weniger interessant, aber einsamer: Sie entdeckt man an der von Osten den Berg heraufkommenden, eben erwähnten Straße. Bevor diese oben bei der Villa endet, sehen wir links der letzten Rechtskurve einen kurzen Seitenweg, an dessen Rand ein riesiger Baum seine Äste über eine Ausbuchtung breitet. Bereits hier haben wir einen Superblick nach Norden, der aber noch besser wird, wenn wir noch ein paar Meter auf dem genannten Weg weitergefahren sind. Gleich nach dem Baum wird die Sicht nach Osten frei, und mit einigem Geschick sowie mehreren Unterlegbrettern gelingt es uns, unser WOMO auf wiesenartigem Untergrund zwischen mehrere Olivenbäume zu manövrieren. Wir müssen zwar ordentlich rangieren, eine Arbeit, die sich allerdings lohnt.

Denn wir blicken nun hinab ins Arnotal, uns zu Füßen liegt die Stadt Signa und weiter hinten erkennen wir in der toskanischen Nachmittagssonne die Domkuppel von Florenz. Wir denken an den Trubel, den Verkehrslärm und Gestank, aber auch an die Touristenscharen dort unten, denen wir in völliger Einsamkeit entrückt sind. Keine Frage, die Medici wußten schon, warum sie diese Gegend und den halben Monte Albano zu ihrem privaten Jagdrevier erklärt und sogar begonnen haben, dieses mit einer Mauer zu umschließen.

Es ist Nachmittag, wir holen die Klappstühle und die Reiselektüre heraus und genießen die Toskana von ihrer schönsten Seite. Aber wie so oft, ist dieser Genuß nicht ungeschmälert. Unseren beiden Töchtern - im Zeitpunkt der Geschichte 7 und 10 Jahre alt - haben wir erlaubt, ein wenig in der Gegend herumzustreunen. Was soll schon passieren? Plötzlich merken wir, daß wir von ihnen länger nichts mehr gehört haben. Anna und Lena sind weg! Wir rufen und pfeifen, wir schreien, kein Kind antwortet. Planlos rennen wir durch die Landschaft, die Kinder bleiben verschwunden. Hektik macht sich breit, Gedanken an Kindesentführung und die Mafia bestimmen unser Tun. Gisela hält auf der Straße die Autos an und radebrecht atemlos von zwei verschwundenen Mädchen. Ich schicke zwei Italiener, die mit ihren Geländemotorrädern Wiesen durchpflügen, auf die Suche - ohne Ergebnis. Nachdem Minuten wie Ewigkeiten vergangen sind, kommen plötzlich unsere Töchter gut gelaunt den Berg hinauf, jede mit einem Blumenstrauß in der Hand.

Diesen Schock können wir nur mit einem guten Essen verdauen, also melden wir uns im **"Da Delfina"** für den Abend an. Wir erhalten gerade noch den letzten Tisch, das Lokal ist nämlich bei den Einheimischen sehr beliebt; ohne Reservierung bekommt man nur durch Zufall einen Platz (Tel. 055/8718074; montags abends, dienstags, Anfang Januar und im August geschlossen). Wenn Sie gerade an den Ruhetagen in Artimino Hunger haben, testen Sie doch das **"Biagio Pignatta"** direkt vor der Medici-Villa (Tel. 055/8718086); hier ruht man nämlich mittwochs und donnerstagsmittags. Wir waren bislang dreimal im "Da Delfina" und so vollauf zufrieden, daß wir noch keinen Anlaß hatten, im "Biago Pignatta" eigene Erfahrungen zu sammeln, zumal dieses Restaurant noch etwas höhere Preise fordert. Billig sind beide nicht, wie überhaupt jedes richtige Restaurant oberhalb des Pizzeria-Niveaus in der Toskana Löcher in den Geldbeutel reißt. Und gelegentlich erlebt man ganz besondere Überraschungen: Der Oberkellner fragt nach unseren Weinwünschen, wir bestellen einen Carmignano, einen Wein aus der Gegend, der zu den ältesten und besten Rotweinen Italiens zählt. Der Kellner überredet uns zu einem sechs Jahre alten "Villa Medicea" und wir vergessen, nach dem Preis zu fragen. Als daraufhin zwei weitere Kellner einen kleinen Extratisch aufbauen, eine Kerze anzünden und in deren Schein spektakulär den Wein dekantieren, ihn also vom natürlichen Bodensatz befreien und in eine Karaffe umfüllen, schwant uns preislich nichts gutes. Als dann schließlich ein absoluter Spitzenwein wunderbar rund durch unsere Kehlen rinnt, ist uns klar: Heute wird es teuer. Aber dann kostet die Flasche nur 14.000 Lire, wir können es kaum fassen und beschließen, am nächsten Tag in der örtlichen "Fattoria di Artimino" noch ein paar Flaschen zu kaufen. Genauso überrascht sind wir, als dort die Flasche haargenau dasselbe kostet, ebenso wie auch im einzigen Lebensmittelladen (gegenüber von diesem findet man übrigens einen Wasserhahn) des Dorfes. Dieser Einheitspreis liegt daran, daß Weingut und Restaurant ein und demselben

Besitzer gehören, der im "Da Delfina" für die Produkte seiner Fattoria werben möchte.

Nach diesen Genüssen bleibt unser Wohnmobil abends vor der Mauer, und wir setzen uns noch auf die steinerne Bank direkt am Stadttor. Mehrere Nachtigallen trällern, Fledermäuse huschen vorbei und aus dem "Da Delfina" hören wir den Koch ein letztes bistecca fiorentina hacken. Ab und zu bahnt sich noch ein Auto den Weg durch die Kurven, und nachdem die letzten Kellner nach Hause gefahren sind, wird es ganz still in Artimino. Denn mit uns schlafen hier höchstens 200_Artiminianer.

Am nächsten Morgen stellen wir fest, daß in der Villa inzwischen ein kleines, archäologisches Museum eingerichtet worden ist, wo Funde aus der Umgebung ausgestellt werden. 3.000 Lire sind aber dafür etwas teuer, denn sehr viel gibt es nicht zu sehen, und in der Villa selbst darf man auch nicht rumlaufen, die Räumlichkeiten dienen offensichtlich diversen Veranstaltungen und sind, soweit wir das erkennen konnten, mit denen in Poggio a Caiano nicht vergleichbar (die Öffnungszeiten wechseln bislang von Jahr zu Jahr, zuletzt war montags geschlossen).

Artimino

Den Besuch des Landschlößchens kann man auch in eine Wanderung einbauen, die ich allerdings bei anderer Gelegenheit, als ich ohne Kinder mit einem Freund zum Wandern unterwegs war, unternehme. Am Nachmittag zuvor machen wir bei dieser anderen Reise aber noch Bekanntschaft mit einem sehr schönen *Übernachtungsplatz*: Ein paar hundert Meter jenseits der Paßhöhe der Straße von Vinci nach Carmignano führt der Weg an einem links gelegenen, großdimensionierten Parkplatz mit geschottertem Untergrund vorbei, den ich zunächst nur deswegen anfahre, um einen besonders weiten Blick zu erleben: Vorne halblinks die Burg von Carmignano, dahinter in der Ebene Pistoia und Prato, rechts davon Florenz, dessen Domkuppel alles überragt und davor Artimino mit der "Villa Fernanda". Dieser Blick ist einer der aufregendsten, die ich von der Toskana kenne! Spontan beschließen wir, die Höhenlage voll auszukosten, um in der Dunkelheit oben über einem Lichtermeer zu sitzen. Wir bleiben für den Rest des fortgeschrittenen Tages stehen. Länger hält man es im Sommer auf dem baumlosen Platz auch nicht aus. Dann verlockt noch eher das kleine Pinienwäldchen rund um das *Restaurant* **"Il Pinone"** (mittwochs geschlossen) oberhalb des Parkplatzes. Beim Vorbeifahren lesen wir dort: "Tutte le serre Pizza" ("jeden Abend Pizza")ein Grund mehr, hier zu übernachten. Als es auf 20,oo Uhr zugeht, stellen wir das WOMO in das Wäldchen, obgleich zwischen Parkplatz und dem Lokal nicht einmal 200 m Luftlinie liegen. Aber ein Wohnmobil in der beginnenden Nacht mutterseelenallein in der Landschaft und ohne Bewachung muß ja nicht sein.

Übernachtungsplatz beim "Il Pinone"

Wieviele Urlauber mögen auf das Pizzaschild schon hereingefallen sein? Denn es gibt keine Pizza, sondern nur das viel teurere, normale Essen. Wir ärgern uns, bleiben und geben zu, wenn auch mit einer hervorragenden Flasche Carmignano milde gestimmt, daß es uns nicht schlecht schmeckt. Wir lassen das WOMO dann auch für den Rest der Nacht unter den Pinien, und ich darf Ihnen noch mitteilen, daß der Wirtshaushund im nahen Zwinger ein durchaus wohnmobilfreundliches Wesen besitzt, er bellt nämlich so gut wie gar nicht. Dafür gibt es eine

Freiluftdisco, die im Sommer am Wochenende auch bei der Übernachtung auf dem nahen Parkplatz stört, es sei denn man schwoft mit. Ich habe aber keine Gelegenheit, selbst zu erproben, ob ich als mittelalter WOMO-Autor schon zu den Disco-Großvätern gehöre. Altersgemäßer ist da schon das Wandern, das sich im ehemaligen Jagdrevier der Medici wegen der landschaftlichen Schönheit besonders anbietet. Dann kann man sich auch schon mal auf dem herrlich gelegenen *Campingplatz* "San Giusto" einquartieren (geöffnet vom 1.6. bis 30.9.). Man findet ihn - ausgeschildert - an dem kleinen Verbindungssträßchen zwischen der Paßhöhe und dem am Arno gelegenen Nest Castellina.

Nun aber endlich zur *Wanderung*: Sie führt von Carmignano nach Artimino und zurück. Man wandert weitgehend auf Sicht, zunächst in der Nähe der von Carmignano nach Süden abzweigenden Straße bis hinunter ins Tal. Gegenüber einem leerstehenden Haus mit dem klangvollen Namen "Villa delle Ginestre" durchqueren wir eine Wiese, um dann auf einem schon von weitem sichtbaren Pfad steil bergauf zu klettern. Am Ende dieses Anstiegs kommen wir nochmals über Wiesen und stehen dann total erschöpft vor der Medici-Villa bei Artimino. Für die Mittagspause suchen wir uns den Halbschatten eines Olivenbaums am Rande des Villenparks aus, so daß wir das Schloß, den Torturm Artiminos und tief unten das Arnotal auf einmal im Blick haben. Wieder kommt volles Verständnis für die Medici - jedenfalls bezüglich der Auswahl ihres Jagdreviers - auf. Wir laufen dann weiter durch Artimino, wo Frauen vor den Türen sitzen und in Heimarbeit Armeekleidungsstücke stopfen. Wir hören in den Häusern neben der Küche kleine Webstühle rattern, die Textilstadt Prato ist nicht weit. Den Heimweg beginnen wir bei der kleinen Kneipe auf der Rückseite des Ortes. Für ein paar Meter werden wir sogar von einer Markierung runter zur Straße geleitet . Auf der Straße wenden wir uns nach rechts und dann bei nächster Gelegenheit, nämlich nach etwa 700 m hinter einer kleinen Brücke auf einem Fahrweg nach links. An dessen Ende muß man nach einer Haarnadelkurve schräg bergauf ein Stück in die alte Richtung zurückgehen, ehe man aus dem Wald tritt und nun Carmignano wieder vor sich sieht oder wenigstens erahnt. Eine Hürde ist noch zu nehmen: Vor einem einsamen Haus wacht ein mordsmäßiger, nicht angebundener Hund, sozusagen der natürliche Feind des Wanderers, der uns in nicht ganz eindeutiger Haltung entgegenläuft. Frauchen und Herrchen kommen aber bald hinterher und ersparen uns das weitere Nachdenken über die richtigen Verhaltensmaßnahmen. Am Ende treffen wir wohlbehalten in Carmignano ein und blicken noch einmal zurück auf die rund 13 km unserer Wanderstrecke, die von hier aus fast vollständig zu überblicken ist.

Tour 5: Im Herzen der Toskana

Florenz - Fiesole - Prato

Übernachten:	Campingplätze in Florenz oder Fiesole; freie Übernachtungsplätze der Tour 4
Besichtigen:	Für die vielen Sehenswürdigkeiten von Florenz reicht hier der Platz nicht aus; römisches Theater und "Banchine" in Fiesole; Dom und Innenstadt von Prato
Wandern:	Panoramaweg bei Fiesole
Essen:	Ristorante "Cammillo" und Weinstube "Gallo Nero" in Florenz
Übersichtskarte:	Bei der Tour 4

Ich habe mir wirklich viel Mühe gegeben und mehrfach einen neuen Versuch gewagt. Aber eine Freundschaft zu **Florenz** ist trotzdem nie entstanden. Nur beim ersten Mal, vor vielen Jahren im März, die meisten Touristen waren noch zu Hause, keimte ein Anflug von Zuneigung. Vielleicht weil wir damals noch ohne WOMO unterwegs waren? Für eine Wohnmobilreise eignet sich Florenz auch wirklich wenig, so leid mir eine solche Aussage in einem Wohnmobilführer auch tut. Fahren Sie lieber mit dem Zug; anläßlich einer (silbernen) Hochzeitsreise und möglichst im Winterhalbjahr. Die Kunstwerke sehen dann genauso aus wie im Sommer, aber die Touristenströme sind dünner.

Nun haben Sie sich aber zu einer Wohnmobilreise entschlossen und sind der - durchaus fragwürdigen - Meinung, zur Toskana gehöre auch Florenz. Dann achten Sie darauf, daß Sie nicht zu lange in der Stadt bleiben, daß Sie sich weitgehend auf die Kunst beschränken, und passen Sie auf, daß Florenz nicht den ganzen Toskana-Urlaub überdeckt. Zu breit ist nämlich die Schattenseite dieser mit 450.000 Einwohnern größten toskanischen Stadt: Bis zu 6 Millionen Besucher drängen Jahr für Jahr durch das historische Zentrum zwischen Dom und dem Palazzo Vecchio. Außer den Hauptsehenswürdigkeiten hat dieser Teil von Florenz aber nichts (mehr) zu bieten. Keine gewachsene Kneipe, keine richtigen Einkaufsläden, kaum noch Bewohner. Denn die Mieten kann nur noch zahlen, wer zur Geschäftswelt der Reichen gehört oder vom Tourismus lebt, was sehr oft auch ein und dasselbe ist. Die heutigen Mieter sind Banken, Nobelgeschäfte und jede Menge Fast Food-Lokale. Zum Hamburger gibt es dort ein aufgewärmtes Pizzastück, und eine "Kugel" Eis kostet auch schon mal an die 4,-- DM.

Die Auswüchse werden indessen von einem echten Kunstliebhaber kaum wahrgenommen, der hier eine auf der Welt einmalige Ansammlung von Kunstdenkmälern aus der Renaissance antrifft und Wochen damit zubringen kann, diese abzuklappern. In unzähligen Büchern sind die Kunstwerke katalogisiert, beschrieben, "ans Herz gelegt" oder zum absoluten "Muß" erklärt. Genau da liegt einer der Gründe für mein gestörtes Verhältnis zur Stadt: Ständig hat man das Gefühl, ein Banause zu sein, weil man so vieles noch nicht gesehen hat. Nur wer entweder reichlich Zeit hat oder Mut zur Kunstlücke, übersteht den Florenzaufenthalt ohne größere Frustrationen. Wer nur über wenige Urlaubstage verfügt und zugleich Perfektionist ist, mache einen großen Bogen um die Stadt.

Es ist kaum möglich, Ihnen im Rahmen eines Wohnmobilreiseführers Sinnvolles über die Kunst einer solchen Stadt zu vermitteln. Ich versuche es daher erst gar nicht, zumal mir dafür auch die notwendigen Kenntnisse fehlen. Wer sich eingehend informieren möchte, lese zum Beispiel den DuMont-Klassiker von Klaus Zimmermanns "Florenz". Die meisten unserer Leser werden Florenz nur für ein paar Tage besuchen, ihnen empfehle ich das anschauliche und keineswegs hochgestochene Kapitel über Florenz von Christoph Hennig in seinem Buch "Toskana" im Oase-Verlag. Etwas ausführlicher und einigermaßen übersichtlich ist auch der Merian-Reiseführer.

Eine kleine, ganz subjektive Auswahl von Sehenswertem, das mir besonders gefallen hat, kann ich mir aber doch nicht verkneifen:

Das architektonisch genialste und beeindruckendste Bauwerk ist zweifelsohne die achteckige **Domkuppel** des Architekten Filippo Brunelleschi. Zu ihr kann man vom Inneren des

Doms aus hochklettern. Da sie zweischalig konstruiert ist, wurden schon bei ihrer Erbauung Treppen in den Hohlraum zwischen den beiden Schalen gesetzt, die heute dazu dienen, der staunenden Nachwelt ihre ganze Größe von 42 m im Durchmesser, aber auch, um von fast 90 m Höhe einen Blick auf die Altstadt zu offenbaren (Öffnungszeiten: Mo - So 9,3o bis 12,oo Uhr und 14,3o bis 17,oo Uhr, Einlaß nur bis 16,3o Uhr). Beim Anblick der Domfassade habe ich mich lange gewundert, weshalb sie so neu und grün-weiß-rot-italienisch wirkt, bis ich gehört habe, daß sie erst im 19. Jahrhundert an den bis dahin unfertigen Dom gebaut und erst 1887 vollendet worden ist.

Viel mehr als das Innere des Doms mag ich die sehr geräumige **Kirche S. Croce** des Franziskanerbettelordens, die im Laufe der Jahrhunderte von vielen bedeutenden Künstlern ausgestattet wurde. Vor allem die Fresken von Giotto in den beiden Kapellen rechts des Chores und das sogenannte Basisrelief "Verkündigung" des Bildhauers Donatello (rechts vor der zweitletzten Säule vor dem Querschiff) ziehen mich immer wieder unter das hohe Gebälk dieser Kirche, deren Fassade ebenfalls erst im 19. Jahrhundert angesetzt wurde. Beim Gang durch das Mittelschiff komme ich dann an Grabstätten von Michelangelo, Galilei, Ghiberti und Macchiavelli, um nur einige zu nennen, vorbei; ferner am Grabmal des in Ravenna beerdigten Dante. Ganz vorne, an der Stirnwand des linken Querschiffs hängt noch das berühmte Holzkreuz von Donatello.

Auf meine über der Schulter hängende Fototasche, die ich immer auf der der Fahrbahn abgewandten Seite trage, muß ich während der Stadtrundgänge besonders aufpassen. Einmal war ich sogar Zeuge, wie ein Motorradfahrer einer Touristin beim Vorbeifahren die Umhängetasche weggerissen hat. Ich verlasse nun nämlich das verkehrsberuhigte - aber trotzdem vor allem von Zweirädern stark befahrene - historische Zentrum über den **Ponte Vecchio**, der einzigen Arno-Brücke, die von der den Aliierten weichenden Deutschen Armee 1944 nicht gesprengt worden ist. Die mir aber auch nur von weitem gefällt, ist sie nämlich die Brücke zum (Touristen-) Geschäft für zahlreiche Gold- und Silberschmiede, die hier seit dem Jahre 1593 das Brückenverkaufsmonopol besitzen.

Mein Ziel südlich des Arno ist die **Kirche S. Maria del Carmine**, der ausdruckstarken Fresken wegen. Der Merian-Reiseführer nennt diese "einen kostbaren Schatz europäischer Malerei", Christoph Hennig spricht von "den schönsten Fresken von Florenz". Beide meinen den von Masolino begonnenen und von Masaccio zwischen 1425 und 1428 weitergeführten, jedoch nie vollendeten Freskenzyklus in der Brancacci-Kapelle, der als das erste große Werk der Renaissance-Malerei gilt. Als ich zuletzt 1989 die Bilder wieder sehen wollte, war die Kapelle wegen Restaurierungsarbeiten geschlossen. Es lohnt sich auf jeden Fall, wenn Sie nachsehen, ob diese nun beendet sind.

Nach den geschilderten Attraktivitäten ist der Tag dann meistens auch schon fast vorbei, und ich ziehe mich ins WOMO zurück. Das steht nämlich die ganze Zeit über auf dem *Campingplatz* "Parco Comunale" in der Viale Michelangelo seitlich unterhalb des gleichnamigen Piazzale (offen von Mitte März bis Oktober). Der Zeltplatz wird häufig als unschön, voll oder laut gescholten - ganz zu Unrecht. Erfahrungen aus den Sommerferienmonaten habe ich allerdings nicht. Man hat einen tollen Blick auf "La cupola", gepflegte Sanitäranlagen und gute, heiße Duschen, und man steht stadtnah. Zu Fuß brauche ich etwa 30

Campingplatz "Parco Comunale"

Minuten zum Palazzo Vecchio, außerdem hält der Bus der Linie 13 vor der Tür (in die Stadt hinein fährt er nach links wenn man den Campingplatz verläßt). Beim ersten Mal werden wir zu unfreiwilligen Schwarzfahrern, denn im Bus gibt's keine Tickets - dafür an der Campingplatzrezeption. Weiterer wichtiger Vorteil dieses Platzes: Man muß sein Wohnmobil nicht in Florenz parken. Denn ohne Bewachung - und möglichst noch Alarmanlage - würde ich kein WOMO dort zurücklassen, Autoaufbrüche sind in Florenz der ganz normale Alltag. Als *bewachte Parkplätze*, die man bei den Stadttoren - größtenteils ausgeschildert- findet, eignen sich für das historische Zentrum besonders der bei der Fortezza da Basso oder für den Stadtteil südlich des Arno, der Parkplatz bei der Porta Romana.

Hier findet man einen der Eingänge zum **Bobolischen Garten**, einem meiner florentinischen Lieblingsorte (geöffnet von 9,oo bis 17,3o Uhr, von Mai bis August bis 18,oo Uhr). Sein Gelände diente ursprünglich als Steinbruch für den Palazzo Pitti, später und noch zu Medici-Zeiten wurde hier eine der schönsten Parkanlagen Italiens gestaltet. Am liebsten liege ich auf den Wiesen beim Forte di Belvedere, dessen Name eigentlich keines Kommentars bedarf. Trotzdem: Einer der schönsten Blicke auf Florenz.

Noch berühmter ist der Ausblick von der Terrasse des **Piazzale Michelangelos**, direkt neben unserem Campingplatz. Die Michelangelo-Statuen sind zwar nur Kopien, aber das interessiert hier oben niemanden. Der Blick wendet sich nach vorn über den Arno, seine Brücken und auf die Stadt. Ganz unerschrockene Wohnmobilisten übernachten hier sogar - trotz der zahlreichen Verbotsschilder. Der tolle Blick verleitet offenbar zum Risiko, obwohl der Campingplatz wirklich unmittelbar daneben liegt.

Noch eine von mir sehr geschätzte Sehenswürdigkeit habe ich bislang nicht erwähnt: Vom Piazzale Michelangelo sind es nur ein paar Schritte auf dem Viale Galileo südwärts zum hohen Freitreppenaufgang der romanischen **Kirche S. Miniatio al Monte**, einer der ältesten und im Inneren auch schönsten Florentiner Kirchen (geöffnet von 8,oo bis 12.oo Uhr und 15,oo bis 19,oo Uhr).

Sie vermissen in meiner Aufzählung die **Uffizien**, eines der drei bekanntesten Kunstmuseen der Welt? Ich fühle mich dort jedesmal von der großen Zahl bedeutender Bilder fast erschlagen und habe es nie geschafft, den "Kunstgenuß" richtig zu dosieren oder mich auf die wesentlichen Gemälde zu beschränken (Di - Sa 9,oo bis 19,oo Uhr, So 9,oo bis 13,oo Uhr, Mo geschlossen). Mindestens so lohnend finde ich das National-Museum für Bildhauerei, das **Museo del Bargello** unweit des Piazzale Vecchio. Hier trifft man auf eine einmalige Sammlung italienischer Skulpturen von Michelangelo bis Donatello (Di bis Sa 9,oo bis 14,oo Uhr, So 9,oo bis 13,oo Uhr, Mo geschlossen).

Genug der Kunst, wenden wir uns nochmals dem Trivialen, nämlich der *Übernachtungsplatzfrage* zu: Es gibt für mich eigentlich keine Alternative zum schon erwähnten *Campingplatz* beim Piazzale Michelangelo. Der Vollständigkeit halber will ich noch auf den - von uns nicht getesteten - Zeltplatz "Villa Camerata" im Viale Righi 2 im Park der Jugendherberge am östlichen Stadtrand hinweisen (geöffnet von April bis Oktober; die Buslinie 17 B braucht angeblich ca. 30 Minuten bis zum Bahnhof oder Domplatz); der Platz soll ruhig und schattig sein. Es gibt noch eine dritte Alternative, die wir schon selbst erprobt haben: Den ganzjährig geöffneten Campingplatz "Panoramico" in Fiesole. Hier steht man im Hochsommer deutlich kühler und hat von manchen Stellplätzen einen wunderschönen Blick auf Florenz. Der Platz ist aber ziemlich teuer, auch in der Vorsaison gut besucht und wirkt auf mich etwas überorganisiert (Buslinie 7 nach Florenz).

Einen Stellplatz für die freie Übernachtung habe ich in Florenz nie gesucht. Davon rate ich schon deshalb ab, weil man tagsüber das WOMO bewachen lassen sollte. Und für das Geld kann man gleich auf den Campingplatz, wo es sicher ruhiger zugeht. Wenn Sie das partout nicht wollen, oder wenn die Campingplätze voll sind, fahren Sie raus aus der Stadt zu den Stellplätzen, die wir Ihnen anläßlich der 4. Tour empfohlen haben.

Gemütliche abendliche Restaurantbesuche bieten sich dem Reisemobilisten in Florenz nicht gerade an. Denn ein unbewachtes WOMO im Dunkeln grenzt in dieser Stadt schon fast an vorsätzliche Beihife zum Diebstahl. Entsprechend dünn ist auch unser Erfahrungsschatz. Er beschränkt sich auf zwei Kneipen südlich des Arno nahe dem Ponte Vecchio, die zu Fuß von unserem Campingplatz zu erreichen sind: Teuer, gut und mit einem "typisch toskanischen" Touch präsentiert sich das **Ristorante "Cammillo"** an der Straße Borgo Sant' Jacopo 57r (hinter der Brücke rechts; Tel. 055/212427; mittwochs und die ersten drei Wochen im August geschlossen). Noch gemütlicher und fast nur von Einheimischen besucht ist der **"Gallo Nero"** in einem Kellergewölbe in der Via S. Spirito 6r (die westliche Verlängerung des Borgo Sant' Jacopo, also über den Ponte Vecchio und dann gleich nach rechts; Tel. 055/218898; unbedingt vorbestellen; Mo und im August geschlossen). Unser Freund Holger trifft den Nagel auf den Kopf: "Das Hofbräuhaus des Chianti".

Hätten wir nicht den Campingplatz von **Fiesole** aufgesucht, die Stadt, ein klassisches Florentiner Ausflugsziel, wäre uns verborgen geblieben, so sehr drängt es uns sonst nach

Florenzaufenthalten raus aus seinem Dunstkreis. Dabei hat sich schon die Besichtigung des römischen Theaters rentiert (im Sommer geöffnet von 9,oo bis 19,oo Uhr, montags zu). Weniger wegen seiner archäologischen Bedeutung, seines mittleren Erhaltungszustandes und seiner 2.500 Besucherplätze, als wegen der extrem schönen Lage. So wurden übrigens die meisten Theater schon von den Griechen in der Weise erbaut, daß die Zuschauer über die Bühne hinweg den Blick auf ein anmutiges Landschaftsbild abschweifen lassen konnten.

Unbedingt empfehlenswert ist es, seitlich des Doms das steile Gässchen namens Via di San Francesco zum Park und zum Aussichtsplatz (genannt: **"Banchine"** - Bänckchen) zu klettern. Der Lohn: Einer der schönsten Blicke der Toskana!

Dieser und die Lage von Fiesole inspirieren uns zu einer spontanen, kleinen *Wanderung*, die nicht ohne Grund in vielen Reiseführern beschrieben und vor Ort auch gut beschildert ist. Sie trägt den alles sagenden Namen: "Passeggiata panoramica" und beginnt rot-weiß markiert als Nr.1 am oberen Rand des großen Platzes rechts des Reiterdenkmals in der Via G. Verdi. Nach etwa 25 Minuten haben wir das Plateau des Monte Ceceri erreicht, wo wir umkehren und denselben Weg zurücklaufen. Wer mehr Zeit hat, kann bis nach Settignano weiter wandern und dort die Villa Buonarotti besichtigen, in der Michelangelo aufwuchs, nachdem seine Eltern von Caprese (siehe nächste Tour) hierher gezogen waren. Die Wanderung dauert dann fast zwei Stunden. Für den Rückweg muß man in Settignano den Bus nehmen, der nach Florenz fährt. Ob es auch eine Linie zurück nach Fiesole gibt, weiß ich leider nicht. Wie wäre es mit zurückwandern?

Und noch ein Ziel nahe Florenz habe ich jahrelang ausgelassen: Erst als mir die Idee für dieses Buch im Kopf herumspuckte "mußte" ich nach **Prato**. Viel zu spät, wie ich dann feststellte. Dabei vermutet man nichts Schönes, wenn man sein Wohnmobil irgendwo in der Nähe der Stadtmauer parkt. Heruntergekommen wirkende Kleinindustrie säumt die Straßen bis mitten ins Centro. Hier werden fast ausnahmslos Textilien hergestellt, teils aus Lumpen, aber auch aus neuen Garnen. Überall sieht man Webstühle und Nähereien. Prato ist *die* Textilstadt Italiens, der vor allem die Lumpenverwertung in den 50-iger Jahren den Aufschwung brachte. Die Stadt wuchs zwischen 1950 und 1975 von 50.000 auf 160.000 Einwohner. Diese Entwicklung spiegelt sich im Straßenbild nieder, vor allem im Zentrum, wo ein geschäftiges Treiben herrscht. Laden neben Laden ohne jeden touristischen Hintergrund. Welch ein Unterschied zum nahen Florenz! Wer italienisch einkaufen möchte, fahre nach Prato. Es gibt in der Toskana nichts Vergleichbares.

So richtig lohnend wird der Besuch aber erst durch den **Duomo**. Schon der Domplatz, auf dem meistens Verkaufsbuden - für Textilien natürlich - aufgestellt sind, ist schön anzusehen. Es scheint beinahe zwangsläufig, daß hier an einer Ecke des Doms eine Außenkanzel hängt. Von ihr wird den Gläubigen fünfmal im Jahr (Ostern, 1.5., 15.8., 8.9. und an Weihnachten) das im Dom verwahrte Heiligtum präsentiert: Ein Stoffgürtel von Maria höchstpersönlich. Zu auffällig ist mir der "Zufall", daß die Reliqiue in der Textilstadt ausgerechnet aus einem Stück Stoff besteht. Gut gefallen mir die Reliefs der Kanzel von Donatello und Michelozzo. Es sind Abgüsse, deren Originale im Dommuseum besichtigt werden können. Das Beste aber sind die Fresken von Filippo Lippi in der Hauptchorkapelle hinter dem Altar. Fast hätte ich den rechts versteckten Beleuchtungsapparat nicht gefunden. Die angeblich schönsten Fresken der Frührenaissance hätten im Dunkeln gelegen.

Kanzel am Dom von Prato

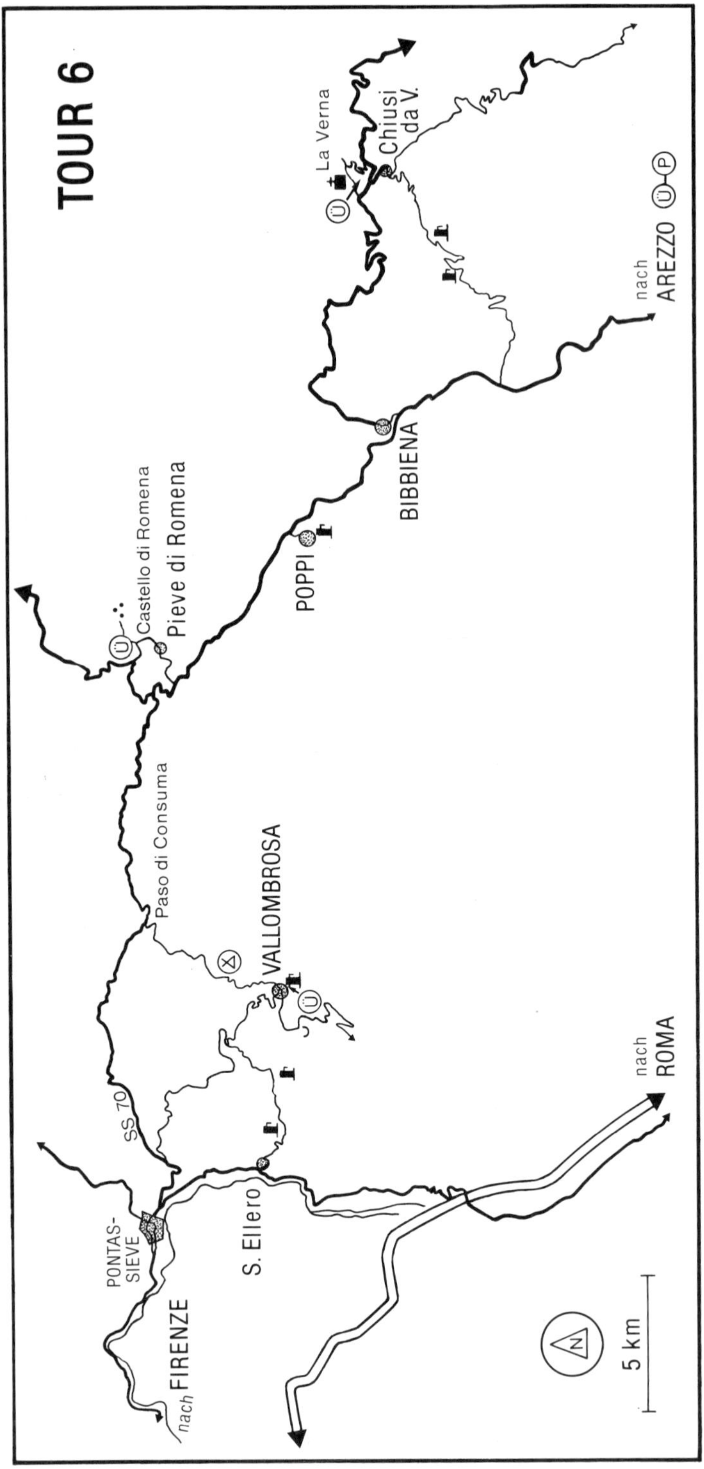
TOUR 6
La Verna
Chiusi
da V.
nach
AREZZO
BIBBIENA
Castello di Romena
Pieve di Romena
POPPI
Paso di Consuma
VALLOMBROSA
nach
ROMA
SS 70
S. Ellero
PONTAS-
SIEVE
nach FIRENZE
5 km

Tour 6: Durch die einsamen Wälder im Osten

Vallombrosa - Romena - Poppi - La Verna - Arezzo

Übernachten:	Beim Kloster Vallombrosa; beim Castello di Romena; beim Kloster La Verna; Parkplatz in Arezzo; Campingplätze beim Kloster Vallombrosa oder bei Caprese
Besichtigen:	Das Kloster Vallombrosa; die Kirche von Pieve di Romena; das Castello di Romena; das Städtchen Poppi; das Kloster La Verna; Fresken in Sansepolcro und in Monterchi; die Stadt Arezzo
Essen:	Im Restaurant "Casentino" in Poppi

Nach drei Tagen Florenz haben wir wieder die Nase voll. Vom Verkehrslärm einer Großstadt, von den Touristenmassen, aber auch vom Zwang zum Kunstgenuß. Das ist die richtige Voraussetzung für eine Fahrt in die Einsamkeit der Osttoskana, zumal auch das Wetter sonnig und warm ist, eine unbedingte Notwendigkeit für dieses Unterfangen, das uns auf fast 1200 Höhenmeter bringt.

Der Anfang des Unternehmens ist zugleich der schwierigste Teil. Müssen wir uns nämlich in Florenz vom Campingplatz am Piazzale Michelangelo einen Weg den Arno aufwärts nach Pontassieve suchen. Eine kleine Odyssee durch Florenz wird unvermeidlich, denn die Strecke ist am Anfang so gut wie nicht beschildert. Aber irgendwann haben wir es geschafft, wir lassen Florenz, Pontassieve und das bis dorthin recht häßliche Arnotal hinter uns. Gleich nach dem Abbiegen bei S. Ellero steigt die schmale Straße (vor den Kurven hupen!) hoch in eine ländliche Mittelgebirgswelt. Wir fühlen uns fast wie zu Hause. Es wird immer einsamer, und bis zum Ende des Tages werden wir ein einziges anderes WOMO zu Gesicht bekommen. Am Wochenende soll dies anders sein. Glaubt man der Literatur, fahren dann viele Florentiner hierher ins Grüne. Bevorzugt auf die Hangwiese beim 1055 gegründeten **Kloster Vallombrosa**, die bei unserer Ankunft nur von zwei Schulklassen belagert wird. Aber die hölzernen Bänke und Tische sind für unser Picknick noch frei.

Wir bedauern, daß es noch nicht Abend ist, denn unter den hohen, alten Bäumen am Rande der Wiese kann man in klarer Bergluft eine erfrischend kühle Nacht verbringen. Wir stehen hier auf fast 1000 m und müssen uns trotz des Sonnenscheins schon mittags warme Jacken anziehen.

Der Mischwald verdankt seinen alten Bestand den Mönchen des Vallombroser Ordens, deren forstwirtschaftliche Aufgaben erst in der zweiten Hälfte des 19. Jahrhunderts anläßlich der Auflösung des Klosters vom Staat übernommen wurden. Inzwischen leben wieder etwa 12 Ordensbrüder in der Einsamkeit am Pratomagno, jenem Bergrücken, den wir bald nach unserer Mittagsrast am Paso d. Consuma überqueren. Wir verzichten auf die inzwischen mögliche Besichtigung des Klosters (9.oo bis 12.oo Uhr und 15.oo bis 18.oo Uhr). Zu sehen sind in der Kirche Decken- und Kuppelmalereien eines Antonio Fabbrini, ein Altarbild von Lorenzo Lippi und Reliquien von Märtyrern.

Übernachtungsplatz bei Vallombrosa

Auch ist in unserem Tank noch kein Platz für das frische Wasser der Bergquelle (wohl dem, der eine Gießkanne zum Befüllen des Tanks hat). Wir lassen auch den nahen *Campingplatz* seitwärts liegen, ehe sich uns am 1060 m hohen Paß ein wunderbarer, weiter Blick ins Casentino eröffnet. Die Rede ist von dem Tal des Arnooberlaufs, was Sie nicht wundern soll, denn der Fluß macht südlich eine große Schleife um das Pratomagno.

Es ist vor allem der landschaftliche Zauber, der unsere 6. Tour so lohnend macht. Jetzt, Anfang Juni färbt der Ginster die Hänge in Gelb und verleitet Gisela, einen dieser Büsche auszugraben und im Eimer in der WOMO-Dusche in den heimischen Garten zu verfrachten. Es bleibt jedoch beim Versuch: Großes mußte unser Klappspaten bis dahin nicht leisten, und so vertraute ich ihm beim Herauswuchten der langen Ginsterwurzel. "Made in Taiwan" - beim ersten, leichten Ruck bricht einfach der Stiel vom Spaten Später in Bibiena fragen wir im einschlägigen Fachgeschäft nach den Kosten für einen richtigen Gartenspaten, ich will den Stiel kürzen. Ein stählerner Dreizack wird zuerst gewogen, denn das Metallgewicht bestimmt den Preis. Meine Frage nach dem Stiel entgegnet der Verkäufer mit einer Gegenfrage: "Treten Sie beim Graben mit dem rechten oder linken Fuß?" Ja, bin ich nun Rechts - oder Linkstreter? Ich entscheide mich für rechts und bekomme einen Stiel, in den von rechts oberhalb des Spatens ein Treteisen hineingeschlagen ist. Da aber ein Spaten mit Stiel rund 40,-- DM kostet, verzichten wir schließlich auf Gartengerät und Ginster. So bleibt allerdings auch die Frage unbeantwortet: Was hätte ich mit dem Spaten angefangen, wenn sich in der Praxis herausgestellt hätte, daß ich ein Linksfußgräber bin?

Burg von Poppi

Auf halbem Weg vom Consuma-Paß nach Poppi schickt uns ein Wegweiser nach links zum **Castello di Romena**. Wir biegen erst auf dem nächsten Sträßchen ab, das an der 1152 erbauten romanischen Kirche von **Pieve di Romena** vorbeiführt. Der kleine Umweg rentiert sich, zumal wir schon nach zwei bis drei Kilometern in die Zypressenallee des Castello einbiegen. Leider sind wir nur eine Familie und keine Gruppe und können daher die Ruine (in der Zeit von 9,oo bis 12,oo Uhr und 15,oo bis 18,oo Uhr) nicht besichtigen. Schon Dante lebte hier im Jahre 1301 in Verbannung bei den Guidi-Grafen, die bis Mitte des 15. Jahrhunderts gegenüber Florenz ihre Unabhängigkeit verteidigen konnten.

Die heutigen Burgherren haben vor der Festung in unvergleichlicher Naturlage einen *Parkplatz* gebaut, auf dem wir die Nacht verbringen werden. Zuvor klettern wir aber noch in **Poppi** über Sandberge und Schubkarren. Die dortige Burg, Stammsitz der Guidi wird gerade restauriert. Auch hier schweift der Blick übers Tal bis nach Romena. Ausgesprochen urig ist auch das Städtchen selbst mit seinem Brunnen in der Ortsmitte und den schattigen Säulenarkaden. Touristen ade, der Kauf einer Ansichtskarte wird hier schon fast zum Problem.

Nicht aber die kulinarische Versorgung. Denn gegenüber des hohen Burgturms verlassen wir am Abend gut gestimmt und noch besser genährt das *Restaurant* "**Casentino**" (Tel. 0575/52197) und kehren auf den relativ einsamen *Übernachtungsplatz* beim Castell von Romena zurück.

Den nächsten Vormittag vertrödeln wir beim Einkaufen in Bibiena, unter anderem im Gartengeräte- und Werkzeuggeschäft. Den Abstecher von Poppi nach Norden zur Einsiedelei von Camaldoni, wo einst kranke Mönche gepflegt wurden, schenken wir uns. Aber ein Kloster soll es noch sein, zugleich das bekannteste der Gegend: **La Verna**. Franz von Assisi soll hier seine Wundmale (Stigmata) erhalten oder erlitten und sich zur Einsiedelei hier oben in 1128 m Höhe entschlossen haben. Mönche zeigen Heerscharen von Gläubigen die Orte der Franziskanerverehrung. Wer weniger religiös interessiert ist, wird sich vor allem an der schönen Lage des Klosters erfreuen. Und an einer kühlen Nacht auf einem der riesigen Parkplätze. Zu Unrecht fürchte ich, daß hier ab 8,oo Uhr morgens das Parken Geld kostet - so steht es auf den Schildern - und stelle unser WOMO auf eine Freifläche an den Fuß der Parkplatzausfahrt. Wir sind froh, daß ein anderes Reisemobil unserem Beispiel folgt, denn hier oben ist es nicht nur nachts verdammt frisch, sondern auch ganz schön einsam.

Unverbesserliche Toskanafans fahren von hier aus nach Süden nach Caprese, zum Geburtsort Michelangelos (mit

Campingplatz), wo es aber wenig zu sehen gibt. Von dort reist man dann weiter nach **Sansepolcro**, um im Rathaussaal ein bedeutendes Fresko des Sohns der Stadt Piero della Francesca zu sehen. Eines wahrhaft genialen Malers, dessen Werk uns auch in Arezzo begeistern wird. Pierofreunde pilgern dann noch in die Friedhofskapelle von **Monterchi**, um das Fresko der schwangeren "Madonna del Parto" zu bewundern. Uns ist heute der Umweg zu weit.

Wir treffen die Kunstgenießer wieder in **Arezzo**, vor allem im Gotteshaus, nach dem Piero den Beinamen "della Francesca" bekommen hat, in der **Kirche San Francesco**. Bis dahin müssen wir in der emporstrebenden Stadt mit über 90.000 Einwohnern noch einen *Parkplatz* finden. Dafür gibt es nur eine wirklich gute Möglichkeit, hervorragend geeignet sogar zur *Übernachtung*. Und Wasser gibt es aus einer altertümlichen Radpumpe obendrein. Ich meine den Platz auf der Nordseite der Stadt unterhalb der Stadtmauer und hinter dem Dom. Wer von Norden kommt, fährt direkt vor dem Stadttor links und folgt noch etwa 400 m dem Parkplatzschild. Anreisende aus Südwesten fahren direkt an der Altstadt östlich gut halb um diese herum und achten darauf, daß sie den sechseckigen steinernen Turm des Doms sehen. Auch hier gibt es ein blaues Schild, dem man nachfahren kann. Man steht dann unterhalb eines ausgedehnten, mit Grünzeug bewachsenen Hangs sehr ruhig und wenige Fußminuten vom historischen Zentrum entfernt (Foto beim Stichwort "Stellplatzsuche").

Noch vor der mittäglichen Schließung besichtigen wir den **Dom** und darin im linken Seitenschiff rechts der Tür zur Sakristei Pieros Fresko von der "Heiligen Magdalena". Nicht weit ist es nun zur berühmten **Piazza Grande**, einem abschüssigen Platz, der von malerischen Palazzi umstanden ist. Einer der schönsten toskanischen Plätze! Auf ihm und in seiner Nähe werden allmonatlich am ersten Wochenende die Stände des berühmten Antiquitätenmarktes aufgebaut.

Das hervorragendste Kunstwerk der Stadt aber können wir erst nach 15,oo Uhr sehen. Den Freskenzyklus Pieros in der oben genannten Kirche (9,oo bis 12,oo Uhr und 15,oo bis 18,oo oder 19,oo Uhr). Die "Kreuzlegende" gilt als eines der schönsten Renaissancegemälde überhaupt, leider ist sie schlecht erhalten und auch weiterhin von eindringender Feuchtigkeit bedroht. Zum Verständnis der Bilder empfehle ich - wieder einmal - Christoph Hennigs "Toskana" (siehe Stichwort "Literatur"), der Ihnen auch weitere Hintergrundlektüre nennt.

Arezzo ist insgesamt eine sympathische Stadt, in der ich aber selbst - bei zwei Besuchen - auch noch zu kurz war. Ich gelobe Besserung, wenn auch der Weg nach Osten leider immer Überwindung fordert.

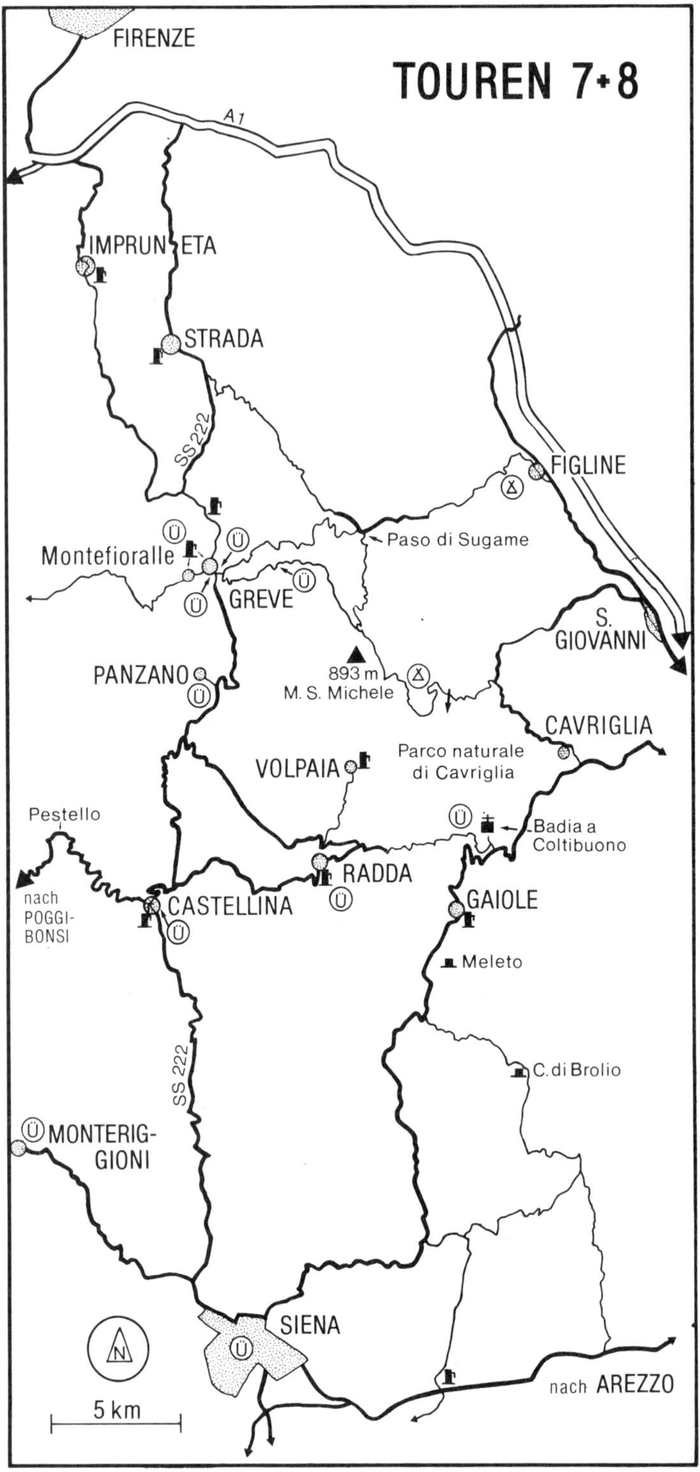
TOUREN 7+8
FIRENZE
A1
IMPRUNETA
STRADA
SS 222
FIGLINE
Paso di Sugame
Montefioralle
GREVE
S. GIOVANNI
PANZANO
893 m
M. S. Michele
CAVRIGLIA
Parco naturale
di Cavriglia
VOLPAIA
Pestello
Badia a
Coltibuono
RADDA
nach
POGGI-
BONSI
CASTELLINA
GAIOLE
Meleto
C. di Brolio
SS 222
MONTERIG-
GIONI
N
SIENA
5 km
nach AREZZO

Tour 7: Rundreise im Zeichen des schwarzen Hahns

Castello di Brolio - Badia a Coltibuono - Greve-Castellina - Radda

Übernachten:	Parkplatz bei der Badia a Coltibuono; Campingplatz beim Tierpark von Cavriglia; mehrere freie Alternativen in oder bei Greve; Parkplatz bei Panzano; Parkplatz in Castellina; in Radda
Besichtigen:	Castello di Brolio; Badia a Coltibuono; Tier- und Naturpark von Cavriglia; den Ort Montefioralle; Taufkirche Pieve di Panzano; den Ort Castellina; das Städtchen Radda
Wandern:	Siehe bei der - nächsten - Tour 8; Spaziergang durch den Tierpark von Cavriglia
Essen:	Im Restaurant der Badia a Coltibuono; im "Gallo Nero" oder im "Giovanni da Verrazzano" in Greve; im "Pestello" bei oder in der "Antica Trattoria" in Castellina

"Siete nel mondo del Gallo Nero" lesen wir nun ständig auf großen Schildern an der Straße, nachdem wir von Arezzo kommend die SS 73 etwa 20 km vor Siena in nördlicher Richtung verlassen haben. "Sie sind in der Welt des schwarzen Hahns", dem Emblem der Consorzio del Gallo Nero, das bei vielen - oft zu Unrecht - als Gütesiegel italienischen Rotweins gilt. Im Jahre 1924, als es in Italien noch kein Weingesetz gab, und jede erdenkliche Traubenbrühe als Chianti exportiert wurde, schlossen sich die Gemeinden der Region des Chianti Classico, also des Gebiets zwischen Florenz und Siena, dessen Herzstück die Städtchen Radda und Gaiole sind, zu einer Vereinigung zusammen, um die Qualität ihrer Weine zu garantieren. Die Gründungsmitglieder dachten dabei wohl an die "Lega Chiantigiana", ein militärisches Bündnis derselben Region aus dem 13. Jahrhundert.

Mit der Geschichte des Chianti Classico werden wir auch bei unserer ersten Station konfrontiert. Der Ahnherr des zinnenbekrönten **Castello di Brolio**, etwa 12 km südlich von Gaiole, der Baron Bettino Ricasoli hatte hier 1837 die Zusammensetzung des klassischen Chiantiweins erfunden. Den verschiedenen roten Trauben hat er 20 Prozent weiße Sorten hinzugesetzt und so ein Optimum an Geschmack, Haltbarkeit und Transportfähigkeit erzielt. Auch heute wird noch nach dieser Formel gemischt, wenn auch der Weißweinanteil reduziert worden ist. Aber längst bürgt der Hahn nicht mehr für Geschmack und Qualität. Und wenn ich daran denke, was ich in deutschen (und italienischen) Supermärkten schon an miserablen Flaschen mit der Gallo-Nero-Banderole gekauft habe, kann ich die Produzenten gut verstehen, die ihren Wein heutzutage lieber ohne den Hahn vermarkten. Auch die Familie Ricasoli, die im Castello di Brolio das größte Weingut des Chianti-Gebiets unterhält, vertraut inzwischen lieber dem guten Namen als dem schwarzen Federvieh.

Das Schloß, welches im letzten Weltkrieg von Deutschen besetzt und daher von den Alliierten beschossen worden ist, kann besichtigt werden, was wir allerdings sein lassen. Angeblich muß man zu viert sein und sich an die Zeiten halten (9,oo bis 12,oo Uhr und 15,oo bis 18,oo oder 19,oo Uhr). Wir geben uns mit dem beeindruckenden Anblick des Äußeren, der schönen Lage und der noch schöneren Aussicht auf eine liebliche Chianti-Landschaft zufrieden. Zugegebenermaßen erst nach einigen Flüchen über den Nachfahrn der Ricasoli. Er ließ uns nämlich bis vor sein kameraüberwachtes Burgtor kommen, ohne zuvor durch ein Verkehrsschild auf die fehlende Wendemöglichkeit hinzuweisen.

Die Medien, vornehmlich Reiseführer, bunte Prospekte der Touristenämter sowie braune und gelbe Verkehrshinweisschilder locken uns nun zum **Castello Meleto** (von außen mittelmäßig interessant, innen nicht zu besichtigen) und 2,7 km weiter nördlich in den kleinen Ort Gaiole. Wer hier nicht aussteigt, muß sich auch nicht grämen, und wer die Schilder zum Castello di Spaltenna übersieht, schon gar nicht. Ins Schloß kommt nämlich nur der Gast eines Hotel-Restaurants, das - wie in Italien leider häufig - seine Exclusivität dadurch unterstreicht, daß man die Eingangstür nicht mit einer Speisekarte und schon gar nicht mit Preisen verunstaltet. Wen wundert es, daß vorwiegend noble Karossen der automobilen Oberklasse mit deutschen und schweizer Kennzeichen uns auch hier das Wenden vor dem Schloßhof erschweren.

Frustration macht sich breit, als wir nun ohne große Erwartungen dem Wegweiser zur **Badia a Coltibuono**, einem ehemaligen Benediktinerkloster folgen. Aber welch eine positive Überraschung, als wir etwa 5 km nördlich von Gaiole auf den Parkplatz der Badia einbiegen. Inmitten von Wäldern und am Rande einer Wiesenlichtung liegen still und ohne den befürchteten Touristenrummel die Gebäude der früheren Abtei, deren Kirche zur Besichtigung freigegeben ist. Die Vögel zwitschern und im Hof neben dem Kloster wird unter Sonnenschirmen gerade das Mittagessen aufgetischt. Die ruhige Atmosphäre des Ortes springt sofort auf uns über. Wir beschließen, hier für das Abendessen zu reservieren und den Rest des Tages im Halbschatten des gemütlichen Parkplatzes mit Lesen und beim Federballspiel zu verbringen. Wir packen Tisch und Stühle aus und verleben einen ausgesprochen geruhsamen Tag.

Bei der Badia a Coltibuono

Ich lese nach, daß hier, in einem der ältesten Klöster der Toskana, das im Jahre 770 gegründet worden ist, von den Mönchen die ersten Weinberge kultiviert worden sein sollen, und daß man sich in der Mitte des letzten Jahrhunderts, nachdem das Kloster von Napoleon säkularisiert wurde, ganz besonders dem Weinbau verschrieben hat. Die Weine der Badia zählen heute zu den Spitzenerzeugnissen des Chianti, man kann sie, wie auch ein hervorragendes Olivenöl in der klassischen, viereckigen Flasche, unterhalb der Klosteranlage im ehemaligen Pförtnerhaus verkosten und kaufen. Ich erfahre aber auch, daß sich die heutigen Herren der Abtei in den Dienst des internationalen Schickeriatourismus begeben haben und im Herbst für "Freunde des Hauses" Konzerte veranstalten sowie Kochkurse für wohlhabende Damen. Richtiger wohl: für deren streßgeplagte Ehemänner, die einem toskanischen Sprach-, Reit- oder Töpferkurs schon lange nichts mehr abgewinnen können. Aber davon merken wir nichts, und wüßte ich nicht von der Bekanntheit der Badia a Coltibuono, könnte ich meinen augenblicklichen Gefühlen folgen, würde ich Ihnen weismachen, *ich* sei der touristische Entdecker dieses herrlichen Ortes.

In einer Beziehung darf ich diese Pioniertat für mich in Anspruch nehmen, habe ich nämlich die wohnmobilistische Komponente entdeckt oder jedenfalls erstmals publiziert.

Nach einem wirklich hervorragenden - leider auch hier nicht ganz billigen - *Abendessen*, bei dem wir auch die Fähigkeiten des Kellermeisters nur loben konnten, schlafen wir in unglaublicher Ruhe auf dem besagten Parkplatz und sind uns am nächsten Morgen einig, daß zu einer genußvollen Toskana-Reise eine Nacht bei der Badia a Coltibuono gehört. Nicht ohne das vorangegangene Essen, das an einem heißen Hochsommerabend im Freien eingenommen wird. Sie müssen sich aber vorher anmelden, denn die Tische sind am Abend allesamt besetzt (Tel. 0577/749424; montags und von Anfang November bis Mitte Dezember geschlossen).

Außerdem sollten Sie Unterlegbretter dabei haben, denn der naturbelassene Untergrund des Parkplatzes ist leicht abschüssig. In Frage kommen aber auch Stellplätze auf dem oberen, ebenen Teil des Platzes sowie im asphaltierten Bereich nahe der Abtei.

Von hier aus empfiehlt sich auch eine Wanderung, die wir bei der nächsten Tour beschreiben.

Badia a Coltibuono

Nach dem ruhigen Nachmittag stehen am nächsten Morgen wieder größere Taten auf dem Programm: Wir folgen ein paar Kilometer weiter östlich in Cavriglia den Wegweisern zum **Parco naturale di Cavriglia**. Die italienische Unart, Hinweisschilder zu Sehenswürdigkeiten, Campingplätzen und ähnlichem nicht mit Entfernungsangaben zu versehen, verunsichert uns auch hier. In endlosen Kurven windet sich die Straße bergan, wobei es mir als Fahrer nicht vergönnt ist, den immer wiederkehrenden, weiten Blick ins Arnotal und ins toskanische Braunkohlerevier von S. Giovanni Valdarno zu genießen. So sehr bin ich mit der schmalen Straße, den seitlichen Abgründen und dem ständigen Schalten vom ersten in den zweiten Gang beschäftigt. Die Straße ist allerdings so beschaffen, daß auch größere Wohnmobile bei der nötigen Vorsicht diesen Weg wählen dürfen. Würde nicht ab und zu ein Schild den Weg zu unserem Ziel weisen, hätten wir die Hoffnung, dieses zu erreichen, längst aufgegeben. Denn auf keiner Land- oder Straßenkarte ist der Naturpark eingezeichnet.

Die Erbauer dieser Einrichtung sind sicher bei den Direktoren deutscher Freizeitparks in die Lehre gegangen und haben das Erlernte mit italienischer Lebensart gepaart: Man fährt mit dem Auto in den Park hinein, normalerweise müßte man am Eingang eine vermutlich nicht ganz niedrige Gebühr entrichten. Als wir kommen, steht die Schranke jedoch offen, und ein Kassierer ist weit und breit nicht zu sehen. Wir bitten Sie, liebe Leser also um Nachsicht, wenn wir unserer literarischen Verpflichtung, Ihnen Eintrittspreise und Öffnungszeiten präsentieren zu können, nicht weiter nachgegangen sind, sondern angesichts der sich bietenden Gelegenheit unser WOMO alsbald im Inneren des ausgedehnten Geländes geparkt haben. Vor allem unsere Kinder bestaunen nun die verschiedensten Tiere in mehr oder weniger großen und mehr oder minder gepflegten Freigehegen. Darin leben nun Wölfe, Bären, Affen, Adler und allerlei anderes Federvieh in einem Anflug von natürlicher Umgebung. Und bis wir an jedem Gehege vorbeigekommen sind, haben wir stattliche Fußmärsche - größtenteils im Schatten - hinter uns. Natürlich gibt es auch vielfältige Möglichkeiten zum Picknick, man kann einkehren und Hunger sowie Durst stillen und an einem Wasserhahn mit Schlauch sogar den WOMO-Tank auffüllen. Unsere Kinder sind sehr angetan, ein Aspekt, der bei einer Toskana-Reise gar nicht genug betont werden muß. In einer Gegend, die von Kulturbildern und Baudenkmälern vollgestopft ist, wie kaum eine zweite in Europa, in der Kirchen, Klöster, Etrusker-Gräber, Kirchen und nochmals Kirchen das Urlaubsprogramm bestimmen, ist man seinen Kindern den Besuch dieses Parks geradezu schuldig.

Ganz in der Nähe (beschildert) gibt es auch einen *Campingplatz*, so daß man im Hochsommer den Park ohne weiteres zum Nachmittagsprogrammpunkt machen kann, zumal wir hier in schätzungsweise 750 m Höhe sind und auf die nächtliche Abkühlung hoffen dürfen.

Da wir schon vormittags gekommen sind, reisen wir am frühen Nachmittag weiter, auf kleinen Sträßchen durch ein besonders schönes Mittelgebirge. Wir kommen vorbei am **Monte San Michele**, der mit 893 m höchsten Erhebung der Monti del Chianti. Schon längst haben wir festgestellt, daß die geographische Landschaft, die den Namen Chianti trägt, doch stark von dem abweicht, was sich der unerfahrene Tourist unter diesem Begriff vorstellt. Wir haben überwiegend hügelige Weinfelder zwischen Zypressenreihen in anmutiger Umgebung vermutet, dazwischen ein paar Ölbaumkulturen. Statt dessen treffen wir auf eine Gegend, die hauptsächlich bewaldet und großenteils eher rauh ist. Natürlich gibt es auch hier und da die toskanische Bilderbuchlandschaft, und wenn die Sonne scheint, ist sie auch gar nicht schwer zu finden. Dazwischen fährt man aber lange durch dunkle Wälder, die bis in den Mai hinein unbelaubt sind und eher graubraun wirken. Außerdem muß man sich bis in den Sommer hinein warm anziehen, denn die Höhenlage verhindert den erwarteten milden Frühling. Ist aber die Natur erwacht und scheint die Sonne, läßt der Kontrast der eher schroffen Wälder die dazwischen liegenden Wein- und Olivenkulturen mit den unzähligen, teils verlassenen Gehöften besonders lieblich erscheinen. Gerade hier auf der Strecke vom M.S. Michele nach Norden erlebt man das Chianti in seiner ursprünglichen, von Kalendern und Postkarten noch nicht verkitschten Form (siehe auch das Titelbild).

Ganz anders sind die Erfahrungen, als wir in **Greve**, dem Hauptort (11.000 Einwohner) des Chianti eintreffen. Seit Cavriglia konnten wir die ausländischen Fahrzeuge an zwei Händen zählen, und nur ein einziges Wohnmobil kam uns zu Gesicht. Hier in der Stadt bekommen wir eine Ahnung von der Bedeutung, den der Tourismus (neben dem Wein- und Olivenanbau) für die Region hat. Wohnmobile jeder Größenordnung kurven hier auf der Suche nach Parkplätzen. Mein erster Entschluß: Sofort weiterfahren. Die Familie protestiert, und ich erinnere mich daran, daß solche Entschlüsse am späteren Nachmittag eines Tages oft genug schon der Anfang endloser Stellplatzsuche und schlechter Stimmungen war. Also folgen wir dem allgemeinen Trend und parken unser WOMO auf dem großen Parkplatz unterhalb des zinnengeschmückten Türmchens und seitlich des Baches. Wir machen die Alarmanlage scharf und schlendern leicht lustlos zur Ortsmitte. Bald muß ich aber eingestehen, daß ich dem Städtchen Unrecht tun wollte. Den dreieckigen Marktplatz, die Piazza Matteotti, mit ihren Geschäf-

Marktplatz von Greve

ten hinter Arkaden finde ich wesentlich reizvoller als manch anderer Reisebuchautor, und nach einem Gläschen Rotwein, bzw. einem Eis im Freien beschließen wir, hier für den Rest des Tages zu bleiben. Es ist eigentlich gar nicht so schlimm mit dem

Touristenrummel. Und am Abend, dies sei vorweggeschickt, sind die Einheimischen wieder eindeutig in der Überzahl.

Wer Wein in einer der Enotecas verkosten möchte, ist hier ebenso richtig wie der Kaufinteressent für ein Gehöft, das im Schaufenster des Maklers sogar in deutscher Sprache angepriesen wird. Touristischer Nippes wird ebenso feilgeboten wie aus Olivenholz gedrechselte Gefäße, und ein Metzger namens Falorni bietet verlockende Produkte, vor allem aus Wildschweinfleisch an. Damit auch niemand die Berühmtheit seines Namens und Ladens übersieht, hat er alle Bücher und Zeitschriftenartikel, die ihn jemals erwähnt haben, in einem Korb an gut sichtbarer Stelle des Schaufensters präsentiert. Danach scheint Herr Falorni wirklich ein sehr bedeutsamer Mann zu sein. Sogar die ADAC-Motorwelt hat ihn neben seinen Wildscheinwürsten und -schinken fotografiert. Ob bald auch ein WOMO-Reiseführer seinem Schaufenster den letzten Glanz verleiht? Ich bezweifle es, denn die sündhaft hohen Preise seiner wirklich lecker aussehenden Produkte kann ich nicht verschweigen. Betrachten Sie sich aber im Schaufenster neben der Wildsau auch das ausgestopfte Stachelschwein, das im Chianti noch Lebensraum besitzt. Wenn Sie Glück haben, finden Sie bei kleineren Ausflügen oder Wanderungen gelegentlich einen schwarzweiß-gestreiften Stachel.

Wir entdecken auch an beiden Seiten der Piazza Matteotti jeweils einen *Wasserhahn*. Wer nicht das Auffüllen des Tanks zum Touristenspektakel machen möchte, kann auch an der breiten Seite des Platzes durch die Gasse am Buchladen fahren und nach etwa 100 m links an einem Wasserhahn in Ruhe den Schlauch in den Tank hängen.

Fürs Abendessen suchen wir ein billiges Lokal, also eine *Pizzeria* oder *Spaghetteria*. Zunächst vergeblich, denn den "**Gallo Nero**" hält man vom äußeren Anschein zunächst für eine italienische Bar. Dahinter verbergen sich aber zwei Speiseräume, in denen man einigermaßen preiswert und schmackhaft essen kann. An den Nachbartischen sitzen überraschend viele Einheimische und - jede Wette - auch die Familie aus dem WOMO, das gleich neben Ihrem parkt. Den "Gallo Nero" finden Sie direkt an der Ampel in der Ortsmitte, montags ist er allerdings geschlossen. Dann können Sie auch nicht in das anspruchsvollere Lokal am Ort, in das "**Giovanni da Verrazzano**" an der Piazza Matteotti ausweichen, das wir bei anderer Gelegenheit getestet und für gut befunden haben. Hier ruht der Küchenchef nämlich am selben Tag.

Nach den Pizzas des "Gallo Nero" und der gehörigen Menge Hauswein, machen wir etwas, was ich am Nachmittag noch weit von mir gewiesen hätte: Wir bleiben einfach auf dem *Parkplatz* stehen und die *Nacht* ist gar nicht mal schlecht. Der nachmittägliche Trubel ist nur noch Erinnerung, der Platz weitgehend leer und der nächtliche Lärm hält sich in Grenzen. Wer also einmal mitten im Ort nächtigen, vielleicht noch vor dem Zubettgehen im Café **"Le Logge"** an der Piazza Matteotti einen Grappa trinken möchte, kann unbedenklich unserem Beispiel folgen. Ich bin in einem späteren Urlaub noch einmal nach Greve zum Wandern zurückgekehrt (nächste Tour) und habe hier abermals geschlafen, es war wieder genauso akzeptabel.

Es gibt aber innerstädtische Alternativen für einen *Übernachtungsplatz*: Folgen Sie dem Wegweiser zur Post und fahren Sie beim Postamt bergauf (nicht dem Wegweiser zum Postparkplatz folgen). Sie sehen dann rechts der Straße unter Bäumen in der Nähe einiger Wohnhäuser eine passable Freifläche, die nicht so sehr im Ortszentrum liegt, wie der oben genannte Parkplatz.

Verspricht aber das Wetter einen milden Abend, macht es Ihnen nichts aus, in freier Natur zu stehen und wollen Sie den Tag bei prächtiger Aussicht und eventuell an einem kleinen Grill ausklingen lassen, haben Sie zwei Möglichkeiten:

Die erste: Folgen Sie in Greve dem Wegweiser zum Friedhof (cimitero) oder zum Monte S. Michele. Auf jeden Fall müssen Sie am Friedhof vorbeikommen, da es von dort rund 5 km bergauf geht. Der Asphalt der schmalen Straße weicht bald einem Schotterbelag; am Anfang ist das Sträßchen auch etwas steil, was sich aber nach kurzer Zeit gibt. Auf etwa halber Strecke kommen Sie an einem Steinbruch vorbei und etwa einen Kilometer vor Erreichen der höchsten Stelle sehen Sie links und rechts der Straße ausgedehnte, grasige Stellplatzmöglichkeiten, vereinzelt sogar unter Bäumen. Suchen Sie sich aus, welche Ihnen am besten gefällt und Ihnen den schönsten Blick über die Berge des Chianti bietet. Wir behaupten: Gute Witterungsverhältnisse vorausgesetzt, können Sie nicht schöner stehen.

Die andere Alternative ist nicht ganz so einsam und fast genauso schön: Fahren Sie von Greve nach Westen hoch zum kleinen Ort **Montefioralle** (näheres über diesen Ort bei der 8. Tour) und folgen Sie dort dem Wegweiser nach Passignano. Auch hier ist die Straße zunächst asphaltiert und schmal, auch dieses gibt sich. Kurz vor Erreichen der Paßhöhe, etwa einen Kilometer oberhalb von Montefioralle kommen Sie an zwei links der Straße stehenden Häusern vorbei. Der Weg macht am zweiten Haus eine fast rechtwinklige Linkskurve. Rechts davon führt ein kurzer Weg zu einer nicht ganz ebenen und auch nicht sehr großen Freifläche, wo man bei schönem Blick sehr gut stehen kann.

An beiden Stellplätzen kommt man auch anläßlich der Wanderungen Rahmen der 8. Tour vorbei.

Achtung Campingplatzbesucher! In Greve finden Sie Hinweisschilder zu einem "Camping Girasole". Der Platz liegt nicht bei Greve, sondern rund 17 km weiter östlich bei Figline Valdarno, also auf der anderen Seite der Monti del Chianti. Man muß mitten durchs Gebirge und braucht von Greve dorthin mehr als eine halbe Stunde.

Montefioralle

Unsere Übernachtung auf dem Parkplatz in Greve hat am nächsten Morgen den unschätzbaren Vorteil frischer Panini. Nach einem ausgedehnten Spaziergang zum sehenswerten Ort Montefioralle, zu dem wir im nächsten Kapitel wandern und ihn dort näher beschreiben werden, setzen wir unsere Fahrt auf der SS 222, der sogenannten "Chiantigiana" fort, auf der Haupttouristenstraße der Toskana. Fast jeder der von Florenz nach Siena möchte und das sind fast alle Individualreisende, nimmt wenigstens in einer Richtung diese Route. Gemessen daran herrscht überraschend wenig Verkehr, als wir von Greve nach Süden weiterfahren. Die **Pieve (Taufkirche) di Panzano**, ein romanisches Bauwerk mit Vorhalle aus der Renaissance, ist schnell besichtigt, stärker beeindruckt sind wir zuvor von der Lage des Ortes Panzano hoch über klassischer Chianti-Landschaft. Das gilt auch für den terrassenförmigen *Parkplatz* seitlich der Straße am nördlichen Ortseingang, wo man bei grandioser Aussicht so gut übernachten kann, daß wir uns schon ein wenig über unsere Nacht auf dem Parkplatz in Greve ärgern.

Die guten Stellplätze drängen sich hier geradezu auf. Und so haben wir keine nennenswerte Strecke zurückgelegt, als wir zunächst den Nachmittag in der Sonne auf einer Wiese vertrödeln und dann bei **Castellina** das nächste empfehlenswerte Plätzchen ansteuern. Östlich unterhalb des 578 m hoch gelegenen Ortes wurde in neuerer Zeit ein ausgedehnter völlig ebener *Parkplatz* asphaltiert, der beinahe in die Landschaft übergeht. Das bedeutet im Chianti zumeist eine recht schöne Lage. Man hat auch hier alles was man braucht: Natur, Aussicht, beschützende Häuser in der Nähe und eine Toilette. Im Ort, den man durch eine Treppe erreichen kann, finden sich eine weitere öffentliche Toilette, ein Wasserhahn, Geschäfte, Weinprobierstuben, eine Burg und ein Eßlokal. Außerdem ein Tourismusambiente, das man - seien wir ehrlich - gar nicht so selten für die richtige Ferienstimmung braucht, solange das Maß stimmt. Nur Großartiges darf man in Castellina nicht erwarten, ein Städtchen wie geschaffen für die Zeit zwischen Nachmittag und Abend.

Eigentlich wollten wir auch die in mehreren Reiseführern genannte **Trattoria "Pestello"** 7 km weiter westlich von Castellina testen. Nana C. Nenzel hat uns in "Richtig Reisen" von über heißer Glut gebratenen Täubchen, toskanischem Landbrot, einer hausgemachten Torte und niedrigen Preisen vorgeschwärmt, jedoch nicht verraten, daß die Wirtsfamilie mittwochs ruht. Leider ist heute Mittwoch (Tel. 0577/740215; wir haben das Essen später nachgeholt, es war recht gut, aber nicht so billig; außerdem wird es fast nur von Deutschen genossen, es ist aber insgesamt empfehlenswert!). Wir reservieren diesmal nach energischem Klingeln an der Haustür neben dem bis zum Abend geschlossenen Gaststätteneingang der "**Antica Trattoria la Torre**" in Castellina (Tel. 0577/740236; freitags und in der ersten Septemberhälfte geschlossen). Das Essen ist nicht ohne landesspezifischen Charakter, keinesfalls schlecht, insgesamt aber eher durchschnittlich und nicht besonders preiswert.

Auf unserer Rundreise um das Herz des Chianti fehlt noch das Städtchen **Radda** 10 km östlich von Castellina. Radda ist wohl der schönste der namhaften Chianti-Orte, vor allem wegen seiner Lage auf dem Rücken eines hohen Hügels. Von hier aus starten wir im nächsten Kapitel anläßlich einer anderen Reise eine Rundwanderung, bei der wir auch die *Übernachtungsmöglichkeiten* getestet haben: Auf der nördlichen (Rück-) Seite führt unterhalb der Stadtmauer eine kleine, vom Durchgangsverkehr weitgehend verschonte Straße um den Ort, an deren Rand Parkplätze markiert sind. Hier verbringen wir - allerdings in den Osterferien - eine ausgesprochen ruhige Nacht. Dort sitzen wir abends auf der niedrigen Mauer hoch über dem Tal. Mit einer Flasche Chianti-Riserva, den wir aus unseren immer mitgeführten WOMO-Weingläsern schlürfen. Wer nur leere Senfgläser dabei hat, darf sich keinesfalls an einem "Riserva" versündigen und sollte zum internationalen Dosenbier greifen. Wir sehen zu, wie sich allmählich die Nacht über den Hügeln, den kleinen Seen den Gehöften und den ständig bellenden Hunden des Chianti ausbreitet.

Der Stellplatz ist zwar - isoliert gesehen - nicht gerade ideal, das Sitzplätzchen auf der Mauer zählt aber zu den toskanischen High-Lights. Eine öffentliche Toilette gibt es ein paar Meter weiter, und einen Wasserhahn finden Sie vor dem Denkmal auf dem Platz mit der Grünanlage. Und wem das alles noch nicht reicht, der sollte sich noch den Park- und Übernachtungsplatz auf der anderen Seite der Stadt seitlich der Durchgangsstraße ansehen.

Der Kreis unserer Reise rund um den schwarzen Hahn hat sich nun fast geschlossen. Mindestens 50 mal hat man uns eingebleut, den klassischen Chianti zu trinken. Dabei herausgekommen ist nur: Wer derart wirbt, hat's nötig und - eine brauchbare Überschrift für die 7. Tour unseres WOMO-Reiseführers.

Tour 8: Wandern in den Bergen des Chianti

Vier Wandervorschläge

1. Wanderung:	15 km langer Rundweg von Greve über Montefioralle in einem nordwestlichen Bogen
2. Wanderung:	14 km langer Rundweg ab Greve über Uzzano und den Sugamepass in einem östlichen Bogen
3. Wanderung:	17 km langer Rundweg von Radda nach Volpaia und zurück
4. Wanderung:	Von der Badia a Coltibuono nach Gaiole
Übersichtskarte:	Bei der Tour 7

Der besseren Übersichtlichkeit zuliebe werfen wir nun die Zeitmaschine an und fassen literarisch zusammen, was im wirklichen Leben nicht eine einzige Tour war: Vier Wanderungen hintereinander. Wer das Chianti, ja die ganze Toskana richtig kennenlernen will, muß gelegentlich die Wanderstiefel schnüren!

Die Berge des Chianti eignen sich dafür aus mehreren Gründen: Zum ersten gibt es für dieses Gebiet eine brauchbare Wanderkarte, zum zweiten sind hier - keine Selbstverständlichkeit in der Toskana - einige Wege markiert, und schließlich durchqueren die Wege immer wieder Wälder, was in der Hitze des Sommers die Wanderung erst ermöglicht.

Wir haben Ihnen bei der 7. Tour die vielfältigen Stellplatzmöglichkeiten von Greve und Panzano gezeigt, davon machen wir bei unseren ersten beiden Ausflügen Gebrauch, ja wir haben sie dabei teilweise sogar entdeckt.

Die **erste Wanderung** - wir nennen sie nur die Hundewanderung - starten wir an der Breitseite des dreieckigen Marktplatzes von Greve. Die Geschichte mit den Hunden kommt später, sie endet auch an diesem Platz. Sie beginnt damit, daß wir in der Gasse an der Buchhandlung, die im übrigen jede erdenkliche Toskana-Literatur in deutscher Sprache führt, unser Wanderzeichen suchen, ein gelbes Dreieck, das auch erkennen läßt, wer es angebracht hat: Der Odenwaldclub (Sektion Greve?). Es geleitet uns bergauf zur kleinen Ortschaft Montefioralle, auf den Wegweisern als Castello bezeichnet. Nach einer guten halben Stunde haben wir das Örtchen erreicht und fotografieren von hier oben das in die Berge des Chianti eingebettete Greve. Wir durchstreifen die malerischen Gassen und wundern uns, daß wir so gut wie keinen Menschen zu sehen bekommen. Ist der kleine Ort schon fest in der Hand der Zweit- und Ferienwohnungsbewegung? Verständlich wäre es. Vergeblich suchen wir auch das Castello, das , glaubt man der Literatur, im Jahre 1325 niedergebrannt und später wieder aufgebaut wurde. Offensichtlich bilden Burg und Häuser eine Einheit, welche die Burg nicht mehr erkennen läßt. Das Bergnest hat auch schon Geschichte gemacht: Der Entdecker und Namensvater Amerikas, Amerigo Vespucci wurde hier im Jahre 1451 geboren.

Wir wandern die Straße weiter bergauf, vorbei an einer Zisterne, die ein Waschhaus speist. Bis zur Paßhöhe müssen wir nun schwitzen. Bei den letzten Häusern gesellt sich ein kleiner weißer, spitzartiger Hund zu uns, der zunächst gar nicht weiter auffällt. Bald wird er aber anhänglich, und es mißfällt ihm, wenn wir nicht nebeneinander laufen, wenn einer von uns fotografiert und ein paar Schritte zurückbleibt. Uns wird bald klar: Er ist der Hund, wir sind seine Herrchen. Längst ist die Stelle außer Sicht, an der er zu uns gestoßen ist und ich ahne, daß der Spitz für den Rest des Tages bei uns bleiben wird. Die Gedanken sind frei: Schon seit zwei Tagen ringe ich um Ideen, was ich meinen Kindern mitbringen soll. Denn ich bin diesmal mit meinem Freund und ohne Familie unterwegs. Gedanklich fahre ich mit dem Spitz schon durch den Zoll, ich denke an Impfpaßprobleme und daß ich den Hund während der Zolldurchfahrt verstecke ... Aber dann kommt ein roter Fiat, die Fahrerin schreit den Spitz furchtbar an. Dieser klemmt, schon bevor er höchst unsanft ins Auto gezogen wird, den Schwanz ein. Ein letzter trauriger Hundeblick! Vielleicht wäre unser Bettkasten während der zwei Minuten am Zoll doch besser gewesen ...? Wie gesagt, die Gedanken sind frei.

Inzwischen sind wir an der Stelle vorbeigekommen, die ich Ihnen bei der 7. Tour als Stellplatz empfohlen habe und stehen bald an einer reich beschilderten Wegkreuzung. Der Odenwaldclub hat sich auch hier verewigt, und die Gemeinde Greve weist darauf hin, daß sie atomwaffenfrei ist (was man in der Toskana an ausgesprochen vielen Ortsschildern lesen kann, und was darauf zurückzuführen ist, daß die Kommunisten hier fast überall die Bürgermeister stellen). Wir verlassen nun eine Weile die Markierung , gehen rechts und an der nach wenigen Metern folgenden Weggabelung abermals rechts. Wer die Wanderung weiter ausdehnen möchte kann an dieser Weggabelung nach links der Markierung hinterher gehen. Die Wege treffen dann nach einiger Zeit wieder aufeinander.

Der kleine Spitz ist noch nicht vergessen, als bei einem Gehöft eine schwarzweiße Jagdhundmischung schwanzwedelnd auf uns zu eilt, an uns hochspringt und - uns folgt. Wir haben keine Wurst im Rucksack, auch kein Chappi, nur ein paar

Äpfel und eine Flasche Sprudel. Trotzdem, der Jagdhund läuft neben uns her und führt uns seine Jagdkünste vor: Er pirscht sich immer wieder an Vögel heran, die ihm aber problemlos entkommen. Als wir wieder auf das gelbe Dreieck stoßen und nach rechts von der Straße abbiegen, wäre für ihn, so glauben wir, die letzte Gelegenheit, den Heimweg noch alleine zu finden. Wir setzen uns ins Gras, damit er uns nicht mehr nachlaufen kann. Aber anstatt umzukehren, legt sich unser Hund neben uns und ist durch nichts zu bewegen, von unserer Seite zu weichen.

Wir brauchen noch fast zwei Stunden zurück nach Greve, vorbei an mehreren Weingütern, unter anderem dem Herrenhaus der bekannten Fattoria Zano, aber das nehmen wir nur noch eingeschränkt wahr. Denn der Hund hat seinen Jagdeifer inzwischen auf die freilaufenden Hühner diverser Bauernhäuser verlegt. Jedesmal hören wir zunächst ein furchtbares Gegacker und dann wütende italienische Schimpftiraden der Hühnerhalter, gerichtet an uns Hundehalter. In Greve trinken wir erst mal einen Cappuccino, wobei rechte Freude nicht aufkommt. Denn sogleich legt sich unser Hund mit seinen Artgenossen an, deren Herrchen ebenfalls einen Cappuccino trinken. Und dann macht er sich - die Vorderpfoten auf den Tischen - über leergegessene Eisbecher her. Als er schließlich noch den Abfallkorb ausräumt, heißt es im Café unisono aus deutschen Mündern: "Können Sie nicht besser auf Ihren Hund aufpassen!" Es besteht der vielzitierte Handlungsbedarf. Aber machen Sie einmal mit schlechtem Italienisch jemandem klar, daß Sie einen Hund gefunden haben. Glücklicherweise kann die Dame im Touristenbüro des Rathauses deutsch, sie entdeckt auch eine kleine Steuermarke am Halsband, mit deren Hilfe man angeblich den Besitzer ermitteln kann. Sie telefoniert, immer mehr Hilfskräfte werden herbeigerufen, ein Strick wird geholt. Der Hund bekommt zu Fressen, und schließlich versichert man uns, am nächsten Tag werde das richtige Herrchen benachrichtigt, so lange würde der Hund versorgt werden. Die Frage aber bleibt: Warum sind uns zwei Hunde nachgelaufen? Wir heizen sofort den Boiler für Duschwasser ein.

Es bleibt noch anzumerken, daß die Hundewanderstrecke rund 15 km beträgt, daß der Wanderweg unschwierig und gut zu einem Drittel schattig ist.

Auch die **zweite Wanderung** beginnt in Greve, wo wir bis fast zum nördlichen Ortsende zunächst entlang der Durchgangsstraße laufen. Rechterhand zeigt ein Wegweiser zum Weingut Uzzano, und bald sehen wir auch unsere Markierung, einen gelben Punkt; dieser wird uns bis zurück den rechten Weg weisen, lediglich auf der Berghöhe müssen wir eine Weile einem rot-weißen Zeichen folgen.

Uzzano ist schon mehr ein Weinschloß, als ein Weingut. Außer an Sonn- und Feiertagen ist es zu bestimmten Zeiten für die Öffentlichkeit zugänglich. Durch eine lange Allee mit uralten Zypressen gelangen wir in ein Waldstück, das von dem angenehmen Duft der gerade blühenden Baumheide durchströmt wird. Bald werden unsere Schritte aber zögerlicher, denn mehrere Schilder machen uns darauf aufmerksam, daß wir nun Privateigentum betreten, und sie warnen vor einem Hund. Nach einigem Zaudern folgen wir gleichwohl dem gelben Punkt, der uns ungeniert die Zufahrtsstraße zu einem Anwesen bergauf schickt. Erst weiter oben, und zwar genau vor einem kleinen Gerätehaus zweigt die Wanderstrecke nach rechts ab. Das Warnschild spricht dort eine deutliche Sprache: Ein Pfeil zeigt in die Richtung zum Wanderweg, der andere Pfeil zum "cane mordace". Wir haben verstanden! Cane heißt Hund. Nur ein Analphabet würde hier vom rechten Weg abweichen.

Wir keuchen ganz schön den restlichen Berg hinauf, ehe wir den rot-weiß markierten Höhenweg auf einer geschotterten Fahrstraße erreichen. Bald überqueren wir den Sugamepass und stoßen nach einiger Zeit an ausgedehnte Schafweiden und die - ebenfalls geschotterte - Straße von Greve zum Monte S. Michele. Nun kommt das angenehmste Stück der Wanderung, es geht bergab und die Sicht über zahlreiche Chiantihügel könnte nicht schöner sein. Hier kann man sich unter mehreren Möglichkeiten ein einsames Übernachtungsplätzchen aussuchen (Beschreibung des Fahrweges bei der Tour 7) und die schönste Variante der Freiheit auf Rädern erleben. Ängstliche Naturen werden sich hierher nur trauen, wenn sie mit zwei Fahrzeugen unterwegs sind. Den Unentschlossenen sei gesagt, daß verschiedene bewohnte Gehöfte nicht weit entfernt liegen. Die Schotterstraße schlängelt sich nun 5 km bergab bis zurück nach Greve, wobei wir in aller Ruhe die unproblematische Zufahrtssituation zu den Übernachtungsplätzen studieren können.

Auch auf dieser Wanderung, die 14 km lang und einigermaßen schattig ist, kommen wir wieder an unzähligen leergeschossenen Patronenhülsen vorbei, deren buntes Plastik dem Wandersmann überall in der Toskana und vermutlich in ganz Italien unverrottbar den Jagdeifer der Bevölkerung und eine damit korrespondierende lasche Gesetzgebung vor Augen führt. Allein in der Toskana sollen 300.000 Jäger registriert sein. Wer am Wochenende wandert, bekommt meistens mehrere von ihnen zu Gesicht. Dementsprechend grenzt es schon an Wunder, daß wir mehrfach Rehe gesehen haben, und daß Fasanen Bestandteil des Wanderalltages sind. Immer wieder erschrekken sie uns, wenn sie plötzlich unbeholfen im Gras oder Unterholz losflattern, oder wenn die bunt geschmückten Männchen nur wenige Meter vor uns über den Weg stolzieren. Ihr heiseres Krähen ist im Frühsommer das Toskana-Wandergeräusch schlechthin. Die vielen unkultivierten Unterholzabschnitte, naturbelassenen Wiesen mit hohem Gras und die ausgedehnten Weizenfelder der Crete bieten ihnen aber auch ideale Lebensbedingungen.

Unsere **dritte Wanderung** hat auf der von uns gewählten (kurzen) Alternative eine Länge von 17 km, auf der langen Strecke mögen es über 20 km sein. Die Wanderung ist nicht sehr schattig, aber ausgesprochen abwechslungsreich: Wir marschieren an unserem Übernachtungsplatz in Radda (Tour 7) los, zunächst die Straße ostwärts bergab und dann unter der Brücke hindurch in Richtung Greve. An der Abzweigung nach Volpaia entdecken wir ein rot-weißes Wanderzeichen, das uns nach rechts und an der nächsten Gabelung nach links schickt. Wir müssen uns nun immer wieder umdrehen, um das auf der Bergspitze thronende Städtchen Radda zu betrachten. Dabei haben wir völlig übersehen, wie unser Weg von der Fahrstraße nach rechts abzweigt: Genau gegenüber der Zufahrt zur kleinen Kirche Pieve S.M. Novella zeigen an einem Müllbehälter der rote und der weiße Streifen steil bergab. Man kann stattdessen aber auch die geschotterte Straße weiter bergauf gehen und dann nach mehreren Kilometern einer nach rechts führenden weiteren Schotterstraße folgen, bei der man wiederum eine Wegmarkierung finden müßte (so steht es jedenfalls in unserer Wanderkarte), um dann von Norden in Volpaia einzutreffen. Wir wählen bei der Pieve S.M. Novella den zunächst durch den Wald führenden Weg nach Süden, der am Anfang einen kleinen Bach kreuzt. Achtung: Wenn Sie unterhalb der Pieve S.M. Novella geradewegs bergab rutschen, den Bach nicht auf einer Brücke, sondern ein paar wackeligen Steinen überqueren, und dann schnurstracks wieder bergauf klettern, dürfen Sie nicht der Markierung nach links folgen, sondern Sie müssen rechts gehen, Sie sind nämlich kurzzeitig vom rechten Weg abgekommen und nun etwas verwirrt.

Das kleine Nest Volpaia ist auf den meisten Straßenkarten als sehenswert markiert, so daß es uns nicht überrascht, hier auf einige Urlauber zu treffen, die durch die schmalen, teils überbauten Gassen zwischen den wenigen Häusern streifen. Genauso wie zwei andere Grüppchen lassen wir uns zur Pause auf einer der Steinstufen am Dorfplatz nieder und freuen uns über das Ortsbild und die Ruhe. Die Freude währt nicht lange, denn nach wenigen Minuten stellt sich ein Wohnmobil der 7m-Klasse auf die eine Seite der Platzmitte, und kurz darauf ein zweites, kaum kürzeres auf die andere Seite. Beide gehören der wohnmobilistischen Oberklasse an, deren Hersteller mit dem Slogan wirbt: "In Ihrer Suite auf vier Rädern haben Sie täglich gute Aussichten". Diese sind allen am Rande des Platzes Hockenden verdorben, und wir sind froh, daß uns niemand den Besitz eines Wohnmobils ansieht.

Volpaia

Auf dem Heimweg wandern wir unterhalb von Volpaia auf der Fahrstraße nach Süden und zweigen beim zweiten Haus nach links ab. Wir kommen nun an verschiedenen ehemaligen Gehöften (und heutigen Ferienhäusern) vorbei und kämpfen uns dann zur Straße Radda - M.S.Michele vor. Unterwegs müssen wir zwei Bäche überqueren. Der erste ist verdammt breit, und das Balancieren auf im Wasser liegenden Steinen erfordert höchste Konzentration. Als wir am Nachmittag in Radda ankommen, sind wir totmüde, denn die toskanische Tonerde, mit der wir auf den Wiesen jenseits der Bäche Bekanntschaft gemacht haben, hat wegen des in der Nacht zuvor niedergegangenen Regens kiloschwere Gewichte an unsere Wanderstiefel geklebt.

Beim **vierten Chianti-Wandervorschlag** fasse ich mich kurz: Wegen der guten Übernachtungssituation parken wir bei der Badia a Coltibuono (siehe bei der Tour 7) und wandern beim Restaurant auf dem rot-weiß markierten Weg in den Tannenwald hinein; es geht immer bergauf. Nach etwa 1 1/2 Stunden zweigt nach links ein markierter Weg ab. Wir bleiben auf ihm und erreichen etwa nach 2 weiteren Stunden die Straße Radda - Badia a Coltibuono. Wer es kürzer möchte geht nur kurz in den Tannenwald und biegt gleich zu Beginn des Weges nach links auf eine ebenfalls markierte Strecke ab. Dadurch verkürzt sich die Wanderung beträchtlich. Entlang der Straße spazieren wir nun zurück zu unserem Wohnmobil. Ausgesprochene Wanderfreaks wählen stattdessen die längere Alternative und überqueren die genannte Straße. Sie marschieren dann runter nach

Gaiole und von dort zur Badia zurück (in Gaiole den Wegweisern Riecine, Gittori folgen). Die große Schleife haben wir noch nicht selbst getestet, sie dürfte gute 25 km messen. Die kleine von uns gewanderte Alternative liegt bei 17 km. Alle Möglichkeiten sind vor allem im Hochsommer wegen des Schattens und der Höhenlage sehr zu empfehlen.

Der Autor hat Angst vor dem Reinfall

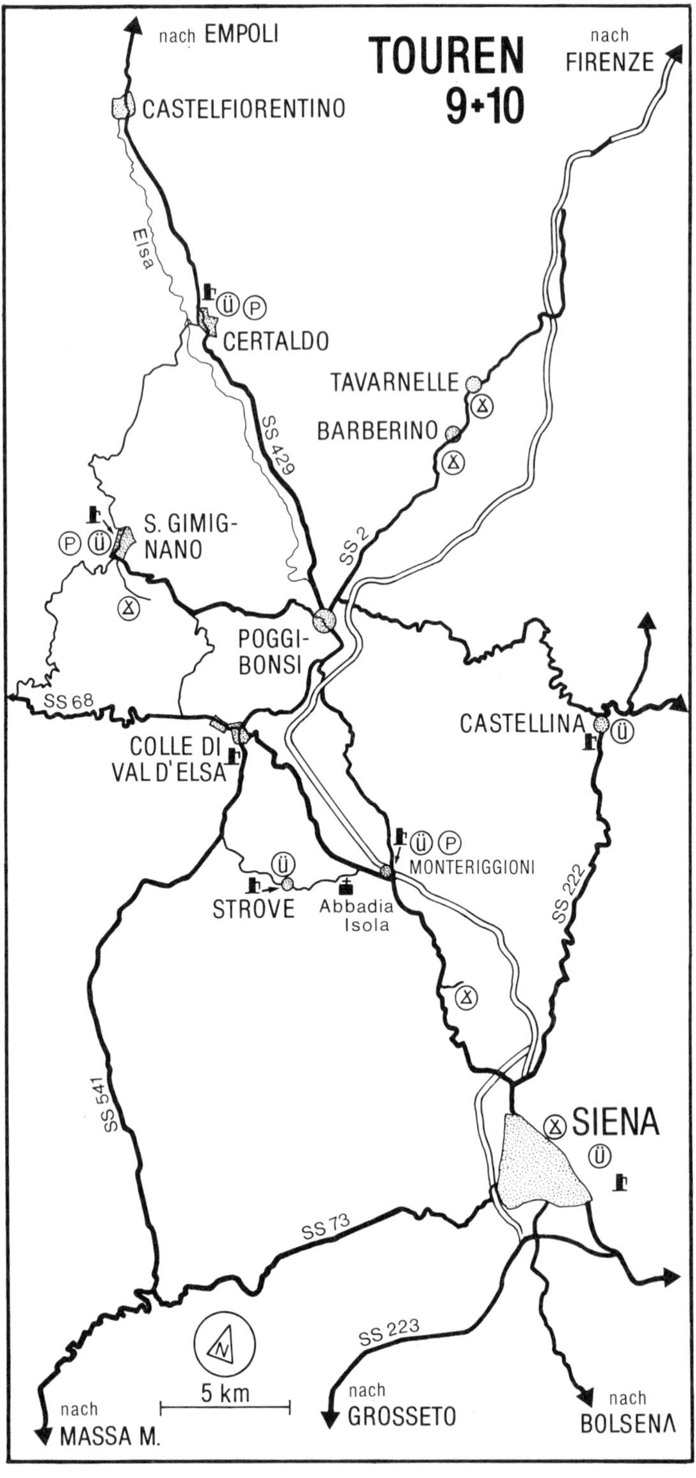
TOUREN
9+10
nach EMPOLI
nach FIRENZE
CASTELFIORENTINO
Elsa
CERTALDO
TAVARNELLE
BARBERINO
SS 429
SS 2
S. GIMIGNANO
POGGIBONSI
SS 68
CASTELLINA
COLLE DI VAL D'ELSA
MONTERIGGIONI
STROVE
Abbadia Isola
SS 222
SIENA
SS 541
SS 73
SS 223
5 km
nach MASSA M.
nach GROSSETO
nach BOLSENA

Tour 9: Städte mit Türmen

Certaldo - San Gimignano

Übernachten:	Parkplatz vor der Stadtmauer von Certaldo-Alto; mehrere Parkplätze bei S. Gimignano
Besichtigen:	Altstadt und Rathaus von Certaldo-Alto; Altstadt von S. Gimignano
Essen:	In der "Osteria del Vicario" in Certaldo-Alto; Restaurant "Le Terrazze" in S. Gimignano

Einfallslose Reiseleiter nennen San Gimignano wegen seiner 15 Wohntürme "Manhattan der Toskana" und bezeichnen Certaldo als dessen "kleine Schwester". Daran ist schon falsch, daß die Namen mit "O" gemeinhin dem männlichen Geschlecht zugeordnet werden, Certaldo also bestenfalls ein Bruder ist. Und der große auf einem sanften toskanischen Hügel beheimatete Bruder San Gimignano hat mit dem Stadtteil New Yorks etwa soviel zu tun, wie ein guter Chianti Classico mit einer Korbflasche.

Wenn Sie nach Ihrem Urlaub zu Hause von der Toskana erzählen, ohne in San Gimignano gewesen zu sein, würde man Ihnen rundweg jede Toskana-Kenntnis absprechen. Man würde sogar bezweifeln, ob Sie überhaupt dort gewesen sind. Erzählen Sie aber von **Certaldo**, werden Sie nur bei einem Kenner ein Kopfnicken sehen. Der versteht dann wenigstens etwas von italienischer Literatur. In Certaldo starb nämlich im Jahre 1375 der Dichter Boccaccio, 27 Jahre nachdem er das "Decamerone" geschrieben hatte. Der Insider weiß, daß ohnehin nicht die Rede von der umtriebigen Stadt Certaldo ist, sondern von Certaldo-Alto, jenem mittelalterlichen Nest oberhalb der heutigen Neustadt. Und wenn sich Ihr heimischer Gesprächspartner in der Toskana gut auskennt, obendrein noch ein WOMO sein eigen nennt, wird er Ihnen den *Übernachtungsplatz* von Certaldo-Alto empfehlen.

Ihn finden wir eigentlich ganz zufällig, als wir schon um die Mittagszeit von Osten her eintreffen. Wir folgen unten in der Neustadt dem Wegweiser "Certaldo-Alto", der uns auf einer guten Straße in mehreren Kurven den Berg hinaufschickt. Oben, im alten Ortskern suchen wir zunächst nur einen Parkplatz, der gar nicht einfach zu finden ist, da die wenigen freien Plätze an der Straße schon vollgestellt sind. Wir fahren zunächst die leicht ansteigende Hauptstraße hoch und biegen dann, mehr aus Verzweiflung als dem Instikt folgend, links durch einen Torbogen ab (Achtung: Höhe ca. 3,5 m!). Jenseits dieser Durchfahrt geht's wieder leicht bergab; wer nur einen kühlen Parkplatz sucht, steht hier im Schatten der Stadtmauer goldrichtig. Wir vertrauen der isolierenden Wirkung unseres Aufbaus und rollen an der Stadtmauer vorbei. Gleich dahinter und rechts des Weges haben die Stadtväter mehrere Terrassen anlegen lassen, die inzwischen wieder zugegrast sind. Welch eine Landschaft, welch ein Blick! In unseren Rücken thront oben auf der Mauer das alte, zinnengeschmückte Rathaus, rundherum breitet sich die Toskana wie im Bilderbuch aus:

Leichte Hügel, ein paar Bauernhäuser, die obligatorischen Zypressen und über allem sehr viel Himmel. Niemand außer uns hat den verwinkelten Weg gefunden, welch ein Unterschied zu den überfüllten Parkplätzen, die wir am nächsten Tag in San Gimignano antreffen werden. Wir sind total begeistert, werfen alle Urlaubspläne über den Haufen, rangieren auf leicht unebenem Untergrund unser WOMO auf die Unterlegkeile und lassen es uns erst einmal gutgehen. Ein paar Wolken tauchen die Landschaft in abwechslungsreiche Schatten und machen uns den Aufenthalt erträglich. Eines wird sofort klar, hier bringt uns heute keiner mehr weg.

Stellplatz bei Certaldo

Am Nachmittag lernen wir auf dem kurzen Weg in den Ort die weiteren Vorzüge dieses Plätzchens kennen: Die freundlichen Stadtväter haben nämlich in der Tordurchfahrt eine öffentliche Toilette eingerichtet und für diejenigen, die ihren Tank mit einem Schlauch befüllen müssen, gegenüber an einer Hauswand auf der Hauptstraße einen gut zugänglichen Wasserhahn montiert.

Der kleine Ort hat eigentlich nichts Spektakuläres, der halbstündige Bummel zwischen den turmähnlichen Natursteinhäusern ist gleichwohl einmalig. Keine Besucherscharen drängeln auf dem roten Backsteinpflaster, das Städtchen ist nicht zur Kulisse von Reiseveranstaltungsprogrammen verkommen. Gewiß, auch hier spielt der Tourismus eine Rolle, und am Wochenende in den Sommerferien werden Sie unsere Lobpreisung vielleicht als Lüge bezeichnen. Dann sollten Sie aber, jedenfalls am Nachmittag, ohnehin nicht hierher kommen, denn ein Verkehrsschild verbietet die Fahrt durch den Torbogen samstags, sonntags und an Feiertagen zwischen 15,3o und 19,3o Uhr.

Ich besichtige noch eine Gemäldeausstellung im wappenverzierten, alten Rathaus am oberen Ende der Hauptstraße, ehe ich von dessen Zinnen unmittelbar über dem Dach unseres Reisemobils stehe. Wäre nicht ich der Haupturlaubskoch, könnte ich Gisela geradewegs in den Kochtopf schauen.

Rathaus von Certaldo

Am Abend wird nämlich gekocht. Wir haben unterwegs schon eingekauft. Zum Glück, denn hier oben gibt es keine Alimentari. Wir hätten Spaghetti und Aqua Minerale die Treppen von der Neustadt hochschleppen müssen. Nur kurz liebäugeln wir mit der einladenden **"Osteria del Vicario"** (Tel. 0571/ 668228) rechts des Rathauses, deren Küche sehr gelobt wird. Wir entscheiden uns dann aber zum Sparen. Wenn wir nämlich unseren Übernachtungsplätzen nach der Tradition der Restaurant- und Reiseführer Sterne zuteilen würden, bekäme der von Certaldo deren drei. An solchen Stellen sitzt man in der Natur und nicht im Wirtshaus.

Nach ruhiger Nacht werden wir am nächsten Morgen vom Gekreische der Dohlen wach, die in der alten Stadtmauer nisten. Wir haben nun den kleinen Bruder kennengelernt, wie toll muß erst der große sein! Voller Erwartungen machen wir uns auf den 13 km langen Weg nach **San Gimignano**. Die Fahrt ist wunderschön wie auf fast allen Nebenstraßen in der Toskana. Nur haben wir von Norden her nicht schon von weitem den viel gelobten Blick auf die Türme der Stadt. Wir werden morgen bei der Weiterfahrt nach Süden anhalten und in gehöriger Entfernung auf die Silhouette der Stadt zurückschauen.

Bald stehen wir unmittelbar vor der Stadtmauer, durch deren Tore im Sommer glücklicherweise kein Tourist fahren darf. Das Gebot der Stunde heißt nun Parkplatzsuche, bei der man nicht wählerisch sein darf. Wir waren im Folgejahr am Ostersamstag in San Gimignano und haben dabei eine Parkmöglichkeit erst weit außerhalb der Stadt auf einer Wiese gefunden. Diesmal geht es uns so gesehen noch gut, wir passen nämlich mit großer Mühe gerade noch in eine Parklücke auf dem vergleichsweise großen Parkplatz an der westlichen Stadtumgehung (Viale dei Fossi). Gegen Abend, als sich die Reihen etwas lichten, können wir an den Rand des oberen Teils dieses Parkplatzes umziehen und haben dann dort auch einen schönen Blick bis zu den Apuanischen Alpen. Über Nacht sind die einigermaßen ebenen Stellen des Parkplatzes fest in der Hand von Wohnmobilisten, deren Autos meistens ein italienisches Nummernschild tragen.

Wer hier keine Stellplatzlücke mehr findet, sollte sich auf den anderen Parkplätzen der Stadt umsehen. Den *Campingplatz* "Il Boschetto" (geöffnet von Ostern bis zum 15.10.) kann man nämlich mehr oder weniger vergessen, er liegt zwar in schöner Lage, jedoch zwei Kilometer südöstlich des Städtchens beim Weiler S. Lucia. Zu weit für ein WOMO, denn in San Gimignano übernachtet man vor allem deswegen, um abends oder früh morgens ohne Touristenscharen durch die Stadt zu laufen. Der Fußweg vom Campingplatz in die Stadt artet aber zu einer kleinen Wanderung aus. Wobei Sie uns nicht mißverstehen dürfen, denn Wanderungen und Spaziergänge in der Gegend um San Gimignano sind überaus empfehlenswert, wenn auch von uns noch nicht getestet.

Wir beschränken uns auf einen ausführlichen Stadtrundgang, bei dem keine großen Strecken zurückzulegen sind. Von unserem Parkplatz sind wir schon nach wenigen Schritten im Stadtmittelpunkt, auf der **Piazza della Cisterna**. Von den baulichen Proportionen her ist der Platz wirklich außerordentlich beeindruckend, so daß wir uns zunächst in der Mitte auf die Stufen der Cisterna setzen, um uns in Ruhe die Häuserfronten und Türme anzusehen. Wir bekommen gar nicht genug und wiederholen danach das Ganze bei einem Cappuccino von einem der Freiluftcafés. Kaum hat eine Familie bezahlt, spurten wir zum freien Stuhl. Denn San Gimignano lebt vom Tourismus, und zwar so intensiv, daß ich den Eindruck habe, daß fast jede hier umgesetzte Lira wenigstens mittelbar aus den Taschen der Urlauber stammt. So schön und so einmalig das Städtchen auf der einen Seite ist, wirkt es auf der anderen Seite aber auch wie ein großes Freilichtmuseum - und dort wird bekanntlich nur ausgestellt, was mit der Gegenwart wenig zu tun hat. Man muß durch San Gimignano schlendern und sich alles ansehen, aber man kann sich hier nicht in italienischer Lebensart treiben lassen. Man besichtigt, staunt ein wenig, knipst die obligatorischen Fotos, ißt ein Eis oder trinkt einen Espresso und fährt spätestens am nächsten Tag weiter.

Viele zählen auch noch die **Geschlechtertürme**, von denen früher jedes bedeutsame Geschlecht, also jede Familie oder Sippe einen eigenen hatte. Als sich Dante hier im Jahre 1300 aufgehalten hat, sollen es 72 Stück gewesen sein, wobei die Familie um so mächtiger war, je höher ihr Turm in den Himmel ragte. Die heutige Anzahl - man glaubt es kaum - ist unter den Reiseführerliteraten umstritten; manche behaupten, es seien 15, andere zählen 13 - und Sie? Es kommt wohl darauf an, welchen der halbhohen Türme man mitzählt, deren Herren im Mittelalter durch das Verkürzen des Turmhauses bestraft worden sind.

Interessanter als das Türmezählen ist der Musiker in der Seitenhalle des Domhofes. Er spielt zur Orchesterbegleitung seines Cassettenrecorders ein Flötenkonzert Mozarts derart virtuos, daß wir ihm bis zum Ende lauschen. Es ist unglaublich, wie sehr die Kulisse des Platzes der Musik Ausdruck verleiht.

Aber alles in allem kann ich mich in die Stadt nicht so recht verlieben, mag sie auch noch so gut erhalten und mit Geldern der UNESCO restauriert sein. Auch die Gaststättenpreise scheinen sich der touristischen Beliebtheit anzupassen. Uns waren sie zu hoch, wenngleich uns die Speisekarte des *Restaurants* **"Le Terrazze"** an der Piazza della Cisterna schon gereizt hätte, zumal das Lokal auch einen guten Ruf genießt (Tel. 0577/940328; dienstags und mittwochs mittags, sowie von Mitte November bis Anfang März geschlossen).

Wir haben uns Artischocken gekauft, rühren dazu ein leckeres Sößchen und freuen uns beim anschließenden Scaloppina an unserem WOMO-Tisch über die gesparten 60.000 Lire. Und über die heimelige Atmosphäre auf dem zweckentfremdeten Parkplatz am Rande der Stadt. Dazu trinken wir eine Flasche **Vernaccia**, jenen trockenen, frischen Weißwein, der in der Umgebung wächst. Schon Boccaccio und Michelangelo sollen ihm gerne zugesprochen haben. Man kann den Wein überall in der Stadt kaufen oder sich die Mühe machen, ein Weingut zwischen den Hügeln zu suchen. Gehen Sie aber auf jeden Fall auch zur Verkaufsstelle der **Fattoria Tellena** in der nach Süden führenden Hauptstraße (Via San Giovanni 69 - das südliche Stadttor im Rücken rechts). Nicht nur der Verkaufsraum mit der großen Auswahl an Weinen ist besuchenswert, sondern vor allem die dahinterliegende Terrasse, auf welcher sich auch ungehindert umsehen darf, wer eingefleischter Biertrinker ist.
Am nächsten Morgen fahren wir weiter, nicht ohne zuvor zwei wesentliche Tagesprogrammpunkte zu erledigen: Zuerst klettern wir noch hoch zur **Rocca**, dem - beschilderten - höchsten Punkt der Stadt seitlich der Kirche. Und dann muß noch das "klassische" Foto von San Gimignanos Skyline gemacht werden. Das Auto lassen wir stehen, wir gehen zu Fuß zum Piazzale M. Montemaggio. Dieses ist der mit Bäumen bestandene Platz am Südende der Stadt außerhalb des Stadttors. Auf der Fahrt nach Volterra und Poggibonsi kommt man hier automatisch vorbei. Das Stadttor im Rücken steigen wir links an der Seite des Platzes - schräg gegenüber der Tankstelle - eine Treppe hinunter und gelangen dann weiter unten auf ein kleines Sträßchen. Nach dem Ende der Bebauung muß man nur noch die schönste Perspektive suchen, ehe man mit Hilfe der seitlich einfallenden Vormittagssonne jedem Ansichtskartenfotografen Konkurrenz macht. Zufrieden klettern wir in unser WOMO und begeben uns auf den Weg nach Siena.

Tour 10: Toskanische Superlative

Strove - Siena - Monteriggioni

Übernachten:	Parkplatz in Strove; in Siena bei der Fortezza; vor den Mauern von Monteriggioni; Campingplätze in Siena und bei Badesse, 9 km nördlich von Siena
Besichtigen:	In Siena: Kirche S. Domenico, Baptisterium, Dom, Dommuseum, Piazza del Campo, Palazzo Pubblico (Rathaus) nebst Turm; die Festung Monteriggioni; die ehemalige Abtei von Abbadia Isola
Wandern:	Rundgang um die Mauern von Monteriggioni
Essen:	In Strove im "Casalta"; in Siena: Eis bei den Nanninis, in der "Osteria Le Logge", in der Trattoria "Mariotti da Mugolone"; in Monteriggioni im "Il Pozzo"
Übersichtskarte:	Bei der Tour 9

Man nimmt einiges auf sich, wenn man was sehen will. Und die schönste Gegend südlich von San Gimignano erlebt man leider auf der Strecke nach Castell S. Gimignano. Die ist aber nicht nur extrem kurvig, sondern auch bergig und stellt die Bremsen unseres WOMO's auf eine harte Probe. Unseren Töchtern wird es im schwankenden Aufbau des Fahrzeugs schwindlig, sie dürfen daher abwechselnd auf den dritten Vordersitz klettern. Wir halten aber auch mehrfach an, um die Türme der Stadt noch einmal aus der Ferne zu betrachten.

Die erste größere Rast gönnt sich die ganze Familie in **Colle di Val d' Elsa**, richtiger am Rande von Colle-Alta, dem höher gelegenen Altstadtkern, der ansonsten nicht sehr reizvollen Industriestadt. Hier oben muß man aber einmal auf der langen Hauptstraße entlang die mittelalterlichen Bauten gesehen haben. Fast hätten wir die Via delle Volte verpaßt, einen etwa 100 m langen, übertunnelten Weg. Wir bestaunen noch kurz die Speisekarte am kulinarisch gepriesenen Luxusrestaurant "Arnolfo", erschrecken über die Preise und setzen uns anschließend in ein kleines Café am Rande einer großen Wiese (mit Kinderspielplatz) vor der Oberstadt.

10 km weiter kommen wir an den 11 Türmen der auf einer Bergkuppe liegenden Festung Monteriggioni vorbei. Dort werden wir erst morgen nächtigen. Das ahnen wir aber jetzt noch nicht. Wir sind dieses Mal auch an der Abzweigung nach **Strove**, 2 km weiter nördlich vorbeigefahren. Im letzten Jahr haben wir dort im *Ristorante* **"Casalta"** hervorragend gespeist (Tel. 0577/ 301002; geöffnet von März bis Oktober, zuletzt kein Ruhetag)

und danach ebensogut geschlafen. Natürlich in unserem WOMO, und zwar auf dem großen *Platz* am Ortseingang, der abends auch als Parkplatz für die Restaurantbesucher dient. Das kleine Dörfchen besteht nur aus wenigen Häusern, wo sich das Leben inzwischen sehr stark auf das "Casalta" und seine vorwiegend deutschen Gäste konzentriert, weshalb man auch unbedingt vorher reservieren sollte. In der Nacht kehrt aber die ländliche Einsamkeit nach Strove zurück, und am nächsten Morgen wird man von den Hähnen geweckt.

Wir lassen also heute Strove rechts liegen und sind eine viertel Stunde später in **Siena**. Der Stadt sollte man sich beim ersten Besuch eigentlich von Süden nähern, wohin sich die Altstadt mit ihren beiden charakteristischen Türmen auf einem geschwungenen Hügel ausbreitet. Da wir aber in Mitteleuropa leben, ist die Ankunft von Norden sozusagen die Regel, und die führt uns zunächst durch Vorstadtgebiete.

Dort sehen wir auch einen nach links zeigenden Wegweiser zum *Campingplatz*. Warum nicht? Die Stellplatzsuche in einer größeren Stadt war schon immer schwierig, und Siena hat schließlich 60.000 Einwohner, übrigens so viele wie vor 500 Jahren. Sorgen wegen des Stellplatzes haben offenbar auch andere, und so steht auf einem großen Schild am Campingplatztor: Completo! Dabei haben wir nicht einmal Hochsaison, sondern Pfingsten. Im nächsten Jahr probieren wir es noch einmal. Dieses Mal ist in der Woche nach Ostern noch etwas frei auf dem schön gelegenen Campingplatz, dessen Vorzüge vor allem darin liegen, daß man von der Haltestelle 100 m rechts des Eingangs mit dem Bus in die Stadt fahren kann. Hätten wir uns allerdings vorher die Preise angesehen und gewußt, daß man uns für eine Nacht über 40,-- DM abknöpft (zwei gesparte Übernachtungen sind ein gutes Essen), wären wir um eine weitere Campingplatzerfahrung ärmer. Zumal es in Siena und dessen Umgebung auch freie Stellplatzmöglichkeiten gibt, die von Strove habe ich gerade erwähnt. Die noch schönere von Monteriggioni liegt sogar noch näher.

Sie entbindet uns aber nicht von der *Parkplatzsuche*. Siena gehört zu den Städten, in denen man sich relativ schlecht orientieren kann, die Stadt liegt auf mehreren Hügeln und es fehlen feste Bezugspunkte. Einzig die um die ganze Stadt verlaufende, mittelalterliche Mauer hilft ein wenig, denn außer in der Nähe der Medici-Festung sollte man nicht weit abseits dieser Mauer parken. Der Fußweg in den historischen Stadtkern wird sonst anstrengend. Wir haben gute Erfahrungen rund um die Fortezza Medicea im Westen der Altstadt gemacht. Dort findet man fast immer eine Lücke und bis zum Campo, *dem* Platz der Plätze, läuft man dann eine viertel Stunde.

Rund um die Fortezza stehen auffallend viele Wohnmobile. Hier wird auch unser Auto bis zum nächsten Morgen bleiben. Genauer: Im Viale della Vecchia an der Nordseite der Fortezza. Wir fahren das Sträßchen bis hinter die zur Festung führende Brücke, eigentlich zunächst nur zum Parken. Als es dann aber abends spät wird und der Wein sein übriges tut, bleiben wir einfach stehen, was keinesfalls eine Notlösung ist. Es gibt sogar eine öffentliche Toilette, die auch derjenige ansteuern kann, der anderswo rund um die Fortezza nächtigt. Wir sind nämlich keineswegs die einzigen Stadtschläfer, wenngleich wir an der ruhigsten Stelle stehen dürften. Neuerdings ist für Wohnmobile nachts das Parken im Bereich der Fortezza verboten, woran sich aber niemand hält. Dafür steht kein Mensch auf dem offiziellen Wohnmobilparkplatz fernab der Altstadt in der Nähe des Bahnhofs und zwischen zwei vierspurigen Straßen. Nur mittwochs muß man auf jeden Fall die kleine Gasse meiden, dann ist hier nämlich Markt. Fast noch besser und auf jeden Fall legal ist die *Übernachtung* (und das Parken) auf dem mit "P 18" beschilderten Parkplatz unterhalb der Fortezza Medicea; er liegt auf einer ruhigen Terrasse bei der Kirche S. Domenico. Die Zufahrt geht von einer Ecke der Via Veneto (unterhalb der Südspitze des Forts von S. Barbara) in einer Serpentine steil bergab. Man steht hier absolut ruhig mit grandiosem Ausblick auf den nachts angestrahlten Dom.

Und einen großen Vorteil hat die **Fortezza di S. Barbara** - von der schönen Aussicht einmal abgesehen - auch noch: Sie beherbergt eine Vinothek, die "Enoteca Italica Permanente", wo die besten Weine Italiens ausgestellt, aber auch verkauft und zum Probieren ausgeschenkt werden. Nachdem wir uns entschlossen haben, im Schatten der Festung unser Haupt zu betten, nutze ich diese Gelegenheit zu einem nächtlichen Besuch der Weinausstellung, in der man nämlich bis 24,oo Uhr (ab 15,oo Uhr) die Flaschen entkorkt.

Ein solcher Tagesausklang muß natürlich erst einmal verdient werden, durch ein ausführliches nachmittägliches Kulturprogramm, das auch den ärgsten Banausen keine Überwindung kosten wird. Nur bezüglich Anzahl, Dauer und Intensität der Besichtigungstouren unterscheiden sich die Geister. Wir beschränken uns zumeist auf zwei oder drei Rundgänge und heben lieber noch einiges für den nächsten Urlaub auf:

Eine der schönsten Eigenschaften Sienas erleben wir gleich bei unserem Hinweg von der Festung zum Dom: Die einmalige Lage seines gestreiften Turms oberhalb der den Hang hinabgebauten Häuser, die keine denkbare Farbnuance von braun bis rotbraun vermissen lassen. Spätestens bei diesem Anblick weiß ich, weshalb ich bei Siena immer an das Farbtöpfchen rechts außen in der oberen Reihe meines Schulwasserfarbkastens denken muß.

Zumeist ist die nicht weit von der Festung erbaute **Kirche S. Domenico** das Ziel einer ersten Besichtigung. Hier kann es einem in der Seitenkapelle vor der ausgestellten Kopfreliquie der heiligen Katharina selbst bei hohen Temperaturen kalt den Rücken herunter laufen. Katharina ist übrigens die Nationalheilige Italiens.

Sehr schnell streben wir aber dann jedesmal dem **Dom** zu, den man wegen seiner exponierten Lage und der vielen Wegweiser nicht verfehlen kann. Passen Sie aber auf, daß Sie nicht das sozusagen im Keller des Doms nur von außen zu erreichende **Baptisterium** für den Dom selbst halten, Sie wären nicht der einzige Tourist, der seinen Irrtum erst nach einiger Zeit bemerkt und feststellt, daß man zum Dom die Treppe ganz hinauf gehen muß. Mich erstaunt, daß der Dom eigentlich gar nicht *so* sehr bekannt ist, obwohl er äußerlich wie auch von innen zu einer der hervorragendsten Kirchenbauten der Welt zählt. Schauen Sie, daß Sie sich möglichst einer deutsprachigen Führung anschließen, meistens sitzt gerade eine Reisegruppe oder Schulklasse in den Kirchenbänken und lauscht einem Reiseleiter, der hier wirklich viel zu zeigen hat: Unten angefangen bei den - inzwischen zur Schonung teilweise zugedeckten - Fußbodenmosaiken. Dann hoch unter die Kirchendecke zu den Köpfen von 172 Päpsten und 36 Kaisern, weiter zu den zahlreichen Fresken, zum

Chorgestühl, bis hin zu der von Donatello geschaffenen Bronzestatue Johannes des Täufers. Und dann stehen die Reisegruppen natürlich unter der Kanzel von Nicola Pisano.

Kanzel von Nicola Pisano in Siena

Ich halte sie für die schönste der vier Kanzeln von Vater und Sohn Pisano in Pisa, Pistoia und Siena. Merkwürdigerweise wird auch bei diesem Kunstwerk, einem der schönsten der Bildhauerei auf der Welt, am falschen Fleck gespart. Werfen Sie Geld in die Groschengräber und geben Sie Nicola Pisano das ihm gebührende Licht!

Gleich neben dem Dom ragen merkwürdige, hohe gotische Bögen auf und rahmen den Domplatz ein. Es sind die Reste von Seiten und Fassade der im 14. Jahrhundert wieder eingestellten **Domerweiterung**. Der alte Dom sollte das Querschiff werden! Es ist heute kaum vorstellbar, welche Dimensionen der Neubau erhalten hätte. Die Sienesen mußten aber bald einsehen, daß sie sich technisch wie finanziell übernommen hatten und hinterließen uns eine heute 650 Jahre alte gotische Bauruine, deren höchste Aussichtsplattform den zweitbesten, oder sagen wir besser den zweiten erstbesten Blick auf die Altstadt bietet - neben dem vom Torre del Mangia an der Piazza del Campo. Um auf die Terrasse zu gelangen, muß man eine Eintrittskarte für das **Dom-Museum** (Museo dell Opera Metropolitana; offen von 9,oo bis 19,3o Uhr) lösen und sozusagen drei Fliegen mit einer Klappe schlagen: Die Originale der zehn Statuen, deren Kopien heute die Domfassade zieren, sind hier aufgestellt. Ich habe nie so recht herausgefunden, womit Giovanni Pisano - Sohn von Nicola - es eigentlich gelungen ist, in derart hohem Maß Schlichtheit und Ausdrucksstärke zu vereinen. Prachtstück des Museums aber ist die im Obergeschoß ausgestellte Maestà von

Duccio di Buoninsegna, die fast noch vollständig erhaltene, bemalte, ehemalige Altartafel des Doms (1308 bis 1311). Die dritte Attraktion des Museums habe ich schon erwähnt, es ist die Aussichtsterrasse.

Vom Dom ist es nicht mehr weit zu einem weitberühmten Platz, zu einem der schönsten Plätze Italiens. **Il Campo**, der muschelförmige, leicht ansteigende Platz im Herzen der Stadt, zu dem alle Wege führen, scheint uns magisch anzuziehen und kaum wieder loszulassen. Über ihn, die ihn umrahmenden Gebäude, die zweimal jährlich am 2. Juli und 16. August auf ihm stattfindenden Pferderennen (genannt "Palio") wurde schon soviel geschrieben, daß ich mit eigenen Worten kaum noch etwas hinzufügen kann. Hier ist es gerade umgekehrt wie im Dom, man muß von Kunst und Kunsthistorie, von Baustilen und Geschichte wenig wissen, niemand muß unsere Aufmerksamkeit auf Sehenswürdigkeiten lenken, und wir können doch vollkommen die Schönheit des Platzes erkennen.

Das Wetter beschert uns dabei ein ganz besonderes Erlebnis: Während wir auf den roten Ziegelsteinen des Muschelbodens sitzen und dem bunten Treiben zuschauen, ziehen schwarze Wolken eines Gewitters auf. Gerade noch rechtzeitig flüchten wir uns vor den Wassermassen eines frühsommerlichen Wolkenbruches in einen Torbogen. Plötzlich ist der Platz menschenleer, ganze zehn Minuten lang an einem Nachmittag in den Ferien. Nur drei Gestalten trotzen dem Wetter: Eine Frau mit rosa Regenschirm strebt einsam dem Palazzo Pubblico zu, und zwei Jungen haben sich bis auf die Unterhose ausgezogen, um den Bällen hinterherzurennen, die der Gewittersturm von den Spielzeugbuden am Rande des Platzes zum Herz der Muschel treibt.

Il Campo im Regen

Aber bald scheint wieder die Sonne, der Platz füllt sich, und am Aufgang zum 102 m hohen **Torre del Mangia** bildet sich schnell wieder eine Menschenschlange. Man hat die Besucher noch hinauf gelassen, als die Blitze schon beängstigend nahe zuckten. Und die, welche gerade an der Reihe waren, um auf die Spitze zu klettern, ließen sich davon nicht abhalten. Wahrscheinlich wollten sie sich den Lohn des Wartens nicht durch ein Gewitter zunichte machen lassen, denn auf eine halbstündliche Herumsteherei im Treppenhaus des Turmes muß man sich schon gefaßt machen. In der Hochsaison auch auf mehr. In jedem Falle muß man Eintritt bezahlen und alsdann 500 Stufen hochsteigen. Am Ende auch noch eine Leiter, an der nicht ganz Schwindelfreie Schwierigkeiten haben können. Man kann diese Leiter aber auch auslassen und auf der zweitobersten Plattform stehen bleiben, ehe man mittels 28 mm Weitwinkelobjektiv (besser: 24 mm) das berühmte Aufsichtfoto des Muschelplatzes schießt und eine einmalige Sicht auf eine mittelalterliche, italienische Stadt genießt (im Sommerhalbjahr geöffnet von 10,oo bis 17,oo Uhr).

Blick vom Dommuseum

Erst bei meiner dritten Sienavisite schaffe ich es, im Rathaus, dem **Palazzo Pubblico,** neben dem Turm das **Museum** aufzusuchen. Eine große Unterlassungssünde! Niemand braucht Angst vor endlosen Museumssälen zu haben, denn Bilder und Fresken präsentieren sich auf *einem* Stockwerk. Aber was für welche! Merken Sie sich den Namen Ambrogio Lorenzetti. Er ist nämlich der Maler eines weltberühmten Freskos: "Die Auswirkungen der guten und der schlechten Regierung auf das Land". Mit dem Bild der guten Regierung sollte Mitte des 14. Jahrhunderts die Stadtregierung, der "Rat der Neun" gepriesen werden, eine schon im Ansatz demokratisch gewählte Verwaltung. Vielleicht haben die Ratsherren den Segen ihres Schaffens lieber gesehen als die Auswirkungen einer schlechten Regierung (Fresko gegenüber), denn dieses Bild ist nur noch in Fragmenten erhalten.

Damit es der Maestà von Simone Martini (nicht zu verwechseln mit der im Dommuseum) nicht genauso geht, wird sie zur Zeit (Sommer 1990) restauriert. Das Museum ist im Sommerhalbjahr von 9,3o bis 19,3o Uhr geöffnet.

Mit Siena ist es ähnlich wie mit Florenz. Ich kann Ihnen in diesem Buch nur die Dinge beschreiben, die das oft zitierte "Muß" darstellen. Als weiterführende Lektüre empfehle ich auch hier Christoph Hennigs "Toskana".

Sie wollen aber noch wissen, was zu tun ist, wenn Sie mitten auf dem Campo plötzlich Hunger bekommen und Sie sich nicht in eines der dortigen Cafés oder Restaurants setzen möchten. Was sich aber schon der Stimmung wegen empfiehlt. Wenn Sie lange genug warten, treffen Sie bestimmt auch ein bekanntes Gesicht. Sie fragen sich schon seit geraumer Zeit, wo die Leute mit den herrlich duftenden Pizzastücken in der Hand herkommen. Verlassen Sie den Platz an seiner oberen, runden Seite und gehen Sie ein paar Schritte nach rechts. Sie werden auf der anderen Straßenseite der den Platz umschließenden Gasse eine Pizzeria finden, in der man Ihnen ein frisches Stück Pizza abschneidet, in Pergamentpapier einwickelt und in die Hand drückt. Und dann gibt es noch die süße Variante des Hungers, die uns Jahr für Jahr zu den Nanninis treibt. Böse Zungen behaupten, wir würden nur des Eises der Nanninis wegen nach Siena fahren und lieber auf Dom oder Campo als auf ein gefülltes **Nannini-Eiswaffelhörnchen** verzichten. In jedem Gerücht steckt ein Körnchen Wahrheit. Denn die Nanninis, genauer ihre Pächter oder Nachfolger, verstehen ihr Handwerk wie kein anderer. Nur in Rom haben wir je eine vergleichbare Eisdiele kennengelernt. Nannini-Eisverkaufsstellen gibt es mehrere, am besten verlassen Sie wieder die Muschel an ihrer runden Seite und gehen nach rechts die Einkaufsstraße bergauf. Sie sehen dann bald rechterhand die Nannini-Konditorei und 100 m weiter links ein Nannini-Eisgeschäft, vor dem vielleicht würdige Herren auf dem Vorplatz eines ehrfurchtgebietenden Gebäudes Eis schlekken. Es sind die Angestellten der größten toskanischen Bank, der "Monte dei Paschi di Siena", die gerade Mittagspause haben. Auch die Gebäckstücke der Nanninis sind exquisit, und das Panforte, ein Kuchen aus Mandeln, Nüssen und Zimt gilt als Spezialität schlechthin. Der Name Nannini kommt Ihnen bekannt vor? Haben Sie einen Cassettenrecorder im WOMO und stehen Sie wenigstens ein bißchen auf Rockmusik? Dann gehört zu einer Fahrt durch die Toskana auch eine fetzige Cassette von Gianna Nannini, der weltbekannten Tochter des Zuckerbäckers.

Gegen den großen Hunger ist natürlich auch gesorgt. Wir haben von den Qualitäten der **"Osteria Le Logge"** (Tel. 0577/48013; sonntags, in der Junimitte und in der ersten Novemberhälfte geschlossen) gelesen und melden uns mittags persönlich für das Abendessen an, nachdem wir die Speisekarte in Augenschein genommen haben. Es ist nicht weit zu dem gemütlichen *Lokal* in der Via del Porrione 33, der Straße, die links des Torre del Mangia in das hinter dem Palazzo Pubblico gelegene Stadtviertel führt; das Lokal liegt dann alsbald auf der linken Straßenseite. Als wir gegen 22,oo Uhr um die - für toskanische Verhältnisse mittelhohe - Rechnung bitten, freuen sich wenigstens vier der im Flur des Lokals wartenden Italiener. Das Ristorante ist nämlich bei den Sienesen so beliebt, daß viele es auf sich nehmen, mit einem Aperitif in der Hand regelrecht anzustehen, was Indiz für die Fähigkeiten des Koches ist.

Genauso voll, genauso gut und noch ein bißchen teurer ist die zurecht in allen Reiseführern empfohlene *Trattoria* **"Mariotti da Mugolone"** (Tel. 0577/283235; donnerstags geschlossen, keine Ferien) in der Via dei Pellegrini 8. Pellegrini sind Pilger, folglich liegt die Trattoria auf dem kürzesten Weg vom Campo zum Duomo, gleich wenn man vom Platz die Treppe hinaufkommt rechts.

Ein preisgünstiges Ristorante haben wir im historischen Zentrum Sienas weder erwartet noch gefunden, dafür aber ein recht bekanntes, vor dem ich Sie warnen muß: Es hätte mir auffallen können, daß im "Da Guido" wohl mehr als 100 Fotos mit Autogrammen an den Wänden hängen, daß die Frisuren der Film- und Musikstars auch fast ausschließlich die Charakteristika der 50-er Jahre tragen. Seitdem scheint Guido sich auf den Lorbeeren auszuruhen und nur noch die Preise anzuheben.

Über die Nacht an der Fortezza haben wir oben schon berichtet. Ein Übernachtungsplätzchen mitten in der Stadt hat zwar seine Vorzüge, die vor allem im gastronomischen Bereich liegen. So ideal, daß sie hier eine zweite Nacht verbringen wollten, ist die Viale della Vecchia indessen nicht. Nachdem wir nochmals ausgiebig in der Stadt rumgelaufen sind, und nachdem wir abermals unter den ca. 40 Eissorten der Nanninis die Qual der Wahl hatten, beschließen wir, noch einmal nach Norden zurückzufahren, um zu erkunden, was es hinter den 14 Türmen der noch rundum erhaltenen Mauer **Monteriggionis** zu sehen gibt. Im Grunde sind es nur ein paar Häuser, zwei Lokale und ein Marktplatz. Wir berichten aber der Reihe nach: Denn geparkt wird außerhalb am Hang auf einem terrassierten, frisch angelegten Parkplatz. Genau dort liegt die *Übernachtungs-*

platzalternative für Siena, denn nach Monteriggioni sind es 11 km, die man zudem noch auf der autobahnähnlichen "Superstrada" bewältigen kann. Hier gibt es alles, was der wohnmobile Mensch braucht: Einen Wasserhahn an der nordöstlichen Ecke des Parkplatzes (wo der Weg zum Friedhof abzweigt), gleich hinter dem Stadttor eine öffentliche Toilette und nochmals einen Wasserhahn, im Ort ein Lebensmittelgeschäft mit frischen Brötchen und, wie gesagt, die zwei Restaurants. Klar, wir bleiben heute Nacht hier und wir sind in unserem Entschluß auch nicht allein. Vier weitere WOMO's und sogar ein Wohnwagen teilen mit uns die ausreichend große Parkfläche. Die 14 Türme haben offenbar Anziehungskraft. Die Stelle scheint sich aber auch herumzusprechen. Auf zwei Nachteile müssen wir allerdings hinweisen: Man hört etwas Verkehrslärm von der nahen Schnellstraße und im Hochsommer sollte man den Platz erst spät am Nachmittag anfahren, denn weder Baum noch Strauch spenden Schatten, dafür umweht die Bergkuppe nicht selten ein Lüftchen.

Monteriggioni

Man sieht den Mauern noch heute an, wozu sie im 13. Jahrhundert erbaut wurden, nicht als Stadtmauer, sondern als militärische Festung der Sienesen gegen die Florentiner. Daran liegt es auch, daß im Inneren gar nicht viel Raum ist für zahlreiche oder gar großartige Bauten. Der viereckige Platz ist eigentlich das Wesentliche des Dorfes, wenn man einmal von dem Souvenirladen, dem Antiquitätengeschäft und den beiden Kneipen absieht. Leider kann man die Mauer nicht erklettern, jedoch auf einem schmalen Pfad *umwandern*.

So leer der Platz in der Mittagshitze glüht, so voll ist er am Abend von Autos mit sienesischen Kennzeichen. Deren Insassen haben sich wenigstens ein paar Stunden vorher in einem der beiden *Lokale* angemeldet. Genauso wie wir. Dazu klopfen wir an der Küchentür, denn das **"Il Pozzo"** ist in den Nachmittagsstunden geschlossen. Wir haben uns für dieses Ristorante entschieden, weil es so ziemlich jeder erwähnt, der sich literarisch jemals mit der Toskana beschäftigt hat. Ich könnte insofern zwar ohne weiteres zurückstehen, die Neugierde läßt uns jedoch keine Ruhe. Zum Glück, sonst hätten wir eines der besten Toskana-Restaurants nicht kennengelernt. Und gemessen an dem, was man sonst bisweilen für ein eher durchschnittliches Essen bezahlt, sind die Preise des "Il Pozzo" noch günstig, wenngleich in der Gesamtsumme auch hier einiges zusammenkommt: Wir sind zu zweit und sparen nicht an Wein, Dessert und Espresso. Wir wundern uns aber auch nicht, daß wir am Ende weit über 100.000 Lire ärmer sind. Besonders zu empfehlen sind alle Gerichte mit Steinpilzen (Tel. 0577/304127; donnerstagsabends und montags, sowie drei Wochen im Januar und in der ersten Augusthälfte geschlossen).

Unsere Kinder haben es an diesem Abend vorgezogen, im WOMO Cassetten zu hören, weshalb wir dieses auf den Dorfplatz stellen müssen. Das Mauertor scheint jedoch zu schmal zu sein. Zufällig habe ich ein Metermaß dabei und ermittle zu meiner Überraschung eine ausreichende Torbreite - ich habe sie mir nicht gemerkt, auch wenn das Tor viel schmaler aussieht. Tagsüber sollte man dies aber nicht testen, denn ein Wohnmobil ist einfach ein Störfaktor auf dem kleinen Dorfplatz. Wer sich das Tor genauer ansieht, erkennt auch eine Gedenktafel, die Dantes "Inferno" zitiert, soweit dort Monteriggioni erwähnt wird.

Etwa 2 km südlich zweigt von der Straße nach Siena die Zufahrt zum *Campingplatz* "Piscina Luxor" bei dem Ort Badesse ab. Zwischen dem 10.6 und dem 31.8.(!) können Sie hier für eine vierköpfige Familie pro Nacht rund 20.000 Lire lassen und dafür in einem Schwimmbad baden. Trotz der Preise ist der ganz schön gelegene Platz in der Hochsaison gut besucht - allerdings nicht von uns.

Wer in Monteriggioni oder Strove übernachtet, sollte auch nicht achtlos an der ehemaligen Zisterzienser-Abtei von **Abbadia Isola**, dem Dörfchen kurz vor Strove, vorbeifahren. Wir entdecken die Kirche aus dem 12. Jahrhundert erst im dritten Urlaub . Wie gut, daß man nicht in einem Urlaub alles sieht. In wenigen Jahren hätte man dann ganz Europa "erledigt" und könnte das Reisen abschaffen.

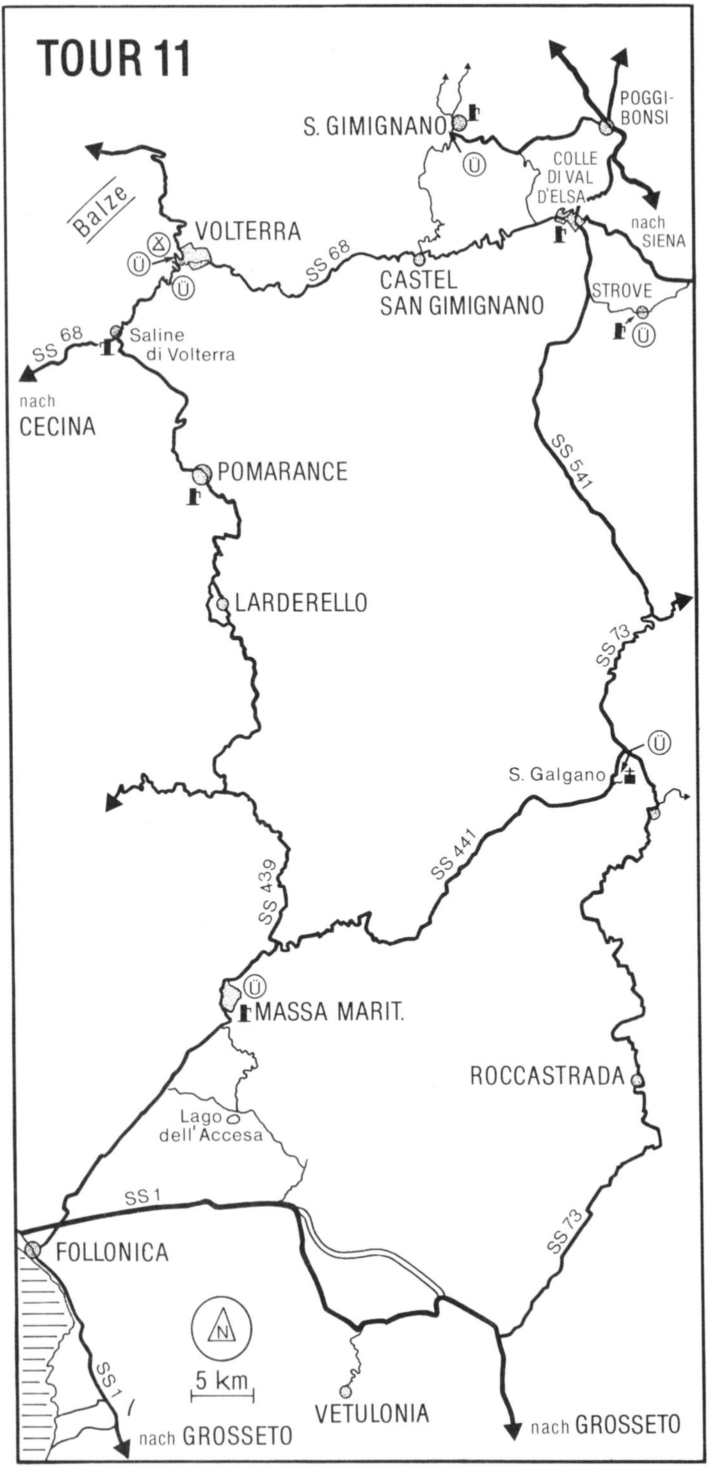
TOUR 11
S. GIMIGNANO
POGGI-
BONSI
COLLE
DI VAL
D'ELSA
Balze
VOLTERRA
nach
SIENA
SS 68
CASTEL
SAN GIMIGNANO
STROVE
SS 68
Saline
di Volterra
nach
CECINA
POMARANCE
SS 541
LARDERELLO
SS 73
S. Galgano
SS 441
SS 439
MASSA MARIT.
ROCCASTRADA
Lago
dell'Accesa
SS 1
FOLLONICA
SS 73
N
5 km
SS 1
nach GROSSETO
VETULONIA
nach GROSSETO

Tour 11: Etruskisch, hügelig, mittelalterlich

Volterra - Larderello - Massa Marittima
San Galgano - Bagni di Petriolo

Übernachten:	Auf mehreren Parkplätzen rund um Volterra; Campingplatz von Volterra; vor dem Park von Massa-Marittima; bei der Kirchenruine von San Galgano und vielleicht am Lago d' Accesa
Besichtigen:	In Volterra: Piazza dei Priori, Parco Archeologico, Etruskisches Museum, Alabasterwerkstätten, Römisches Theater, Etruskisches Stadttor, die "Balze"; Erddwärmekraftwerk von Larderello; Domplatz und Dom von Massa-Marittima, Bergbaumuseum in Massa; Kirchenruine von San Galgano
Baden:	Im See von Accesa; in der Schwefelquelle von Bagni di Petriolo
Essen:	In der Pizzeria "Da Nanni" oder im Ristorante "La Tarvernetta" in Volterra
Übersichtskarte:	Vor dieser und vor der 12. Tour

Auf unserer Toskanareise sind wir nördlich von Siena und steuern unser Wohnmobil auf der kurvigen, aber sehr schönen SS 68 westwärts nach Volterra. Von dort fahren wir westlich der Haupttoskanastrecke nach Süden. Viele Leser werden die im Westen liegenden Städte von der Küste aus anfahren. Man bekommt aber dann nicht so viel mit von der sehr reizvollen Hügelgegend in der Westtoskana. Wenn Sie Zeit haben, fahren Sie also am besten unserer Tour hinterher.

Volterra wird gemeinhin in einem Atemzug mit San Gimignano genannt, was dadurch erklärlich ist, daß beide Städte nur rund 30 km voneinander entfernt liegen. Ansonsten sind sie doch sehr verschieden: Volterra ist nicht nur doppelt so groß, sondern mehr Stadt und weniger reines Touristenziel, obgleich kaum ein Toskanareisender die Stadt ausläßt. Und außerdem hat Volterra hervorragende Übernachtungsplätze, aber dazu später.

Ganz zu Unrecht gilt Volterra häufig als streng oder gar düster. Zugegeben, die mittelalterlichen Gassen sind eng, dem graugrünen Tuffstein mangelt es am angenehmen Rotbraun anderer Städte und der **Piazza dei Priori** fehlt die Leichtigkeit der Plätze von Siena oder San Gimignano. Zu steil ragt das älteste noch erhaltene toskanische Rathaus, der Palazzo dei Priori an der Südwestseite auf, und 200 m Luftlinie entfernt tun die schwerbewaffneten Wachposten hinter den Zinnen der Fortezza ihr übriges. Denn die einst von dem Medici-Herzog "Lorenzo dem Prächtigen" erbaute Festung gilt heute als eine der sichersten Strafanstalten Italiens. Aber gerade dort, wo wir den Gefängnismauern besonders nahe sind, im sogenannten **Parco Archeologico** wirkt Volterra geradezu lieblich.

Auf den geschwungenen Wiesen lagern fast alle Altersgruppen, manche dösen, andere spielen Fußball, und auffällig viele Liebespärchen schmusen im Gras. Eine ausgedehnte Pause im Archäologischen Garten ist auch meistens unser erster Programmpunkt, wenn wir in der auf einem Berg liegenden Stadt angekommen sind. Es ist noch Frühsommer, und wir genießen ein angenehmes Sonnenbad. Mir ist allerdings nie klar geworden, warum dieser schöne Park das Attribut "archäologisch" trägt. Sind es die zwei oder drei steinernen Badewannen römischen Ursprungs oder wenigstens römischer Bauart?

Im "Parco Archeologico"

Vielleicht wollte man auch nur der langen Geschichte Volterras gedenken, das unter dem Namen Velathri schon vor dem 4. vorchristlichen Jahrhundert ein bedeutender Ort der Etrusker war. Diese haben sehenswerte Zeugnisse ihrer hohen Kultur hinterlassen, vor allem Schmuckstücke, Figuren, Vasen und Urnendeckel, die man heute in der Stadt in zweierlei Ausführungen sieht: Einmal original im **Museo Etrusco Guarnacci** (Wegbeschreibung und Öffnungszeiten siehe unten), dann aber auch in teilweise recht guter Nachbildung in den zahlreichen Andenken- und Alabasterläden der Stadt. Auch die Verarbeitung dieses Gesteins, ein mineralischer Gips, geht auf die Etrusker zurück und erlebt heutzutage eine besondere Blüte. Neben sehr viel Kitsch werden - inzwischen aus zum großen Teil importiertem Rohstoff - einige wirklich schöne Stücke angeboten, wobei man erstaunlicherweise trotz der Vielzahl der Läden, die oft fast nebeneinander liegen, auf beträchtliche Preisunterschiede trifft. Kaufen Sie in den Werkstätten etwas am Rande der Stadt, Sie können einiges sparen!

Aber zurück zu der von mir bestrittenen Behauptung, Volterra sei streng und düster. Vom Gegenteil überzeugt man sich am besten zunächst von der Stelle, an der wir auch *übernachten*, dem Piazzale di S. Andrea, dem schönstgelegenen Parkplatz Volterras. In der Stadt sind die Parkplätze auf den Wegweisern numeriert, unserer trägt die Zahl 7. Sofern man die Schilder inzwischen nicht ausgewechselt hat, müssen Sie trotzdem der Nr. "27" folgen, also dem Weg zu den Parkplätzen Nr. 2 und Nr. 7. Sie werden dann an den nordöstlichen Stadtrand geleitet und bleiben dabei weitgehend auf der Höhe der Altstadt. Zuletzt fahren Sie durch die Straße Vittorio Veneto. Dort zweigt dann die Zufahrt zum Parkplatz Nr. 2 nach links ab, während wir geradeaus weiterfahren. Nach wenigen Metern weitet sich die Straße zu einem Platz und endet an einer Ballustrade. Der Blick könnte nicht schöner sein! Wir finden sofort eine große Lücke in der vordersten Reihe. Notfalls muß man abends umziehen, was überhaupt kein Problem ist, denn die Nacht über stehen wir hier alleine.

Blick vom Stellplatz auf Volterra

Dabei tummeln sich auf den zahlreichen Parkplätzen rund um Volterra mindestens 100 Wohnmobile gleichzeitig. Die Stadt ist aber für die WOMO-Übernachtung wirklich ideal, da viele Parkplätze angelegt sind, von denen fast jeder für sich seine Reize hat, so daß man problemlos woandershin ausweichen kann. Wir schauen von unserer Ballustrade nach unten und erkennen sofort großflächige, gutgelegene Alternativen.

An einem Ostermontag, der auch in Italien ein Feiertag ist, kamen wir vor zwei Jahren zu unserem ersten Besuch hoch nach Volterra. Wir sind damals noch nicht bis zum Parkplatz Nr. 7 vorgedrungen, sondern dem Schild zum Busparkplatz gefolgt. Abends standen wir dann dort mit wenigstens 15 WOMO's in einer Reihe. Dafür gab und gibt es an diesem Parkplatz, der auch nicht häßlich und nahe der Innenstadt gelegen ist, öffentliche Toiletten. Die damalige Nacht war aber nicht wegen der vielen Nachbarn, sondern deswegen unruhig, weil unsere Tochter Anna Windpocken bekommen hatte und es ihr überall juckte. Am nächsten Morgen führte ich sie dem nächsten Apotheker vor, um eine juckreizstillende Arznei zu kaufen. Jener wollte uns aber erst etwas gegen Insektenstiche und danach ein Mittel gegen Sonnenbrand verkaufen - Anfang April und nach drei bewölkten Tagen. Erst nachdem ich im Wörterbuch eines Buchladens das italienische Wort für Windpocken herausgefunden hatte (Sie werden es nie brauchen: Es heißt Varicella), bekamen wir eine wirksame Lotion zum Auftupfen.

Dieses Mal sind alle gesund, das Wetter ist phantastisch, und wir stärken uns noch an dem Geländer auf dem Piazzale di S. Andrea. Mit frischem Schinken, Tomaten und viel Mozzarella-

Käse. Am frühen Nachmittag machen wir uns auf den Weg in die Altstadt, der durch die Porta Marcoli führt. Wir sehen das Stadttor schon von unserem Auto aus, ebenso wie die Stadtmauer die noch rund um die Altstadt verläuft (an der Porta Marcoli ist auch der Parkplatz Nr. 2).

Gleich hinter dem Stadttor kommen wir an einer kleinen **Alabaster-Werkstatt** vorbei, wo der Meister gerade begonnen hat, aus einem großen Gesteinsblock eine Statue herauszumeißeln. Neben ihm liegt als Muster ein schon fertiges Objekt, von dem er mit verschiedenen Gerätschaften die Maße und Umrisse auf den Gipsblock überträgt, bevor er aus diesem mit Hilfe eines kleinen Elektromeißels die Plastik entstehen läßt. Ab und zu muß er seine staubige Arbeit unterbrechen, wenn Kunden eines seiner fertigen Stücke, vor allem eines der schönen Döschen, die hier deutlich billiger sind als in dem großen Laden an der Piazza dei Priori, kaufen wollen.

Unsere Trödelei in der Alabaster-Werkstatt kommt uns wenige Meter später zugute. Wo der Weg von der Porta Marcoli auf die Hauptstraße trifft, sehen wir links an der Tür des **Etruskischen Museums** (siehe oben), daß dieses erst um 15,oo Uhr öffnet (Öffnungszeiten: täglich von 9,oo bis 13,oo Uhr und von 15,oo bis 18,3o Uhr). Wir müssen nur noch ein halbes Stündchen im Archäologischen Garten überbrücken, ehe wir uns den etruskischen Schätzen widmen dürfen.

Der Stadtbummel führt uns danach zum **Römischen Theater**, dessen umliegende Parkplätze auch gerne für die Übernachtung genutzt werden, bevor wir über die Piazza dei Priori an die Westseite der Stadt gelangen, zum absoluten Höhepunkt eines Besuchs in Volterra, dem **Blick** auf hunderte kleiner Hügel, die sogenannte Volterrana. Die Nachmittagssonne zeichnet schon deutliche Schatten, und die klare Luft erlaubt es uns, am Horizont das Meer zu erahnen. Wenn Ihnen diesiges Wetter keine gute Sicht gewährt, müssen Sie unbedingt allein schon deswegen bei nächster Gelegenheit nach Volterra zurückkehren!

Wir steigen vom Dom, dessen Baptisterium seit Jahren wegen Restaurierungsarbeiten nicht besichtigt werden kann, hinab zum **Arco Etrusco**, einem von den Etruskern im 4. vorchristlichen Jahrhundert errichteten und von den Römern restaurierten Stadttor. Überall sitzen Frauen vor ihren Häusern und nutzen das milde Abendlicht für Häkel- und Näharbeiten im Freien. Der Torbogen, dessen verwitterte Löwenköpfe von den Römern stammen, war einst Bestandteil einer 7 km langen Stadtmauer, deren Verlauf nicht von der Bebauung, sondern von der Lage verschiedener Brunnen bestimmt war. Um einer langen Belagerung Stand halten zu können, mußten die Etrusker schon die Wasserstellen durch die Befestigung schützen, was sich offenbar gelohnt hat, konnte sich die Stadt nämlich mehrere

Jahre lang bis zum Jahr 260 v. Chr. römischen Angriffen widersetzen.

Auf unserem Heimweg kommen wir zufällig an der verlockend duftenden *Pizzeria* **"Da Nanni"** in der Via delle Prigioni 40 vorbei (zwischen Piazza dei Priori und Teatro Romano; vom Platz etwa 100 m entfernt; gehen Sie von der nördlichen rechten Ecke des Platzes geradeaus bergab, fragen Sie notfalls; montags geschlossen). Die Pizzas sind sehr lecker und unser Zustand auf dem Heimweg wäre mit der Bezeichnung "satt" stark untertrieben.

In unserem "Windpockenurlaub" haben wir uns einen Besuch im *Ristorante* **"La Tavernetta"** in der Via Guarnacci 16 gegönnt. Dieses ist die Straße innerhalb der Porta Fiorentina, des Stadttors östlich des Römischen Theaters. Wir konnten uns allerdings nicht einigen, ob wir den großen Speisesaal unter der bemalten Decke ungemütlich oder interessant finden sollten. Beides ist wohl richtig. Über die Essensqualität mußten wir aber nicht streiten. Die Preise sind natürlich mit denen einer Pizzeria nicht zu vergleichen und für toskanische Verhältnisse normal hoch (Tel. 0588/87630; donnerstags geschlossen; im April, Juli und August kein Ruhetag).

Übernachtungsplatz in Volterra

Dieses Mal sitzen wir am Abend noch mit einer aus San Gimignano mitgebrachten Flasche Vernaccia auf der Mauer unseres Übernachtungsparkplatzes vor den Lichtern der Stadt. Im Westen zeichnen sich unter dem Himmel noch die Umrisse einer kleinen Kirche ab, davor flackern unzählige Lämpchen eines italienischen Friedhofs. Weiter hinten auf dem äußersten Bergrücken der Stadt schimmert die Beleuchtung des *Campingplatzes*, der ausgesprochen schön gelegen ist und den man auch leicht findet (geöffnet von Mitte März bis Ende September; mit kleinem Schwimmbecken). Den recht hohen Übernachtungspreis können Sie sich wirklich sparen. Wir kennen nämlich in Italien keinen anderen Touristenort mit so vielen freien Stellplätzen; außerdem ist der Platz in der Hauptsaison ziemlich voll und liegt so weit vom Stadtzentrum entfernt, daß man nicht mal eben dorthin laufen kann.

Aber Sie müssen bei einem Besuch Volterras trotzdem an den Rand des Campingplatzes fahren, um dort die **"Balze"** zu betrachten. Hier wurde zum touristischen Spektakel, was den Bewohnern Volterras schon viel Kummer bereitet hat: Die Bodenerosion hat in den weichen Tuffstein des Berges tiefe Furchen gezogen und dabei spitze Krate ausgewaschen, die an das erinnern, was Reiseführerkollegen "eine Mondlandschaft" nennen. Der Auswaschungsprozeß schreitet schnell voran und hat schon manch einen Bewohner zum Verlassen seines Hauses genötigt. Die naheliegende Kirche wurde schon zweimal neu und näher bei der Stadt wieder aufgebaut. Achten Sie unbedingt auf Ihre Kinder, auch wenn Sie auf dem Campingplatz nächtigen, denn die steilen Abgründe sind lebensgefährlich.

Am späten Vormittag des nächsten Tages fahren wir weiter. Zunächst nach Südwesten runter bis Saline di Volterra und dann auf der SS 439 südwärts auf einer landschaftlich beeindruckenden Strecke.

Wir waren nicht schon bei unseren ersten Toskanareisen bereit, ein toskanisches "Industriegebiet" kennenzulernen und haben immer mit sehr gemischten Gefühlen auf unserer Landkarte nach halblinks unten geschaut. Massa Marittima liegt doch ziemlich weit ab von den gängigen toskanischen Wegen, die hierher auch noch überaus kurvenreich zu sein scheinen. Der Schein trügt auch leider nicht! Trotzdem werden wir ganz am Ende dieser Tour bei einem Gläschen "Brunello di Montalcino" feststellen: Es hat sich gelohnt!

Nach schier endloser Kurbelei am Lenkrad sehen wir die sich fast apokalyptisch durch die Landschaft windenden Metallschlangen und die Kühltürme von **Larderello** unter uns. Wenn in manchen Reiseführern steht, die Gegend sei hier "reizvoll", ist dies die positive Zusammenfassung der Begriffe: ein wenig häßlich, ziemlich interessant und weitgehend einmalig. Hier wird nämlich geothermisch Strom erzeugt. Nicht ganz einzigartig ist die Anlage, weil es südöstlich am Monte Amiata einen ähnlichen Komplex gibt, der noch eine Portion häßlicher ist. Aus Bohrungen tritt Erdwärme in Form von Dampf aus, der in quer über die sogenannte Colline Metallifere verlegten Pipelines zu den Turbinen eines Kraftwerks geführt wird. In beiden Anlagen wird zusammen 1,5% der gesamten italienischen Energie erzeugt, worauf man auch angewiesen ist, nachdem man der Kernenergie abgeschworen hat. Dabei hilft man noch ein wenig nach und pumpt Wasser in die Erde, das dann nach einiger Zeit als Dampf wieder nach oben steigt.

Außerdem wird Borsäure gewonnen, deren unangenehmer Geruch uns sofort auffällt, und der sein übriges dazu beiträgt, daß wir das Gebiet bald wieder verlassen. Angeblich kann man das Kraftwerk besichtigen, ein kleines Museum gibt es auch. Uns reicht es aber, die Anlagen von außen zu betrachten, denn einen halben Urlaubstag möchten wir in Larderello nicht gerade verbringen. Der Name der Arbeiterstadt geht übrigens zurück auf einen Franzosen namens Larderell, der hier im Jahre 1818 mit der Verarbeitung der Borsäure begonnen hat.

Kurvig geht es auch weiter bis nach **Massa Marittima**. Wir halten öfters an, sonst hätte ich als Fahrer wenig von der abwechslungsreichen Landschaft, und außerdem müssen wir die vielen Windungen und das ständige Berg und Tal der Straße etwas dosieren. Für die 30 km von Larderello bis Massa benötigen wir so über eine Stunde. Als wir angekommen sind und auf dem Parkplatz, gleich links unterhalb des Doms, unser Auto abgestellt haben, machen wir einen Fehler, der sicher schon hunderte Male genauso gemacht worden ist: Wir stehen an einer der vielen Aussichtsstellen von Massa, wir sehen vor uns die weite Ebene und im Westen das Meer, und wir beschließen, dort am Strand unser Übernachtungsplätzchen zu suchen. Wäre Hochsommer, würden wir uns sogar noch auf einen Badenachmittag freuen, die Enttäuschung wäre noch größer. Denn vor dem Meeresabschnitt rechts und links von Follonica, so heißt die Küstenstadt unterhalb von Massa, können wir Sie nur warnen und uns mit einem einzigen Wort kurzfassen: potthäßlich!

Follonica ist eine Industriestadt, dicht an den Stränden führt die Straße entlang, und an einen Stellplatz darf man nicht einmal einen Gedanken verschwenden. Wo sich etwas weiter im Süden bei Portiglione ein kleines Sträßchen an der Küste entlang schlängelt, verbietet ein Schlagbaum die Weiterfahrt. Der Weg steht nämlich in Privateigentum, und wer dort an der Schranke ankommt, ist froh, wenn das Wenden gelingt. Ich fluche über die fehlende Servo-Lenkung, die mitten auf der Straße parkenden Autos und über das, was mich sonst noch gerade stört - also so ziemlich über alles und beeile mich, wieder nach Massa zurückzukehren.

Dort ist es aber auch nicht einfach, einen *Übernachtungsplatz* zu finden. Wir fahren ganz schön herum, zumal die schöne Lage des Städtchens und die schon oben gepriesene Sicht eine Übernachtungsstelle fordert, an der man von beidem wenigstens ein wenig erahnt. Am Ende sind wir ganz zufrieden. Wir tun uns aber schwer, Sie zu dieser Stelle zu führen, an der außerdem nicht viel Platz ist. Womöglich haben schon drei oder vier andere Wohnmobilisten unser Buch gekauft und das Übernachtungsplätzchen trotz schwieriger Beschreibung gefunden. Falls Sie zu diesen gehören wollen, fahren Sie auf der in die Oberstadt führenden Straße bergauf, den Dom lassen Sie dabei links liegen. Oben fahren Sie rechts und dann bei nächster Gelegenheit nochmals rechts. Sie müssen dort darauf achten, daß Sie möglichst nahe zum Dom - von diesem getrennt nur durch ein Tal - wieder nach Westen zurückfahren, also sozusagen nach vorne an die Aussichtsstelle. Die Straße, die wir meinen, führt bis zum pinienbewachsenen, öffentlichen Park, an dessen Rand oberhalb des Hangs ein Denkmal aufgebaut ist. Den Park selbst darf man nicht befahren, an seinem Rand gibt es unter Bäumen ein paar ruhige, schattige Parkplätze. Geht man die paar Schritte vor zum Denkmal, hat man einen fantastischen Blick auf die Altstadt und den Dom. Läuft man die Straße in die andere Richtung, also "landeinwärts", gelangt man zu einer in die Altstadt hinabführenden Treppe. Genau das Richtige für die Brötchen am nächsten Morgen.

Das Schönste am mittelalterlichen Massa, dessen lateinischer Beiname Marittima mit der Maremma - "am Meer gelegen" - im Zusammenhang steht, ist zweifellos seine Lage. Einmalig sind aber auch der **Domplatz** (Piazza Garibaldi) und der **Dom** selbst. Es gibt in der Toskana wahrlich viele Varianten für die Gestaltung eines städtischen Platzes, Massa bietet eine weitere, vor allem die einer ganz und gar unproportionierten und gerade deswegen sehr erstaunlichen Treppe. Wir haben

Dom von Massa Marittima

das Glück, an einem Sonntagmorgen vom oberen Ende der Stufen, also sozusagen von der Domtür den Platz überblicken zu können, auf dem sich zu dieser Zeit die ganze Stadt zu versammeln scheint. Bei der jüngeren Generation sind die Geschlechter fast ausgewogen, im mittleren Alter befinden sich die Männer in der Überzahl, und die Frauen der ältesten Generation sucht man vergeblich.

Massa ist eine alte Bergbaustadt. Schon die Etrusker haben hier Kupfer und Silber abgebaut, ihr Erbe wurde vor allem im Mittelalter weiterentwickelt. Im Jahre 1985 hat man den letzten Stollen geschlossen, so daß heute fast nur noch das **Bergbaumuseum** (Museo della Miniera) an die Tradition erinnert. Dort besichtigen wir in einem knapp 700 m langen Schacht (zwischen 10,00 und 12,30 Uhr sowie 16,00 und 19,00 Uhr, im Winter kürzer; ganzjährig montags geschlossen) Gerätschaften aus allen Epochen sowie eine Mineraliensammlung.

Kneipenerfahrung haben wir in der Stadt bisher noch nicht gemacht, ein bißchen Neuland soll Ihnen ja auch noch bleiben. Auch ist uns der 8 km südlich liegende *Badesee*, der **Lago d' Accesa** versehentlich entgangen. Vielleicht berichtet uns mal ein Leser über die dortigen Stellplatzmöglichkeiten? Sicher scheint aber zu sein, daß man in sauberem Wasser vergnüglich schwimmen kann, auch wenn dieses von einigen Schildern verboten wird. Kein Mensch hält sich aber daran, und so herrscht bei entsprechendem Wetter ausgelassener Badebetrieb.

Unsere Lust auf Küste und Meer ist nach dem Kurzbesuch in Follonica auf Null gesunken. So wie die Toskana ihre Reize im Innern im Überfluß preisgibt, so sehr geizt sie damit an der Küste. Unser nächstes Etappenziel ist auch wahrlich eindrucksvoller als ein durchschnittlicher Sandstrand und einzigartiger ohnehin:

Oder haben Sie schon einmal eine gewaltige, gotische Kirchenruine im freien Feld gesehen? Dach und Fenster fehlen zwar, und auf dem Kirchenboden wächst Gras. Die hohen Wände des Kirchenschiffs zeigen uns aber, daß hier einst ein religiöses Zentrum Mittelitaliens bestanden haben muß. Es waren Zisterziensermönche, die das **Kloster San Galgano** gegründet und dann zu Anfang des 13. Jahrhunderts mit dem Kirchenbau begonnen haben. Aber schon im 16. Jahrhundert wurde das Kloster von seinen Bewohnern wieder verlassen. Es verfiel dann langsam. Übriggeblieben ist Architektur pur. Hätte das Kirchenschiff noch ein Dach, wäre der Reiz mit Sicherheit geringer.

Dann könnte sich aber auch keine Pfütze um den Altar bilden, in der unsere Töchter die Tauglichkeit ihrer Gummistiefel erproben. Es regnet nämlich in Strömen, und wir sind die einzigen Besucher. Nur nebenan im ehemaligen Kloster trok-knet noch eine Handvoll Touristen die nassen Kleider und betrachtet die von den Olivetanern ausgestellten Handarbeiten und Fotografien. So nennt sich eine vom Kloster Monte Oliveto (siehe Tour 13) herkommende Glaubensgemeinschaft, deren Anhänger hier in Abgeschiedenheit wohnen, seit man Teile des ehemaligen Klostergebäudes nach und nach wieder aufgebaut und dahinter einen reichhaltigen Kräutergarten angelegt hat.

Leider ist Regenwetter denkbar ungeeignet für den Besuch von San Galgano, weshalb wir ein paar Tage später bei idealem Wetter noch einmal zurückfahren. Weiße Wolken treiben nun am blauen Kirchendach und der Porchetta-Verkäufer am Eingang des Klostergeländes bringt seine salzigen Fleischstücke, die er von einem Spießbraten abschneidet, zahlreich an den Mann und erst recht an Frau und Kind. Daß die Köstlichkeiten dieser Stände vorher immer soviel besser aussehen, als sie tatsächlich schmecken!

Fast hätte ich die kleine runde und sehr alte Kapelle auf einem nahen Hügel übersehen. Das Oratorio di San Galgano ist die Grabkirche des heiligen Einsiedlers Galgano Guidotti und mit Fresken von Lorenzetti (siehe bei Siena) ausgemalt.

Achtung! An Sonn- und Feiertagen herrscht rund um die Klosteranlage ein reger Ausflugsverkehr. Die schmale Zufahrtsstraße ist dann beidseitig vollgeparkt und von sich einander vorbeitastenden italienischen Wohnmobilen verstopft. San Galgano braucht zur Wirkung aber ein wenig Stille, die hier sonntags nur früh morgens zu finden ist.

Zum *Übernachten* wäre übrigens ausreichend Platz und romantisch wäre es hier auch. Ich habe auch keine Verbotsschilder gesehen. Ich hätte aber trotzdem Hemmungen. Die Olivetaner bekennen sich zu einem einfachen und abgeschiedenen Leben in der Natur, weshalb ein Wohnmobil nahe der Klostertür nächtens vielleicht fehl am Platze ist. Andererseits steht die Kirche zwischen Parkplatz und Kloster, außerdem haben die italienischen WOMO-Freunde meine Vorbehalte augenscheinlich nicht.

Auf dem weiteren Weg nach Osten wählen wir ab Monticiano die kleine Verbindungsstraße zu SS 223, die auf unserer Landkarte mit einem grünen Farbrand als "landschaftlich schöne Strecke" ausgewiesen ist. Wie recht die Kartenzeichner haben! Geschlafen haben sie aber bezüglich des Sträßchens, das die SS 223 mit der SS 2 verbindet und durch die klangvolle Ortschaft Casanova und nördlich an dem Dorf Murlo vorbeiführt. Ich würde dieser Straße einen dunkelgrünen Rand malen!

Bevor ich diese Erkenntnis gewinne, fahren wir bei Macereto auf der SS 223 noch 9 km nach Süden. Dort gibt es nämlich in **Bagni di Petriolo** eine kleine Bade- und Kuranstalt. Diese würde uns zwar nicht reizen, aber daneben wird im Freien von einem dicken Strahl rund um die Uhr heißes Schwefelwasser in einige natürliche Becken gefüllt. Eilig ziehen wir die Badehosen an und freuen uns neben einer Handvoll Kennern an diesem echten Geheimtip. Je kälter die Außentemperaturen, um so größer das Vergnügen! Zum Abkühlen kann man noch direkt neben den Schwefelbecken in einen Bach steigen, der in einem tiefen Tal unter einem Viaduct etwas gestaut ist. Nur zum Übernachten eignet sich der Ort leider gar nicht. Mit Mühe kann man zwei Wohnmobile an den Straßenrand quetschen. Und leider wird auch gebaut. Hoffentlich bleibt der Charme von Bagni di Petriolo erhalten.
Als der Nachmittag aber voranschreitet, beeilen wir uns, auf dem oben beschriebenen Weg über die SS 2 nach Montalcino zu kommen. Wie Sie schon wissen, wollen wir uns dort am Abend mit einem Brunello für ein paar hundert Kurven belohnen. Denn keine der Touren dieses Buches kann insoweit Paroli bieten.

Bagni di Petriolo

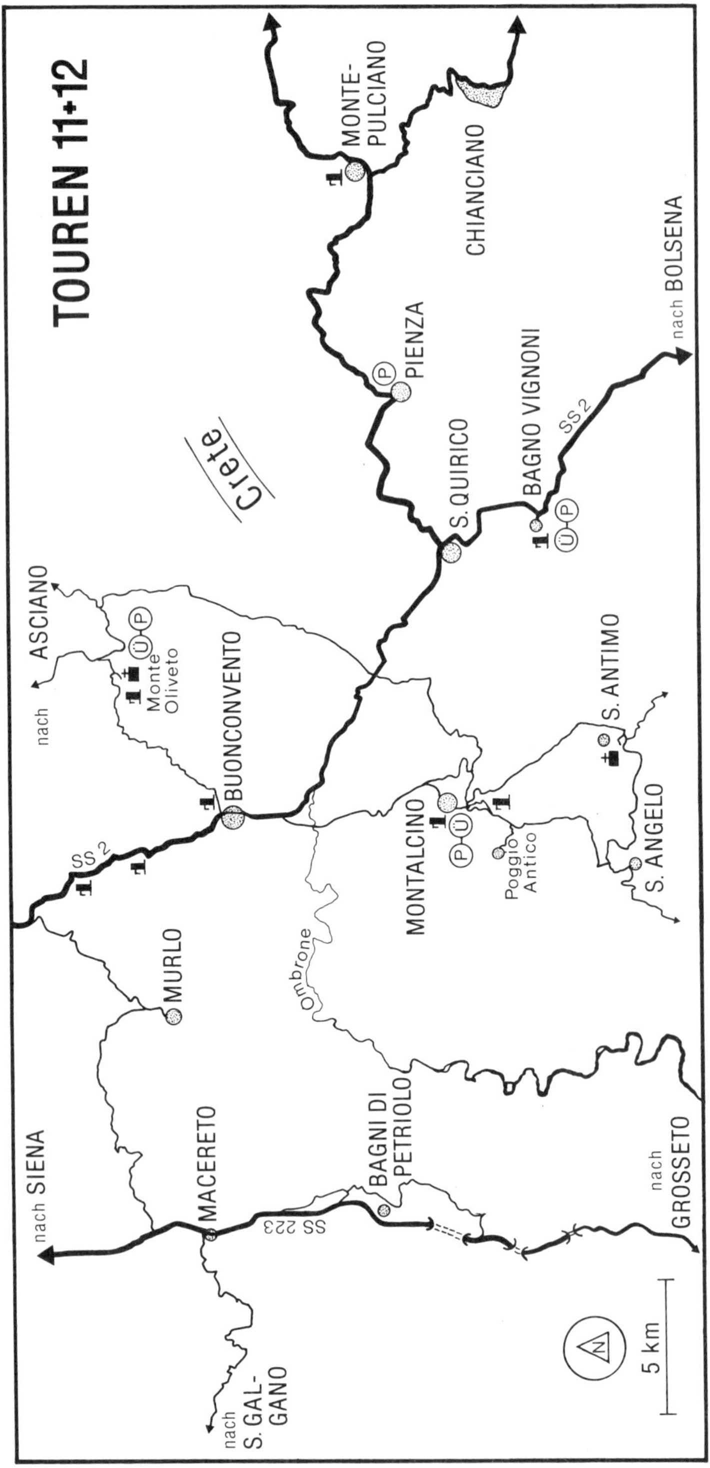
TOUREN 11+12
MONTE-
PULCIANO
CHIANCIANO
PIENZA
Crete
S. QUIRICO
BAGNO VIGNONI
SS 2
nach BOLSENA
ASCIANO
nach
Monte
Oliveto
BUONCONVENTO
SS 2
S. ANTIMO
MONTALCINO
Poggio
Antico
S. ANGELO
MURLO
Ombrone
nach SIENA
MACERETO
SS 223
BAGNI DI
PETRIOLO
nach
GROSSETO
nach
S. GAL-
GANO
5 km

Tour 12: In die Heimat des Brunello

Montalcino - San Antimo - San Quirico d'Orcia -Bagno Vignoni

Übernachten:	An der Festung von Montalcino; Parkplatz von Bagno Vignoni
Besichtigen:	Das Städtchen Montalcino und seine Festung; die Kirche des ehemaligen Klosters San Antimo; die Collegiata in San Quirico d'Orcia; den Badeort Bagno Vignoni
Essen:	In der "Cucina di Edgardo", in der Pizzeria "Giorgio" oder dem Restaurant des Weingutes "Poggio Antico" in bzw. bei Montalcino; in der "Osteria del Leone" in Bagno Vignoni

Ich lande jedes Jahr wenigstens für eine Nacht in **Montalcino**, obgleich ich mir fest vorgenommen habe, einen Bogen um die hoch oben auf einer Bergspitze liegende Stadt zu machen. Ich frage mich dabei immer, warum es mich wieder hierher getrieben hat. Ist es die Neugier, ob der Brunellopreis schon wieder gestiegen ist, oder ist es das Verlangen, einen ganzen Abend lang seinen vollen reifen Geschmack auf Zunge und Gaumen zu spüren? Fasziniert mich die erhabene Lage des Städtchens in Verbindung mit den guten Übernachtungsmöglichkeiten? Die Nähe zum Kloster San Antimo, das ich auch noch kein Jahr ausgelassen habe, kommt noch hinzu.

Und ehrlicherweise darf ich bei dieser Aufzählung die **"Cucina di Edgardo"** auch nicht verschweigen. So nennt sich ein kleines, feines Ristorante, in dem Edgardo ganz genau die Qualitäten seiner Cucina kennt - und sie sich dementsprechend bezahlen läßt. In Montalcino sollte man aber nicht knausern, das gilt beim Essen wie beim Weinkauf. Und das denke nicht nur ich, denn wer nicht wenigstens am Mittag für den Abend reserviert (Tel. 0577/848232; mittwochs außer von Juli bis Oktober geschlossen), kommt erst gar nicht in Versuchung, dem entgeht aber auch etwas, das wir nur hier kennengelernt haben: Zum Menü gibt es nämlich eine Weinfolge. Wer will, und fast alle wollen, bekommt zu einem Festpreis zum Essen nacheinander verschiedene Weine aus Montalcino ausgeschenkt, dabei natürlich auch den berühmten **Brunello di Montalcino**, einen der bekanntesten und besten Weine Italiens.

Wer sich ein wenig für Wein interessiert, kauft zumindest eine Flasche des edlen Traubensaftes in einer der zahlreichen Verkaufsstellen. Leider muß man dafür heutzutage wenigstens 30,-- DM hinlegen. Sie werden aber, wenn nicht bei Edgardo, dann spätestens an Ihrem WOMO-Tisch, wenn Sie die Flasche entkorkt haben, zugeben, daß sich die Investition lohnt. Nur Weingläser muß man dabei haben, denn einen Brunello trinkt man nicht aus dem Zahnputzglas. Wir nehmen auch schon mal ein paar Flaschen mit nach Hause, denn dort kosten sie noch mehr, und vergleichbare französische Rotweine sind zwei- bis viermal so teuer. Es lohnt sich in Montalcino, direkt zum Erzeuger zu fahren. Nur zu welchem? Auf einer großen Landkarte in der Nähe der Festung am südlichen Ortseingang sind alle Winzer verzeichnet. Uns schmeckt am besten der Brunello der Fattoria **"Poggio Antico"**, die auch über eine Probierstube und ein geräumiges, empfehlenswertes *Restaurant* verfügt. Das krasse Gegenstück dazu ist die Fattoria "Lissini", die beweist, daß man auch in einem sehr schlichten Rahmen guten Wein produzieren kann. Und ohne Reklame, denn diese Fattoria ist als solche von der Straße aus kaum zu erkennen. "Poggio Antico" hingegen liegt gut beschildert an der westlichen von Montalcino nach Süden führenden Straße, "Lissini" finden Sie an der Verbindung dieser Straße mit dem Kloster S. Antimo. Man kommt an diesem Weingut direkt vorbei. Bei beiden Erzeugern können Sie, wie auch sonst überall in der Gegend, statt des teuren Brunello den wesentlich preisgünstigeren Rosso di Montalcino erwerben, der in der Regel auch noch ein sehr guter Rotwein ist und noch viel besser wird, wenn Sie ihn zu Hause ein paar Jährchen in Ihrem Keller vergessen (siehe auch unter dem Stichwort "Wein")

Sollen wir Ihnen noch erzählen, wo wir dieses Mal zu Abend essen und was wir dazu trinken? In der *Pizzeria* **"Giorgio"** (die nach Schließung inzwischen hoffentlich wieder geöffnet ist) schräg gegenüber von Edgardo, wir trinken ein Bier und gut ist beides. Allerdings steht der Brunello schon rechtzeitig entkorkt im Wohnmobil und dieses auf unserem *Übernachtungsplatz*. Der liegt in der Toskana-Stellplatzhitparade unter den ersten zehn; dieses hat gute Gründe: Der Parkplatz um die Fortezza, welche die kleine Stadt überragt, ist sehr geräumig, man ist nach wenigen Schritten im Ortsmittelpunkt und in den Kneipen. Eine schöne Aussicht hat man auch, denn Montalcino liegt 560 m hoch und eine passable öffentliche Toilettenanlage - mit Wasserentnahmemöglichkeit - kommt noch hinzu.

Wir hätten auch ohne Brunello gut geschlafen, denn trotz seiner Ortsnähe ist der Parkplatz erstaunlich ruhig. Zum Pflichtprogramm des nächsten Morgens gehört der Besuch der **Festung**, von deren Türme vor allem an klaren Tagen die Sicht weit in die Crete reicht. Petrus meint es heute gut mit uns, der Tag ist so sauber und klar, daß man für ein schönes Foto die Kamera nur in die Landschaft halten und draufdrücken muß. Ich bilde mir sogar ein, Montepulciano zu sehen. Zum Besteigen der Mauer löst man in einer Enoteca, einer Weinverkaufs- und

Probierstube innerhalb der Burg Eintrittskarten, meistens darf man sogar gratissimo die steile Treppe hinaufklettern. Erst recht, wenn man vorher einen Schluck probiert und ein Fläschchen gekauft hat, was einem angesichts der gemütlichen Aus-

Blick von der Festung in Montalcino

stattung und des reichhaltigen Angebots nicht schwerfällt. Von welchem Getränk ist wohl die Rede? Nur montags (außer an Feiertagen und im Juli, August) gibt es hier keinen Brunello und auch keine Fernsicht, denn dann ist die ganze Fortezza geschlossen.

Wir haben gerade erst gefrühstückt und keine Lust auf Wein, zumal wir bald zum ehemaligen Kloster **San Antimo** weiterfahren. Dorthin sind es 10 km, die uns noch kein Jahr zuviel waren. Die einstige Klosterkirche gehört nämlich zu den Glanzpunkten in der südlichen Toskana. Bis wir eingekauft und unterwegs noch Wasser getankt haben, ist es wieder Mittag (1 km südlich von Montalcino auf dem Weg nach San Angelo in Colle kann man links der Straße eine frei zugängliche Wasserstelle anfahren, man muß dann allerdings wieder ein paar hundert Meter zurückfahren oder nach San Antimo den Umweg auf der weiteren Strecke in Kauf nehmen).

San Antimo

Wir müßten eigentlich wissen, daß die Tür der im 12.Jahrhundert erbauten romanischen Kirche um diese Zeit geschlossen ist (Öffnungszeiten 10,3o bis 12,3o Uhr und 15,oo bis 18,oo Uhr). Noch in jedem Jahr haben wir uns nämlich auf den Wiesen rund um das frühere Benediktiner-Kloster die Zeit vertrieben, und wenn Sie Glück (!) haben, geht es Ihnen genauso. Denn das Schönste an San Antimo ist die Landschaft, genauer die Verbindung von Baukunst, Umgebung und etwas Unbeschreiblichem, das diesen Ort von allen anderen unterscheidet, an denen auch schöne Bauten in ebenso schöner Landschaft stehen. Sind es die knorrigen Olivenbäume rundum, oder ist es die einsame schlanke Zypresse vor dem kräftigen, niedrigen Turm? Vielleicht sind es die aufgereihten Bäume am gegenüberliegenden Hang vor dem Gipfel des Monte Amiata?

Ich liege auf dem Rücken im Gras und döse mit geschlossenen Augen im Halbschatten eines Ölbaumes. Ab und zu hebe ich den Kopf und stütze mich mit den Armen. Erst wenn ich mich satt gesehen habe, lasse ich mich wieder ins Gras zurückfallen. Ich nehme mir vor, beim nächsten Mal auf der langen, geraden Zufahrtsstraße zu Fuß hierher zu wandern, um das Gefühl, ins Tal von San Antimo einzutauchen, auf's Äußerste auszukosten. Aber die Sonne muß scheinen!.

Ich liebäugle auch jedesmal mit dem Gedanken, hier einmal zu übernachten. Platz wäre vorhanden und den Reiz des Ortes, sozusagen den Genius loci würde ich schon einmal gerne am Abend spüren; der Respekt vor ihm schickt mich aber Jahr für Jahr auf den Parkplatz in Montalcino. Ich stelle mir nämlich vor, wie in der Abenddämmerung neben der schlanken Zypresse und weißen WOMO-Monstern das Federballspiel zum Einsatz kommt und der liebe Leser mit seinem - meinem - Wohnmobilführer den nächsten Tag plant. Ich zweifle am Sinn meiner literarischen Aktivitäten. Als ich gerade dabei bin, mich gedanklich mit denen anzufreunden, die an solchen Stellen in 2 m Höhe einen Querbalken über der Straße anbringen, hat wohl jemand die Kirchentür geöffnet.

In die im Gras Lagernden kommt nämlich Bewegung, und wie sehr sich die Warterei gelohnt hat, sehen wir im schlichten Innenraum, der weniger gedrungen und viel heller wirkt, als man dieses von einer romanischen Kirche erwartet. Auf den Emporen sieht man noch die Reste der dort im 15. Jahrhundert eingebauten Bischofswohnung. Zur Steigerung der Stimmung singt der Custode sogar noch ein Lied. Nur der Fotograf in mir ist nicht zufrieden, denn im ehemaligen Klosterhof hat man neuerdings mit Restaurierungen begonnen - und dafür braucht man einen Baukran. Wollen wir hoffen, daß die Arbeiten dem schönen Ort das ihm Eigene nicht nehmen.

Weil der Tag so ruhig und beschaulich war, und weil wir auf den letzten Touren soviel unterwegs waren, verschieben wir die Weiterfahrt auf den nächsten Morgen. Ruhig soll der Tag zu Ende gehen, eine kleine Weinprobe auf dem Rückweg nach Montalcino ist dabei gerade recht. Ein Bummel zum Einkauf des

Abendessens und ein Cappuccino in dem nostalgischen Cafés beim schlanken, hohen Rathausturm, runden den Tag ab. Als ich schließlich auf unserem Übernachtungsplatz noch ein paar Schritte um die breiten Mauern der Festung gehe, blinken weit hinten im Osten die Lichter von Montepulciano. Dort werde ich mir morgen Abend die Beine vertreten und statt eines Brunello einen "Vino Nobile" entkorken.

Wir brechen beizeiten in Montalcino auf, **San Quirico d' Orcia** ist unser erstes Ziel. Hier fahren die Touristen gewöhnlich vorbei, schon weil die Umgehungsstraße den Ort kaum berührt. Uns kann es nur recht sein, denn so sehen wir in Ruhe die noch gut erhaltenen Reste der Stadtmauer mit deren Türmen und eine Kirche mit drei sehenswerten Portalen, die sogenannte **Collegiata** aus dem 12. Jahrhundert. Wir schlendern auch noch ein wenig durch den bekannten, geometrisch ausgerichteten Park des Städtchens, nicht ohne Abneigung gegen die geschorenen Hecken.

Schon mehrfach sind wir achtlos an dem gelben Schild vorbeigefahren, das nach **Bagno Vignoni** zeigt. Zum Glück entschließen wir uns bei unserer letzten Reise auf der SS 2 von San Quirico nach Süden zu einem 5,5 km langen Abstecher, denn der kleine Ort überrascht mit einer erstaunlichen Attraktion:

Die wenigen Häuser stehen um ein großes, rechteckiges Badebecken, das sozusagen den Dorfplatz bildet und bei entsprechend niedrigen Außentemperaturen vor sich hin dampft. Schon die Medici und vor ihnen Etrusker und Römer kurierten hier in kalkhaltigem, heißem Wasser ihren Rheumatismus. Später, nämlich im Jahre 1983 diente das Bassin als Kulisse für den Film "Nostalghia" des Regisseurs Tarkowski. Nur heute hat es, außer schön auszusehen, keinen Zweck mehr zu erfüllen; das Baden ist nämlich verboten, was wirklich schade ist. Seien wir aber froh, daß das Becken überhaupt noch da ist, denn wäre es nach dem Willen der allgegenwärtigen Mailänder "Investoren" gegangen, würde hier heute eine gigantische Kurstation nebst Golfplatz stehen. Die 20 Einwohner des kleinen Ortes wußten sich aber erfolgreich zu wehren und den Fall landesweit zu publizieren, so daß bleiben kann, was Jahrhunderte schon war. Wer weiß, wie lange?

Natürlich wollen auch wir im heißen Wasser baden, genauer im Bassin des nahen "Hotels zur Post", der legalen Alternative. Beim Anblick des Preisschildes am Eingang zähle ich zur Sicherheit noch einmal die Nullen, sie werden leider nicht weniger: Ein Erwachsener muß nämlich sage und schreibe 10.000 Lire Eintrittsgeld berappen. Die Gesundheit kostet also auch in Italien ihren Preis, und unsere Körper kommen zu kurz, insgesamt rund 50,-- DM für die ganze Familie sind uns zuviel. Nur unsere Beine kommen noch in den Genuß des angenehm prickelnden Naß, denn seitlich des Parkplatzes kann man das in einer Rinne abfließende Wasser etwas stauen und sich - schmale Körpermaße vorausgesetzt - sogar hineinsetzen. Das bietet sich vor allem an, wenn man auf dem dafür gut geeigneten Parkplatz von Bagno Vignoni *übernachtet*, der am Rand grasig ist, etwas Schatten hat und eine tolle Fernsicht bietet. Ich stelle es mir aufregend vor, den selben Blick gegen Abend am oder im heißen Bächlein zu genießen. Wir sind jedoch am Vormittag hier und wollen nicht den Rest des Tages abwarten. Aber wir klettern noch vom Weg unterhalb des den Berg hinunterrauschenden Wassers in die Höhle, wo früher eine Wassermühle betrieben wurde. Angeblich bilden sich an diesem Hang ab und an Badebecken, die wir jedoch vergeblich suchen. Auch die in anderen Reiseführern gelobte Küche in der **"Osteria del Leone"** können wir nicht testen, der Koch ruht nämlich montags - und heute ist Montag.

Bagno Vignoni

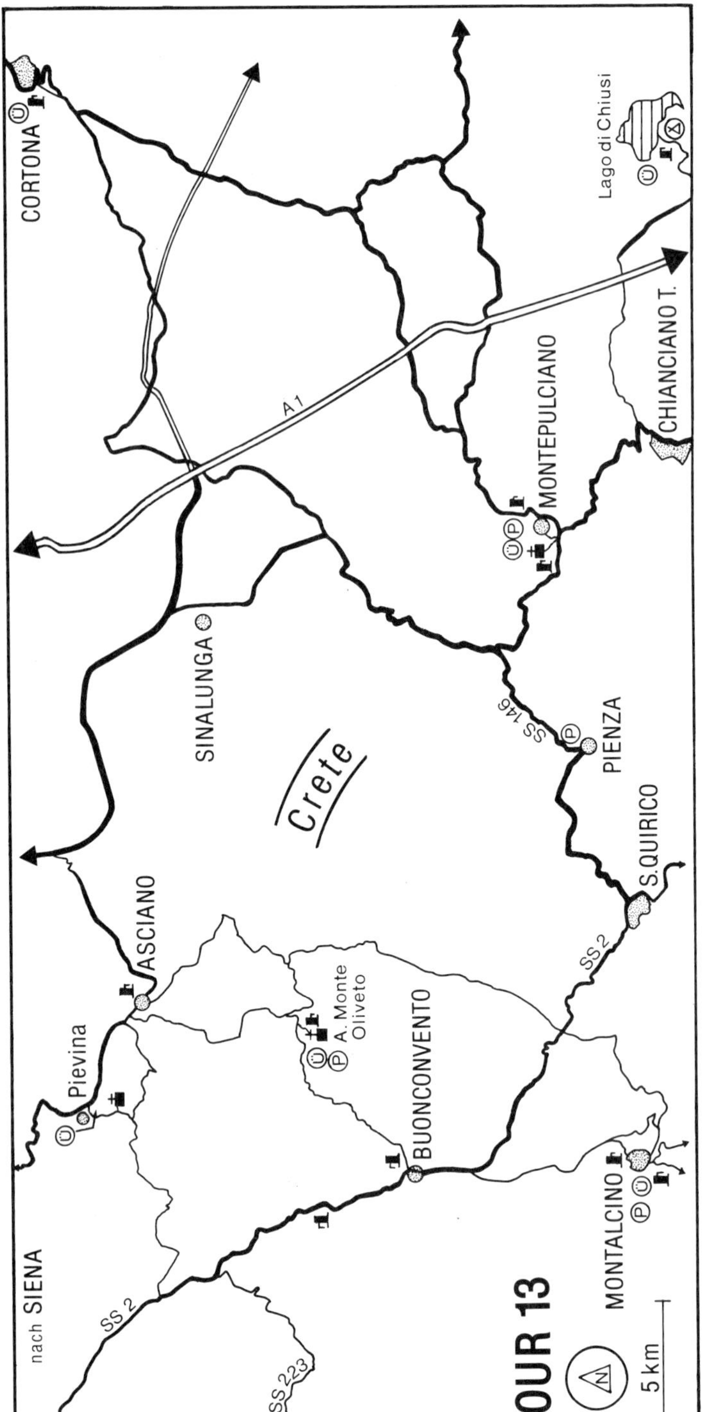
TOUR 13
5 km
nach SIENA
SS 2
SS 223
Pievina
ASCIANO
A. Monte Oliveto
BUONCONVENTO
MONTALCINO
S. QUIRICO
SS 2
PIENZA
SS 146
Crete
SINALUNGA
MONTEPULCIANO
CHIANCIANO T.
A1
CORTONA
Lago di Chiusi

Tour 13: Wo die Kalenderfotos herkommen

Pienza - Montepulciano - Abbazia di Monte Oliveto Maggiore
Asciano

Übernachten:	Auf dem Parkplatz am Westrand von Montepulciano; auf dem "offiziellen" Übernachtungsplatz von Montepulciano; beim Kloster Monte Oliveto; in Pievina nördlich von Asciano
Besichtigen:	Den Ort und die Gebäude am Domplatz von Pienza; dasselbe in Montelpulciano, dort auch die Kirche San Biagio; Fresken der Abbazia Monte Oliveto Maggiore
Wandern:	Rundwanderung ab Pievina
Essen:	Im "Il Prato" in Pienza; im "Il Cantuccio" oder im "Cittino" in Montepulciano; im "La Torre" beim Kloster Monte Oliveto; im Landgasthof "La Pievina" 5,5 km nördlich von Asciano

Wer kennt sie nicht, die typischen Toskanamotive: Leicht geschwungene Hügel mit einzelnen Zypressen, bisweilen auch mit ganzen Reihen oder kleinen Zypressengrüppchen. Oder das alleinstehende Gehöft, daneben zwei Zypressen, davor ein Stück zerfurchter Acker und über allem ein dunkelblauer Himmel. Auf den Kalenderblättern bis April ist der Boden zumeist grün, und spätestens ab September nutzt der Fotograf den Farbfilm durch verschiedene Brauntöne vor den unvermeidlichen Friedhofsbäumen. Solche Kalender kennen Sie schon von zu Hause, in der Toskana hängen sie zuhauf. Auch auf den "anspruchsvolleren" Postkarten, auf denen mit dem schmalen schwarzen Rand um das Bild, sind die Zypressenhügel äußerst beliebt. Wenn Sie noch toskanaunerfahren sind, suchen Sie diese Landschaft schon im Norden, sie vermissen sie im Chianti und Sie finden sie, wo Sie gar nicht gesucht hätten, südlich von Siena in der sogenannten **Crete**.

Solche Fotos sollen auch Ihnen gelingen? Wappnen Sie sich mit einem guten Farb- am besten Diafilm und mit viel Geduld. Machen Sie sich klar, daß die Kalender- und Postkartenfotos von Profis aufgenommen worden sind, daß andere Profis in den Druckereien farblich nachgeholfen haben, und daß Sie ohne entsprechende Fotoausrüstung mit Spiegelreflexkamera und mehreren Objektiven, vor allem einem leichten Teleobjektiv, ohnehin benachteiligt sind. Dieses einschränkend vorausgesetzt, dazu noch etwas Sonne und Sie werden mit Ihren Fotos zufrieden sein.

Bereits am Ende unserer letzten Tour waren wir schon mittendrin in der Crete, ab Montalcino muß der Fotograf jederzeit anhaltebereit sein. Die schönsten Motive beginnen unten ab dem Erreichen der SS 2 und erst recht, wenn man in San Quirico d' Orcia nach Osten in Richtung Pienza und Montepulciano auf der SS 146 abgebogen ist. Gerade diese Strecke gehört zum Schönsten, was die Toskana zu bieten hat. Sie ist gleichrangig mit der Straße weiter nördlich von Buonconvento über Asciano (SS 451) nach Siena (SS 438). Dort werden wir aber erst in ein paar Tagen fast einen ganzen Farbfilm verbrauchen.

Augenblicklich sind wir am frühen Nachmittag erst kurz vor Pienza. Meine Familie ist es leid, im Auto zu warten, wenn ich wieder ein paar Friedhofsbäume auf einem Hügel fotografiere. Sie beschließt, sich in dieser schönen Gegend auf einer Decke niederzulassen. Dabei ist es nicht leicht, hier ein Stück Gras zu finden, denn soweit das Auge reicht, wird Weizen angebaut. Am besten gefallen mir die Felder im Frühjahr, wenn das Getreide gerade 10 cm hoch ist und einen saftig grünen Teppich über die Hügel legt. Wenn diese dann noch von einem schwachen Wind in grüne Wogen verwandelt werden, muß man sich an einer übersichtlichen Stelle niederlassen und dem Naturschauspiel zusehen. Wir nutzen die Rast für ein Picknick bis uns die erstaunlich heiße Frühsommersonne in unser schattiges Führerhaus treibt.

Über **Pienza**, der am Reißbrett geplanten Renaissancestadt wurde schon viel geschrieben, besonders, wenn man die

Winzigkeit des Städtchens berücksichtigt. Jedoch im Zentrum, auf der Piazza Pio II kämen Sie nicht auf den Gedanken, daß im Ort nur 3.000 Seelen wohnen. Zu großartig sind die Paläste, der Dom, das Rathaus und der Brunnen. Kein Bauwerk für sich ist wirklich gewaltig und doch vermitteln sie zusammen den Eindruck, Mittelpunkt einer bedeutenden Stadt zu sein. Hätten wir es nicht gelesen, es wäre uns nicht aufgefallen: Die Raumwirkung ist vom Baumeister, einem Architekten namens Rossellino geschickt geplant. Das Quadrat des Domplatzes wurde seitlich abgeschrägt, wodurch der Platz hinten breiter ist und größer wirkt. Die Streifen im Pflaster verstärken diese Wirkung. Und die durch den Ort verlaufende Hauptstraße ist leicht gekrümmt, damit man sie nicht entlangschauen und ihre Kürze entlarven kann.

Als ein gewisser E.S. Piccolomini in dieser Ortschaft geboren wurde, hieß sie noch Corsignano. Der Sproß des Dorfes wurde aber im Jahre 1458 zum Papst gewählt. Er nannte sich fortan Pius II und beschloß, sein Heimatdorf zur idealen Renaissancestadt umzubauen und ihr seinen Namen zu geben: Piusstadt, Pienza. Weit sind die Pläne nicht gediehen: Eine Kathedrale, einen Papstpalast und zwei Palazzi kirchlicher Gefolgsleute. Pius starb schon 1464 und im Grunde war das Dorf auch zu klein. Schon der Dom mußte weit über den Abhang gebaut werden, sonst hätte es für den Vorplatz nicht mehr gereicht. Heute sieht man im Dom seitlich die Gipsmarken, mit deren Hilfe überwacht wird, wie stark sich das Gotteshaus weiter absenkt. Auf dem Weg zum Altar geht man schon regelrecht bergab.

Domtüren von Pienza

Der Palazzo Piccolomini kann täglich zwischen 10,oo und 13,oo Uhr sowie zwischen 16,oo und 19,oo Uhr besichtigt werden. Am schönsten finde ich dabei den Blick über die "hängenden Gärten" zum Monte Amiata.

Bei unserem Besuch ist der ganze Ort auf den Beinen. Die Männer stehen in Grüppchen auf der Piazza und rauchen, während die Frauen - deutlich in der Minderzahl - sich eher an die Hauswände drücken. In Reisebussen werden Scharen herantransportiert, die eilig in das Innere des Doms streben. Ganze Gruppen von Nonnen und Mönchen versammeln sich auf dem Platz. Heute wird nämlich der vor wenigen Tagen verstorbene Dompfarrer begraben. Viele Hauswände in der ganzen Stadt sind mit Todesanzeigen zugekleistert, aber niemandem sieht man die Trauer an. Der Trauergottesdienst ist ein bedeutendes gesellschaftliches Ereignis und für zwei Stunden gehört die Kleinstadt ausnahmsweise einmal wieder den Bewohnern. Denn von den Touristen nimmt heute niemand Notiz.

Dabei ist gerade für sie in Pienza nicht schlecht gesorgt. Ungewöhnlich viele Feinkostgeschäfte haben sich hier angesiedelt und bieten einen vorzüglichen Pecorino, einen Schafskäse - genannt Cacio - an. Angeblich ist er nirgends so gut wie hier.

Auch ein *Ristorante* lädt zum Verweilen ein; das **"Il Prato"** (Tel. 0578/748601; mittwochs und vom 1. bis 20. Juli geschlossen) am Park vor dem Stadttor ist zwar nicht gerade billig, es kann aber mit örtlichen Spezialitäten und einem guten Preis-Leistungsverhältnis aufwarten. Falls es das Abendessen sein soll, muß man aber danach weiterfahren, oder auf einem mittelmäßigen Parkplatz nächtigen, denn einen idealen Übernachtungsplatz suchen wir dieses Mal wiederholt vergeblich. In Pienza erwartet man aber auch ein Übernachtungsplätzchen mit schöner Aussicht. Denn die Vorzüge des Städtchens liegen nicht nur in seiner Architektur, sondern ebenso in der leicht erhöhten landschaftlichen Lage inmitten der wilden Crete mit Blick zum Monte Amiata. An solcher Stelle muß es mehr sein, als ein beliebiger Parkplatz. Wir werden beim nächsten Mal wieder suchen und vermutlich wieder enttäuscht sein. Das ist aber wirklich der einzige Nachteil von Pienza.

Schweren Herzens fahren wir weiter nach **Montepulciano**. Dort kennen wir einen *Übernachtungsplatz*, der unsere hohen Ansprüche erfüllt. Er liegt am Westhang der Stadt oberhalb der Kirche San Biagio. Wenn man von Pienza kommt, zweigt von der SS 146 südlich von Montepulciano, also noch vor Erreichen der Stadt, nach links eine fast parallel zur SS 146 den Hang hinaufführende Straße ab. Von dieser biegt man bei der ersten, bergaufführenden Gelegenheit wieder nach links ab. Diese

Straße, an deren Rand auffallende Laternen stehen, geht nun recht steil bergan. Kurz vor ihrem Ende dürfen wir nicht mehr weiterfahren, denn wir besitzen natürlich nicht die erforderliche Ausnahmegenehmigung. Dafür ist es uns erlaubt, sowohl nach links wie auch nach rechts auf Parkplätze einzubiegen. Wir wählen den linken am Hang.

Ich wünsche Ihnen jetzt noch etwas Ruhe, einen Sonnenuntergang und eine gute Flasche Rotwein. Sie werden unsere Begeisterung für diese Stelle teilen. Ihnen zu Füßen und von der Abendsonne mild beleuchtet liegt die runde Kuppel der Kirche von San Biagio, zu der die Hügel der Crete keinen malerischeren Hintergrund bilden könnten. Ich habe selten schöner genächtigt. Früher, vor der Verkehrsberuhigung (vielleicht auch heute noch außerhalb der Saison?) durfte man noch höher hinauf auf den kleinen Parkplatz seitlich der Strada della Fortezza gleich hinter der Stadtmauer links. Aber auch der zweitbeste Platz ist noch erstklassig.

Und zu den Hauptsehenswürdigkeiten der Stadt sind es nur ein paar Schritte, auf denen Sie uns aber erst morgen begleiten werden. Sie sollten heute erst mal in Ruhe auswählen, wo Sie Ihr müdes Haupt betten werden. Nachdem wir nämlich unser Reisemobil auf dem genannten Platz geparkt haben und kurz in die Stadt spaziert sind, finden wir bei der Rückkehr hinter dem Scheibenwischer einen viersprachig bedruckten Zettel:

Willkommen in Montepulciano! Hier finden Sie einen für Wohnwagen ausgestatteten Parkplatz.
Wir laden Sie ein, davon Gebrauch zu machen und wünschen Ihnen einen schönen Aufenthalt in unserer Stadt.
Die Stadtpolizei

Dazu einen Stadtplan auf dem unser augenblicklicher Standort und der offizielle WOMO-Parkplatz eingezeichnet sind. In Montepulciano gibt es nämlich eine sehr aktive Bewegung für das mobile Reisen. Nur der große, ausgeschilderte Parkplatz am Nordostrand der Stadt ist nicht übermäßig schön gelegen. Bei unserem letzten Aufenthalt standen dort jede Menge Laster und Reisebusse, außerdem wurde gerade ein Karussell aufgebaut. Dafür gibt es eine wassergespülte Entsorgungsanlage für die in Italien sehr beliebten, festeingebauten Fäkaltanks, eine Frischwasserzapfstelle und mehrere Gabinetti.

Zu welcher Alternative man sich auch entscheidet, man steht auf jeden Fall nahe der Stadt und sucht vielleicht ein *Restaurant*. Bedenken Sie aber, daß Sie auf "unserem" Stellplatz einen unvergleichlichen Sonnenuntergang versäumen könnten, wenn Sie entweder in das teurere **"Il Cantuccio"** in der Via delle Cantine (Tel. 0578/757870; montags geschlossen) gehen oder in das wesentlich billigere und urigere **"Cittino"** in der Via di Voltaia 2. Nur mit der Trinkkultur nimmt man es dort nicht so genau. Zu einer Flasche Nobile di Montepulciano "Riserva" stellte man uns Wassergläser auf den Tisch. Wer mich etwas kennt - und dazu zähle ich an dieser Stelle auch schon meine Leser - weiß, daß ich dem Wirt solch einen Stilbruch nicht verzeihe.

Damit wären wir mal wieder beim Wein (das "Cantuccio" ist übrigens gleichzeitig eine Enoteca). Manch einer kennt den Namen der Stadt nur wegen des Vino Nobile di Montepulciano, einem chiantiähnlichen Rotwein, der zweifellos von hoher Qualität sein kann, nach meiner Meinung jedoch insgesamt zu hoch gelobt wird, zu teuer und mit einem Brunello di Montalcino nicht zu vergleichen ist. Sie werden es vermutlich selbst testen, denn an den vielen Weinverkaufsständen geht nur der hartgesottene Antialkoholiker unverrichteter Dinge vorbei.

Am nächsten Morgen haben wir es nicht weit zur schönsten Stelle in Montepulciano, der Aussichtsterrasse auf dem **Turm des Rathauses** (Palazzo Comunale; werktags von 8,oo bis 13,3o Uhr), von der man einen prächtigen Blick über die Altstadt und die Crete hat. Gegenüber dem Rathaus steht der nach meinem Geschmack schönste **Renaissancebrunnen** der Toskana, während der Dom angesichts seiner schmucklosen Fassade nur im Inneren interessant ist. Insgesamt ist die Hauptsehenswürdigkeit der Stadt aber das Ensemble von Renaissancebauten und -palästen innerhalb einer mittelalterlichen Stadtanlage.

Bevor wir Montepulciano endgültig verlassen, fahren wir noch durch eine lange Zypressenallee zur Kirche **Madonna di San Biagio**, deren Kuppel uns im Schein der gestrigen Abendsonne so fasziniert hat. Der Kirchenbau aus dem 16. Jahrhundert zählt zu den interessantesten der Toskana, zumal er vor allem wegen seiner Lage außerhalb der eigentlichen Bebauung auffällt.

Wenn Sie gerade in der zweiten Julihälfte in der Gegend sind - ich war es noch nicht - und italienisch verstehen, besuchen Sie doch mal im 8 km entfernten **Monticchiello**, einem angenehmen restaurierten Städtchen eine Aufführung des sogenannten Theaters der Armen (teatro povero), bei der die Einwohner selbst auf dem Domplatz ohne Gage Stücke aus ihrem eigenen Leben spielen (Karten unter Tel. 0578/755118).

Unsere Tour führt uns nun durch den nördlichen Teil der Crete zurück nach Siena. Es liegt genauso nahe, von Montepulciano entweder in südlicher Richtung nach Chiusi oder, soll es nach Norden gehen, nach Cortona weiter zu fahren. Wenn Sie uns zu diesen beiden Zielen begleiten wollen, blättern Sie weiter bis zur nächsten (14.) Tour und verschieben Sie den nördlichen Teil der Crete auf die Heimfahrt oder ins nächste Jahr. Können Sie aber nicht mehr bis dahin warten, sind Sie auf dieses Stück Toskana, eines der landschaftlich interessantesten, schon lange gespannt, folgen Sie uns zunächst wieder auf der SS 146 zurück nach San Quirico d' Orcia und dann auf der S 2 bis nach Buonconvento (Wasser gibt es bei den ersten Häusern links jenseits des Bahnübergangs). Dort biegen wir auf der SS 451 nach Osten ab zur **Abbazia di Monte Oliveto Maggiore**, dem Mutterhaus des sogenannten olivetanischen Ordens. Der Backsteinbau des Klosters ist zwar gewaltig, aber doch keine besondere Sehenswürdigkeit. Soll das alles sein? Bei einem weiß gekleideten Mönch liefern wir unsere Spende ab (geöffnet von 9,15 bis 12,3o Uhr und von 15,oo bis 19,oo Uhr, jahreszeitenbedingt auch kürzer oder länger), ehe wir zu den eigentlichen Kunstschätzen des Klosters vordringen: Einem holzgeschnitzten, mit Intarsien verzierten Chorgestühl und dem ausgemalten **Kreuzgang**. Auf 36 Fresken haben die Maler Signorelli und Sodoma zwischen 1497 und 1508 das Leben des heiligen Benedikt gemalt bzw. die Ereignisse, die nach der damaligen Sage oder der malerischen Fantasie in das Leben dieses Heiligen gepaßt haben. Die Olivetaner, von denen heute noch etwa 300 in Italien verstreute Mönche leben, sind nämlich besonders glaubensstrenge Benediktiner, deren jugendliche Anhänger uns schon auf der 11. Tour bei der Ruine San Galgano begegnet sind. Nach ausführlichem Betrachten der ausdrucksstarken Bilder fahren wir durch die nicht weniger beeindruckende Landschaft, die hier zum Teil regelrecht zerklüftet und zerfressen ist, nach **Asciano**. Dort tanken wir Diesel und gegenüber der Tankstelle an der Mauer auch Wasser. Außerdem wollen wir in Ruhe einkaufen - denken wir. Denn es ist Mittwochnachmittag, und kein Lebensmittelladen hat offen.

Genau an solchen Tagen hat man dann auch keine Vorräte mehr, sei es Brot oder Wein oder umgekehrt. Es scheint alles darauf hinauszulaufen, daß wir uns mit den Notkonserven, den Ravioli oder der Aldi-Erbsensuppe (übrigens: die beste Dosensuppe, die ich kenne) begnügen müssen. Wir fahren zur *Übernachtung* auf den schön gelegenen Klosterparkplatz zurück - diese Idee haben auch andere - und ergeben uns in unser Dosenraviolischicksal. Sicherheitshalber schaue ich mir noch einmal den aus den Zypressen ragenden Turm in der Nähe des Parkplatzes an und finde dort zu meiner Überraschung ein gemütliches *Restaurant*, das ich am Nachmittag beim flüchtigen Hinsehen für ein reines Ausflugslokal gehalten habe. So legen wir den Dosenöffner zurück in die Besteckschublade, holen aus dem Geheimfach ein paar Scheine und lassen uns ein schmackhaftes Mahl auftischen. Raten Sie mal, was es als Pasta gibt? Ravioli! Das *Ristorante* **"La Torre"** (Tel. 0577/707022) ist dienstags geschlossen, die Preise bewegen sich im mittleren Bereich.

Noch leichter hätte uns damals aus unseren Versorgungsnöten geholfen werden können, hätten wir schon 5,5 km nördlich von Asciano den kleinen *Gasthof* **"La Pievina"** (unbedingt telefonisch unter 077/718368 reservieren; montags, dienstags und in den ersten drei Augustwochen geschlossen; abends erst ab 20,oo Uhr geöffnet) bei der gleichnamigen Ansiedlung einiger Bauernhäuser gekannt. Die absolute *Nummer Eins* unserer Toskana-Kneipen. Damit meine ich in erster Linie gar nicht mal die Essensqualität, die aber auch überdurchschnittlich ist, sondern das ganze Drumherum. Drei Frauen schmeißen den kleinen Laden in dem, wenn's hoch kommt 45 Gäste Platz finden, der aber an den Wänden mit soviel Zierrat ausgeschmückt ist, daß man anderswo damit einen ganzen Saal ausstatten könnte. Man muß viel, viel Zeit und Bereitschaft aufbringen, sich auf die Bewirtung der Damen einzulassen. Hektiker und Nörgler brauchen gar nicht weiterlesen. Es gibt keine Speisekarte, wir fragen auch nicht nach den Preisen. Gegessen wird, was auf den Tisch kommt. Der aber biegt sich bald. Wir bestellen, wie alle Gäste, das Menü und bekommen als erstes eine Flasche Wein in die eine Hand, den Korkenzieher in die andere. Nach fünf (!) verschiedenen Vorspeisengängen sind wir eigentlich schon satt, als die dampfende Suppenschüssel gebracht wird. Die siebte Folge, eine Platte mit vier Nudelköstlichkeiten, erschlägt uns schier. Wir ahnen es schon: Sie ist erst Vorbote des Hauptgangs, eines Potpourris aus Gambas und Lachs. Ein Königreich für einen Grappa nebst Espresso! Zuvor müssen wir aber noch von den Dolci kosten. Sechs verschiedene Nachspeisenschüsseln stehen bald vor uns. Die Damen wissen es, hier wird kein Gast mehr unbescheiden. Dann schon eher bei den Schnäpsen, die wir aus fünf auf den Tisch gestellten Flaschen auswählen dürfen; die Menge bestimmen wir.

Vier Stunden haben wir getafelt, als wir gespannt auf die Rechnung warten. Einschließlich zweier gesonderter - völlig überflüssiger - Essen für unsere beiden Töchter, inklusive Wein, Wasser, mehreren Limos, Cafés und Zigaretten legen wir umgerechnet genau 100,-- DM auf den Tisch. Und bevor uns die Chefin zum Abschied wie alte Freunde umarmt, packt sie noch eine große Portion Kuchen in mit einer Blume verzierte Alufolie. Für die Bambini, die inzwischen schon zu Bett gegangen sind.

Soll ich in meinem Reiseführer von solcher Gastfreundschaft überhaupt berichten? Schließlich will ich wiederkommen und dasselbe noch einmal erleben. Ich vertraue meinen Lesern - und nicht nur bezüglich dieses Tips. Hoffentlich bin ich nicht zu gutgläubig!

Unser Wohnmobil steht fast vor der Tür. Auf der anderen Straßenseite zweigt ein Sträßchen zu einigen Bauernhäusern ab. In gehöriger Entfernung zu diesen und links des Weges haben wir eine ideale *Übernachtungswiese* entdeckt. Denn nach diesen Mengen Wein, Grappa und Vinsanto kommt mir kein Schlüssel mehr ins Zündschloß.

Wir stehen mitten in der Crete, genau der richtige Ausgangspunkt für eine *Wanderung*. Auch unsere vollen Bäuche fordern am nächsten Tag Bewegung: Wir spazieren bei den Bauernhöfen vorbei nach links zur verfallenen kleinen Abtei von Rofeno. Beidseitig des Weges wogen die Weizenfelder. Bald haben wir die hinunter nach Asciano führende Straße erreicht. An ihrem Rand wandern wir bergab durch ein Tal und etwa 500 m nach der zweiten Brücke bei den ersten Häusern wieder nach links bergauf. Auf dem Höhenrücken geht es nun zurück zu unserem, fast immer in der Ferne sichtbaren WOMO.

Auch auf dem letzten Stück des Weges stehen wieder viele Höfe leer. Die Kargheit der Natur hat die Menschen in die Städte getrieben. Und wenn noch jemand sein Land bewirtschaftet, geht es oft ärmlich zu. Wir kommen bei einem Bauern vorbei, der gerade mal fünf Schweine hat, die vor ihrem Stall in der Sonne dösen und grunzen. Die Behörden haben versucht, Zuwanderer aus Süditalien hier einzubürgern, vor allem Schafhirten aus Sardinien. Mancherorts fängt man auch an, mit Planierraupen die Crete zu glätten - als Mittel gegen die Bodenerosion und als Piste für die Mähdrescher. Aber davon sehen wir bei unserem Ausflug nichts. Hier sind die Felder noch klein, und in den Büschen dazwischen krähen die Fasane.

Die Wanderstrecke liegt bei 8 bis 10 km, man kann sie fast nach Belieben verlängern oder verkürzen, hier wird auf Sicht marschiert. Denn es gibt keinen Wald und damit aber auch keinen Schatten.

Abtei von Rofeno

Oft habe ich beim Wandern fotografiert. Erinnern Sie sich an die Kalenderblätter? An Schafherden mit Hirten vor kleinen Tümpeln? Wenn Sie nun ein paar Kilometer nordwärts den Finger auf den Auslöser drücken, sehen Sie später auf ihren Fotos hinter den Hügeln der Crete sogar die fernen Türme von Siena.

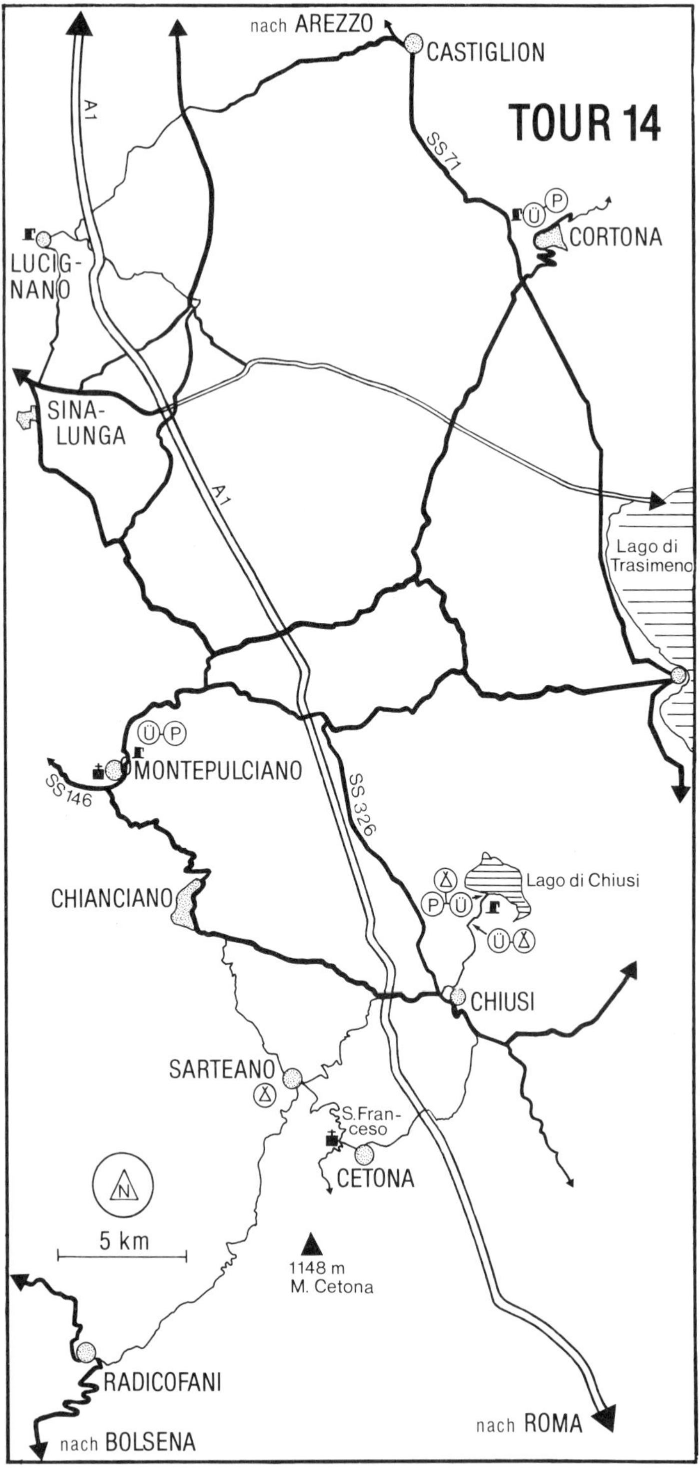
nach AREZZO
CASTIGLION
TOUR 14
A1
SS 71
CORTONA
LUCIG-
NANO
SINA-
LUNGA
A1
Lago di
Trasimeno
MONTEPULCIANO
SS 146
SS 326
Lago di Chiusi
CHIANCIANO
CHIUSI
SARTEANO
S.Fran-
ceso
CETONA
5 km
1148 m
M. Cetona
RADICOFANI
nach BOLSENA
nach ROMA

Tour 14: Bis fast nach Umbrien

Lucignano - Cortona - Trasimener See - See von Chiusi
Cetona - Radicofani - Monte Amiata

Übernachten:	Vor der Stadtmauer von Cortona; mehrere Möglichkeiten am See von Chiusi; Campingplätze am See von Chiusi und bei Sarteano
Besichtigen:	Das Dorf Lucignano; Altstadt, Museum und Fortezza von Cortona; Etruskisches Museum und Gräber bei Chiusi; die Städtchen Cetona und Sarteano
Essen:	In der "La Fattoria" nahe des Sees von Chiusi

Es ist schon wieder fast Mittag, als wir in Cortona ankommen. Die ersten Ladeninhaber lassen gerade krachend die metallenen Schutzgitter vor den Geschäften herunter und sichern diese mit einem kräftigen Vorhängeschloß. Wohl nur in Italien schließt man die Läden mit einer derartigen Lautstärke; ein Geräusch, das untrennbar mit unseren Toskanaurlauben verbunden ist, da wir auch heute Morgen nicht zu den Frühaufstehern gehört haben. Ein gemütliches Frühstück muß im Urlaub schließlich sein. So bleibt es nicht aus, daß wir zu touristischen Unternehmungen aufbrechen, wenn andere schon mehrere Sehenswürdigkeiten abgehakt haben. Außerdem haben wir unterwegs in **Lucignano** einen Besichtigungsrundgang eingeschoben. Rund geht es dort fast im reinen Wortsinne. Das Dorf auf einer Bergkuppe hat zwei parallel nebeneinander in Form einer Ellipse verlaufende Gassenzüge. Sein Luftbild ist uns schon oft bei den Ansichtskartenständern begegnet.

Nun warten wir in **Cortona**, bis das städtische Treiben am Nachmittag wieder beginnt. Die Treppenstufen des Rathauses an der Piazza Republica laden dazu nicht nur uns ein, und ich wage die These: Wer sich nicht auf dieser Treppe gesonnt hat, war nicht in Cortona. Ähnliches gilt für den Spaziergang hoch zur Wallfahrtskirche Santa Margherita und weiter zur Fortezza Medicea. Allein schon den steilen Aufstieg zwischen Zypressen, auf uralten Steinplatten und erst recht die Aussicht von oben darf man sich nicht entgehen lassen. Hier überblicken wir fast die Hälfte der südlichen Toskana. Unterwegs finden wir Möglichkeiten, um uns im Schatten auszuruhen. Dabei können wir die Dächer der alten Etruskerstadt aus allen erdenklichen Blickwinkeln betrachten.

Den Funden aus der Etruskerzeit dient auch das Museo dell' Accademia Etrusca an der Piazza Signorelli in der Nähe des Rathauses (montags geschlossen und im Sommer von 10,oo bis 13,oo Uhr und von 16,oo bis 19,oo Uhr geöffnet). Wer sich mehr für Gemälde interessiert, besucht noch am Domplatz das Museo Discensano, in dem unter anderem Bilder von Signorelli ausgestellt sind, den wir schon von der Abbazia di Monte Oliveto Maggiore kennen. Das Entscheidende an Cortona sind aber seine Lage und seine steilen, verwinkelten, mittelalterlichen Gassen. Dort müssen jedoch die Geschäfte offen sein, also warten wir weiter auf der Rathaustreppe und essen kleine Kuchen aus einer nahen Café-Bar.

Marktplatz von Cortona

Den Plan, in Cortona zu *übernachten*, geben wir allerdings auf. Im Gegensatz zu einigen anderen Wohnmobilen, die sich südwestlich der Stadt vor der alten etruskischen Stadtmauer augenscheinlich für ein längeres Verweilen aufgereiht haben. Die Stelle ist zwar nicht schlecht, sie ist uns aber zu laut, sie liegt nämlich neben der Hauptverkehrsstraße. Und einen schönen Ausblick hat man auch nicht - den erwartet man in Cortona aber unbedingt.

Gerade hat noch das Wasser des **Trasimenischen Sees** in der Ferne geblinkt. Hier wollen Anna und Lena baden. Sie wissen aber noch nicht, daß der See höchstens gerade mal 6 m tief sowie voller Wasserpflanzen ist. Und daß seine Ufer seicht und verschilft sind. Das Schwimmen bereitet ihnen kein Vergnügen, uns Eltern schon gar nicht. Auch die flache Landschaft am Süd-Westufer ist reizlos und zwischen einigen uninteressanten Campingplätzen finden wir auch keine vernünftige Stellplatzmöglichkeit. Schöner sind da schon der östliche und der nördliche Teil, aber diese liegen uns schon zu weit in Umbrien und bleiben einer späteren Reise vorbehalten. Dann werden wir auch am Nordrand des Sees über das Schlachtfeld wandern, wo Hannibal im Jahre 217 v. Chr. die römischen Legionen in einen Hinterhalt gelockt und vernichtend geschlagen hat.

Wir sind auf einen See programmiert, mal sehen, ob uns der kleine **Lago di Chiusi** besser gefällt? Unsere Hoffnungen werden zunächst nicht enttäuscht, denn das Gewässer ist in eine schöne Landschaft eingebettet, und wenn im gelben Abendlicht die Fischer in ihren Kähnen angeln, kommt regelrecht Stimmung auf. Um diese zu erleben, müssen wir nur ein paar Schritte gehen, denn unser WOMO parkt auf dem großen Platz direkt am See. Ein paar Häuser in der Nähe geben Sicherheit ohne der Atmosphäre zu schaden, wir stören niemanden und geräumig ist der - gelegentlich etwas laute - Parkplatz allemal.

Aber zu unserer Enttäuschung streicheln uns im See genauso die Wasserpflanzen den Bauch.

Am See von Chiusi

Statt auf dem großen Parkplatz kann man auch auf dem danebenliegenden *Campingplatz* nächtigen, der sogar ganzjährig geöffnet ist. Oder auch etwas abseits und, nach unserem Geschmack fast noch schöner, auf dem *Campingplatz* "La Fattoria" (vom 15.6. bis 15.10.) 2 km oberhalb des Sees . Dieser ist jetzt im Frühsommer noch geschlossen, im Gegensatz zu dem dazugehörigen, gleichnamigen *Lokal*, an dem wir ohnehin zwangsläufig vorbeifahren. Dabei wirkt dieses so verlockend, daß wir unser Auto auf dem hellen Kies des Hofes parken und uns bald danach diverse Vorspeisenvarianten auftischen lassen. Unser Reisemobil hat wiederum ein anderes angelockt, mit dessen Bewohnern wir unsere toskanischen Erlebnisse austauschen. Nach dem Essen unterbrechen wir unsere Erzählungen nur kurz, um die Fahrzeuge aus dem Hof heraus und genau gegenüber auf eine große, ebene Fläche hinter Büschen zu fahren. Wie gut, daß sich unter unseren Vorräten auch ein paar Rotweinflaschen befinden. In der **"La Fattoria"** wird man Sie bei Ihrem Besuch sicherlich hervorragend bewirten (Tel. 0578/21407; im Februar und außer von Juli bis September montags geschlossen). Ob Sie allerdings auf dem gegenüberliegenden Gelände, das vor Jahren in nicht mehr definierbarer Weise gewerblich genutzt wurde, allzeit übernachten können, muß bezweifelt werden. Dann fahren Sie eben hinunter bis zum See zu der genannten Stellplatzalternative oder quartieren Sie sich auf dem Campingplatz ein.

Am nächsten Morgen besichtigen wir in **Chiusi,** wie alle Besucher, das Museo Nationale Etrusco (geöffnet von Dienstag bis Samstag zwischen 9,oo und 13,4o Uhr, an Sonn- und Feiertagen von 9,oo bis 12,4o Uhr). Es beherbergt die umfangreichste Sammlung etruskischer Kunstschätze in der Toskana, die in der Umgebung so zahlreich gefunden wurden, daß das Museum aus Platzgründen nur einen Teil davon ausstellen kann.

Will man die Fundorte dieser Kostbarkeiten, die im Umkreis von Chiusi liegenden Gräber besichtigen, fragt man am besten im Museum, denn die Ausgrabungsstätten sind zwar auf der Straße durch Wegweiser beschildert, aber keineswegs sicher und schon gar nicht zu festen Zeiten geöffnet. In der "Tomba del Colle" und in der "Tomba della Scimmia", den beiden berühmtesten Gräbern, soll man herrliche Wandmalereien antreffen, was wir aber noch nicht selbst überprüfen konnten, da beide Gräber in den letzten Jahren geschlossen waren.

Wir suchen statt dessen die in unserem Reiseführer gepriesene "eremitenhafte Stille" des ehemaligen Klosters S. Francesco bei Cetona südwestlich von Chiusi. Die Lage am Fuß des 1148 m hohen Monte Cetona ist auch wirklich sehr reizvoll, genauso wie die Baulichkeiten des Klosters. Wir lesen von ehemaligen Drogenabhängigen, die hier bei harter Feldarbeit leben und die sakralen Gemäuer restauriert haben sollen. Offensichtlich hat Restaurieren etwas mit Restaurant zu tun, denn ein solches haben sie auch eingerichtet, wie wir hören. Wir erwarten selbst angebaute Produkte, sozusagen toskanisch-ökologisch. Mein Outfit oder das unseres Autos scheinen jedoch dem alternativen Stil der Restauration nicht ganz zu entsprechen. Sehr freundlich und ebenso schnell weist man mich darauf hin, daß hier das Abendbrot ein Abendmahl ist und umgerechnet 120,-- Deutsche Mark kostet. Pro Person versteht sich. Danke für den Hinweis! Wir steigen ein und lassen die jungen Männer und Frauen weiter hart arbeiten. Später lese ich, daß sich gerade in der Gegend von Cetona wegen der günstigen Autobahnverbindung nach Rom und der fraglos schönen Umgebung italienische Schickeria angesiedelt hat.

Davon merken wir aber nichts beim Bummel durch die sehenswerten mittelalterlichen Gassen der kleinen Städte Cetona und Sarteano. Wer mal wieder das Bedürfnis nach einem gepflegten Campingplatz hat: Bei Sarteano kann man in einem *"Campingpark"* für sehr viel Geld sogar in mehreren Thermalwasserbecken baden ("Della Piscine"; offen vom 1.4. bis 30.9.; beschildert). Uns sind solche Plätze zu "gut organisiert", wir steuern unser WOMO in Richtung Süden, dort werden wir am Abend ideal am Bolsena-See frei campieren.

Von Cetona fahren wir dazu auf der schmalen und kurvenreichen SS 478 nach Südwesten bis nach Radicofani, das insbesondere dem Dichter Boccaccio seine Berühmtheit verdankt: In seinem Decamerone läßt er den örtlichen Burgherrn "Ghino di Tacco", der zum Straßenräuber verarmt ist, den vom Papst aus Rom kommenden Abt von Cluny gefangennehmen. Der Kirchenmann war offenbar gut genährt und muß auch über ein Magenleiden geklagt haben, denn er wurde vom Räuber auf Diät gesetzt und erst nach einer Abmagerungskur wieder freigelassen. Der Papst dankt diese Hilfe später mit einer Stellung beim "Hospitalorden". Das "Hospital" des Abts ist leider nicht mehr zu sehen.

Dafür hat man einen hervorragenden Blick hinüber zum höchsten Berg der Südtoskana, dem 1736 m hohen Monte Amiata, wo es mehrere gutbeschilderte Rundwanderwege gibt. Wer nicht zum "Trekking" dorthin möchte, kann sich die Kurvereien auf den Bergstraßen sparen. Die landschaftlichen Reize sind nicht so, wie wir es erwartet und es uns die grünen Ränder auf unserer Straßenkarte versprochen haben. An mehreren Stellen sieht man die silbrigen Rohre von Erdwärmekraftwerken, die wir auch schon aus Larderello (siehe 11. Tour) kennen; sie verbreiten auch hier einen unangenehmen, schwefeligen Geruch.

Auch die **Abbadia S. Salvatore** hat uns im vergangenen Urlaub enttäuscht, wenngleich die Krypta der romanischen Klosterkirche aus dem 8. Jahrhundert (!) stammt. Trotzdem fehlt ihr irgendwie das Besondere. Deshalb schenken wir uns dieses Mal den Umweg ins Gebirge und beeilen uns, um an den Lago di Bolsena zu kommen.

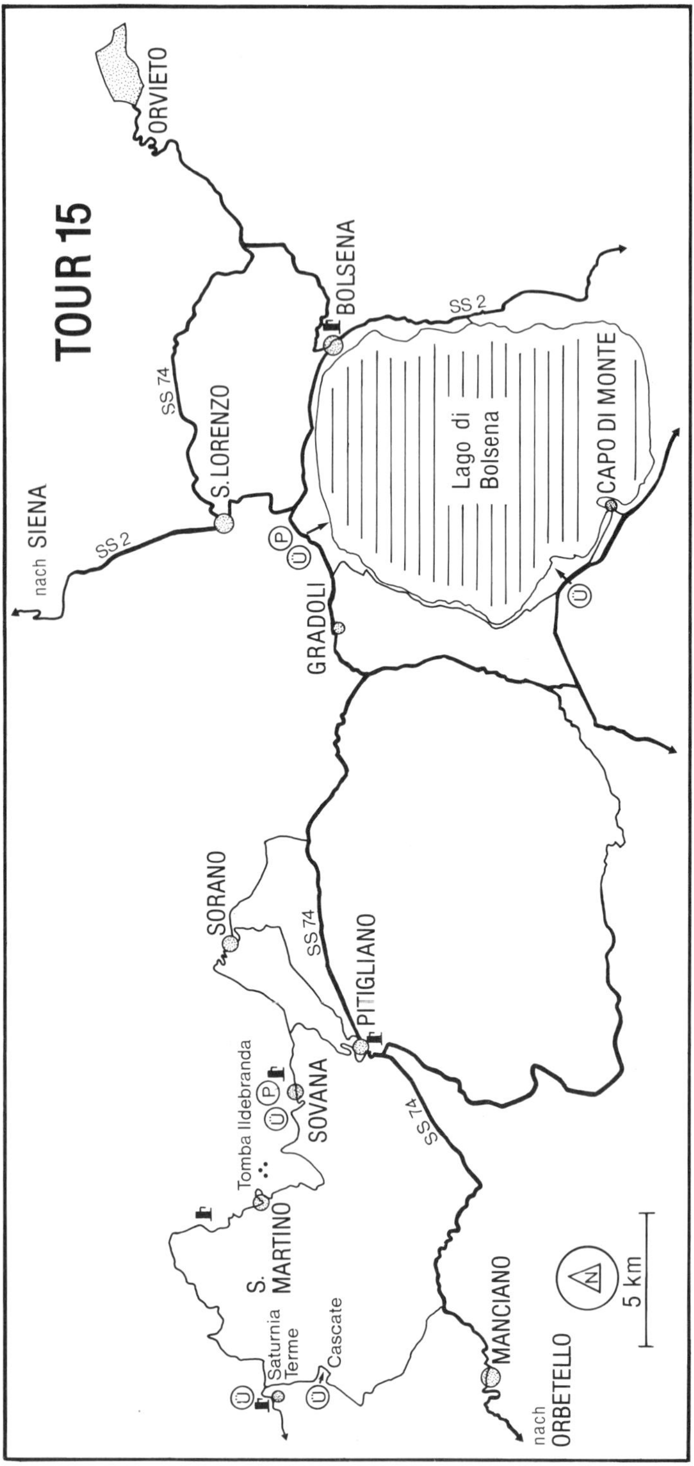
TOUR 15
ORVIETO
BOLSENA
SS 2
SS 74
S. LORENZO
nach SIENA
Lago di Bolsena
CAPO DI MONTE
GRADOLI
Ü
P
SORANO
PITIGLIANO
SOVANA
Tomba Ildebranda
S. MARTINO
Saturnia Terme
Cascate
MANCIANO
nach ORBETELLO
N
5 km

Tour 15: In den Süden

Lago di Bolsena - Orvieto - Pitigliano - Sorano
Sovana - Saturnia

Übernachten:	Mehrere freie Stellplätze am See von Bolsena; Parkplatz am Rand von Sovana; beim Wasserfall von Saturnia; großer Platz am Ortseingang von Saturnia
Besichtigen:	Die Stadt Bolsena; die Altstadt und den Dom von Orvieto; die Felsennester von Pitigliano und Sorano; das Städtchen Sovana und die dortigen Etruskergräber; Wasserfall von Saturnia
Wandern:	Rundgang zu den schönsten Etruskergräbern bei Sovana
Essen:	In der Pizzeria "Chalet Il Noce" in Pitigliano

Die Staatsstraße nach Süden läßt sich für toskanische Verhältnisse ungewöhnlich zügig befahren, so daß uns schon nach kurzer Zeit ein Schild darauf hinweist, daß wir die Toskana verlassen. Im zweiten größeren Ort in Latium, dem Dorf Lorenzo Nuovo rufen die Kinder plötzlich hinter einer Kurve: "Das Meer!". Sie haben durch das Alkovenfenster vor uns den zweitgrößten Binnensee der italienischen Halbinsel und fünftgrößten See des ganzen Landes gesehen.

Jetzt sind es nur noch Minuten, bis sie sich in die Ende Mai noch recht kühlen Fluten des **Lago di Bolsena** stürzen können. Kurz vor Erreichen des Ufers biegen wir nämlich nach rechts in Richtung Gradoli ab. Bei nächster Gelegenheit - nach 1,6 km in einer Rechtskurve - nehmen wir das in einem großräumigen Einmündungsbereich nach links zum See abbiegende Sträßchen, das sich alsbald dort gabelt. Auf dem Platz gleich links stellen wir das Wohnmobil in den Halbschatten direkt ans Seeufer. Die "Installation" von Wohnwagen und Zelten ist verboten, "Camper", also Wohnmobile erwähnt die Verbotstafel indessen nicht. Und das ist gut so, denn hier kann man sehr ruhige Badetage verbringen, solange es nicht Sonntag ist. Dann und außerdem in den großen Ferien ist auch hier einiges los. Aber im Frühsommer, in dem wir wegen der süddeutschen Pfingstferien in den nächsten Tagen an der Küste volle (Camping-) Plätze antreffen werden, steht hier außer unserem nur ein einziges anderes Wohnmobil, obwohl sich die *Stellplatzmöglichkeiten* und der Strand noch mehrere hundert Meter nach links ausdehnen. Ein paar Fischerhütten und Kähne sowie eine kleine an Griechenland erinnernde Kneipe vervollständigen das

Urlaubszenarium. Wir bereuen später, nicht noch länger als zwei Nächte hiergeblieben zu sein.

Eine weitere schöne Stelle am See findet man auf einer Wiese etwa 2 km nordwestlich von Capodimonte am Südufer des Sees, wo die Landnase in den See hineinragt.

Bolsenasee - nördl. Stellplatz

Nach dem Baden sollte man übrigens duschen, denn der Vulkansee gilt, solange die im Bau befindlichen Kläranlagen noch nicht fertig sind, als schmutzig, was man ihm aber nicht ansieht. Uns hat das Schwimmen jedenfalls nicht geschadet.

Nach ausgiebigem Wasser- und Sonnenbad besuchen wir in der Stadt **Bolsena** deren guterhaltenen mittelalterlichen Stadtkern. Bolsena hat Kirchengeschichte gemacht, nahm doch hier die erste Fronleichnamsprozession ihren Anfang. Im Jahre 1263 tropfte (angeblich) in der Kirche anläßlich einer Messe Blut aus der gebrochenen Hostie auf ein weißes Tuch. Dieses brachte man sodann in einer Prozession ins nahe **Orvieto**, wo gerade der Papst weilte, und wo man seitdem das Stofftuch verehrt. Und genau deswegen baute man dort ab dem Jahre 1290 auch einen der schönsten italienischen Dome.

Was liegt also näher, als am nächsten Tag noch zu einer Kurzvisite dorthin zu starten? Die 20 km lohnen sich, auch wenn sie nicht mehr in der Toskana und obendrein durch viele Kurven bewältigt werden müssen. Allein schon wegen der erstaunlichen Lage des "Centro storico" auf einem Tuffplateau, das vom gotischen **Dom** überragt wird. Dort darf man keinesfalls versäumen, genügend Lirestücke in den Beleuchtungsautomaten der Capella Nuova zu stecken. Die ausdrucksstarken Fresken des Luca Signorelli (aus der Mitte des 15. Jahrhunderts) zählen - wie oft durfte ich das schon schreiben - zu den sehenswertesten Gipsmalereien überhaupt. Luca Signorelli ist uns ja auch schon vom Kloster Monte Oliveto (Tour 13) und aus Cortona (Tour 14) in bester Erinnerung.

Das Auto muß man in Orvieto am Fuß des schon von den Etruskern besiedelten und innen ausgehölten Tuffsteinklotzes, auf dem die Altstadt thront, stehen lassen. Und zur Übernachtung machen Sie es uns am besten nach: Wir fahren zurück an unseren Badeplatz am See von Bolsena.

Dort starten wir am Morgen nach Westen zurück in die Toskana. Genau zur richtigen Tageszeit kommen wir in **Pitigliano** an. Denn die malerische Seite der auf einen Tuffsteinfelsen geklebten Stadt kann nur von Osten aus betrachtet und fotografiert werden - und dazu braucht man die Sonne im Rücken. Parken Sie am besten oberhalb der Altstadt (wenn man von Bolsena kommt vor der Stadt links in Richtung des cimitero) längs des kleinen Terrassenparks, der besten Stelle für das Foto. Genau dort finden wir neben einer Treppe auch einen Wasserhahn, wo wir wieder volltanken können. Die Außenansicht der Stadt und ihres von den Medici erbauten, heute noch benutzten Aquädukts ist auch mit Abstand das Lohnendste an Pitigliano, dessen Inneres zu unserer großen Überraschung ganz und gar nicht touristisch verkitscht ist.

Pitigliano

Nur mit Mühe finden wir zum Mittagessen die - einzige - *Pizzeria* des Ortes am Platz hinter dem Stadttor. Ihr Name: **“Chalet Il Noce”**. Dort vertilgen wir in einem Stollen des ehemaligen, aus dem Tuff herausgemeißelten Burgbrunnens Pizzas und Spaghetti, nachdem wir wegen der kühlen Kellerräume aus dem Auto warme Jacken geholt haben (Mo. geschl.).

Einen vernünftigen Übernachtungsplatz sucht man bei Pitigliano ebenso vergeblich wie bei dessen Kleinausgabe, beim nördlichen **Sorano**, das sich zum Trost derer, denen das Gegenlichtfoto am Nachmittag in Pitigliano hundertprozentig mißlungen ist, gegen Abend am besten aufnehmen läßt. Auch hier setzt man noch nicht auf die Touristen, weshalb wir im hinteren Teil des Dorfes fast nur zwischen verlassenen und teilweise verfallenen Häusern herumklettern, die erst allmählich wieder restauriert werden. Denn die Einheimischen sind größtenteils in die Betonklötze der neuen Oberstadt umgezogen (worden).

Sorano

Ganz anders war die Politik im dritten Tuffdorf, in **Sovana**, dem die Natur zwar nicht mit einer so pittoresken Lage unter die Arme greift, wo man jedoch vielleicht gerade deshalb mehr in den Tourismus investiert und damit die wenigen Einwohner an den Ort bindet. Das Ergebnis dessen läßt sich trotz einiger Souvenirshops sehen, zumal eine Tourismusstruktur in Maßen für den Urlauber, der auch was essen und trinken will, nicht nur Nachteile hat. Ob es in Sovana aber so bleibt, darf bezweifelt werden. Zur Zeit kann ich das Dorf nur empfehlen, vor allem auch für die *Übernachtung*, denn hier findet man einen leicht abschüssigen und schattenlosen, jedoch schöngelegenen Parkplatz vor der Stadt und mehrere Wasserzapfstellen (z.B. vor der Burg, wo sich Parkplatzzufahrt und Weg zur Stadt gabeln). Besonders gefällt uns die Kirche S. Maria an der Piazza del Pretorio. Neben einigen Fresken bestaunen wir einen tausend Jahre alten, marmornen Altarbaldachin. Mit dieser Kirche kann der ehemals bischöfliche Dom am Westende des Städtchens nicht mithalten.

In Sovana wurde der spätere Papst Gregor VII unter dem Namen Ildebrando geboren. Dieser steht in den Geschichtsbüchern, weil er beim Kampf um die Vormachtstellung kirchlicher oder weltlicher Macht den deutschen Kaiser Heinrich IV vor Canossa büßen ließ. Sein Name mußte auch herhalten für das berühmteste, größte und interessanteste Etruskergrab in der Umgebung Sovanas, die **Tomba Ildebranda** (etwas 200 v. Chr.). Ich versuche vergeblich, den Rest der Familie zu der von H. Dumler (siehe Stichwörter: "Literatur" oder "Wandern") beschriebenen, knapp 3-stündigen Wanderung zu den bekanntesten Gräbern zu überreden. Zu sehr habe ich unseren Töchtern schon den Wasserfall von Saturnia schmackhaft gemacht, und zu heiß ist es heute. Ich werde die Rundwanderung nachholen, die man auch anhand der großen Karte am Ortseingang von Sovana oder der im Dorf zu kaufenden Spezialliteratur planen kann. Ich werde dann auch die 15 m im Tuff liegende Etruskerstraße Cavone (am Parkplatz bei der Tomba Ildebranda) durchqueren. Irgendwann werde ich auch zu den aus Gräbern umgestalteten christlichen Kirchen - gleich hinter dem Straßentunnel rechts - hinaufklettern. Für heute aber bleibt es bei einem Aufstieg zum Hildebrandsgrab vom nahen Parkplatz, den man ca. 1 km westlich von Sovana kurz nach einer kleinen Brücke gut beschildert findet. Von den ehemals zwölf Säulen steht noch eine, an der man, wie auch an der gegenüberliegenden Wand, erkennen kann, daß der Grabtempel früher verputzt und bemalt gewesen sein muß. Seitlich der tief unten liegenden und für eine "Person" vorbereiteten Grabkammer wurde im Jahre 1974 eine weitere, völlig unangetastete und dreiseitig mit Totenbetten ausgestattete Kammer entdeckt. Die in der südlichen Toskana und im nördlichen Latium sehr aktiven und wohl auch erfolgreichen "Tombaroli" (Grabräuber) haben sie übersehen. Auf jene warten aber eine Menge anderer noch nicht ausgebuddelter Gräberfelder, inzwischen zum Glück auch saftige Strafen und bei Sovana sogar giftige Vipern (näheres unter dem Stichwort "Schlangen").

Zum **Wasserfall von Saturnia** sind es nur noch 28 km westwärts. Der Karte haben wir entnommen, daß wir nicht nach Saturnia selbst fahren dürfen, auch nicht zur südlich davon liegenden "Terme", wo ein Hotel unverschämt hohen Badeeintritt fordert, sondern daran vorbei noch 1,5 km weiter zur "Cascate del Mulino". Zunächst sind wir enttäuscht, denn schon oben an der Durchgangsstraße parken die ersten Wohnmobile. Aber nach einer Erkundung zu Fuß auf den 150 Metern des Zufahrtssträßchens (das in jüngster Zeit in sehr schlechtem, löchrigen Zustand ist) erkenne ich zu meiner Freude unten auf der kleinen, ebenen Fläche neben den Badebecken ein freies Plätzchen (Foto beim Stichwort "Freies Camping"). Wir sind begeistert: Das im Thermalbad mit 37,5 Grad aus der Erde gequollene, letztendlich noch auf die Vulkantätigkeit des Monte Amiata zurückzuführende Schwefelwasser ist bis zum nächsten Steilhang geströmt, wo es dann mit gewaltiger Gischt zuerst zahlreiche mehr oder weniger tiefe Badebecken füllt, um dann nach einer zweiten Kaskade in einem Bach zu enden. Gedanken an das türkische Pamukkale werden wach, nur gibt es in Saturnia mehr Wasser, das auf seinem Weg hierher kaum abkühlt und auch im Frühsommer am Abend den ganzen Hang dampfen läßt. Das totale Badevergnügen! Wir können kaum noch aus dem badewasserwarmen Wasser aussteigen, dessen bakterielle Reinheit im Gegensatz zur grundsätzlichen Körperwirksamkeit jedoch umstritten ist. Der leicht faulige Geruch hat damit allerdings nichts zu tun, er kommt vom Schwefel, an ihn gewöhnt man sich recht bald. Hier bleiben wir natürlich für den Rest des Tages, allein schon, um uns in der Dämmerung nochmals in die dampfenden Gumpen zu legen. Es ist auch keine Übertreibung, wenn ich Ihnen erzähle, daß das Rauschen und Tosen der Wassermassen vom Gesang einer Nachtigall übertönt wird, bevor plötzlich vor südtoskanischen Hügeln Hunderte von Glühwürmchen ihre Blinklichter anknipsen.

"Cascate" von Saturnia

Wer Pech hat, kann davon aber nur träumen, denn die Reize des Wasserfalls haben sich herumgesprochen. Unten ist Platz für vielleicht 8, an der Zufahrtsstraße nochmals für 10 bis 15 Wohnmobile. Dann dürfte aber fast kein Pkw mehr dort parken. Eine Illusion, da auch die Einheimischen mit viel Freude vor allem abends hier baden. Am besten kommt man morgens zwischen 10,oo und 11,oo oder abends gegen 20,oo Uhr; am Samstag und Sonntag hofft nur der unverbesserliche Optimist auf eine Stellplatzlücke. Ich darf aber auch weitere Nachteile nicht verheimlichen: Der kleine Parkplatz ist nicht der sauberste. An mehreren Stellen führen kleine Pfade ins Gebüsch, und manch einer hat es selbst bis dorthin nicht mehr geschafft. Dabei könnte man sogar die Toilette der Kneipe benutzen; anläßlich eines Cappuccinos, eines Faßbieres oder einer kurzen Mahlzeit. Ansonsten gibt es hier keine weiteren Ver- oder Entsorgungsmöglichkeiten. Und genau deswegen müssen wir am nächsten Morgen weiterfahren. Wir haben einen wohnmobilistischen Kardinalfehler begangen: Wir haben nicht genug eingekauft und den Wassertank nicht gefüllt. Und wer bei den Wasserfällen abreist, hat sein Stellplatzrecht verwirkt! Also machen Sie es besser und bleiben Sie wenigstens zwei Tage; spätestens an der nahen Küste werden Sie ein zu kurzes Verweilen bedauern.

Wasser kann man oben in **Saturnia** fassen, rechts am Ortseingang an der Hauswand hinter dem kleinen schattigen Park. Dort, sowie auf dem großen Feld ein paar Meter weiter, nächtigen Camper, die bei der "Cascate" keinen Platz mehr bekommen haben und in Wartestellung lauern. Das Dorf selbst ist zwar sehr alt, aber trotzdem nicht interessant und darf von Wohnmobilen ab dem genannten Park nicht befahren werden.

Bei allen Badefreuden darf man die Kultur nicht vergessen. Nördlich des Dorfes kann man - beschilderte - Etruskergräber erwandern, die hier nicht tief in den Tuff, sondern flach in das härtere Travertin gehauen und dafür mit Steinplatten abgedeckt worden sind.

Wir hätten länger in dieser Gegend bleiben und uns noch mehr für die Grabstätten und die Kultur der Etrusker interessieren, wir hätten zu diesem Zweck noch die Ausgrabungen im südlichen Vulci oder in Tarquinia - beides in Latium - besuchen sollen. Statt dessen erliegen wir wieder einmal den Verlockungen der nahen Küste, wir geben den Wünschen unserer Kinder auf Strand und Meer nach und handeln uns damit eine Menge an Enttäuschungen ein.

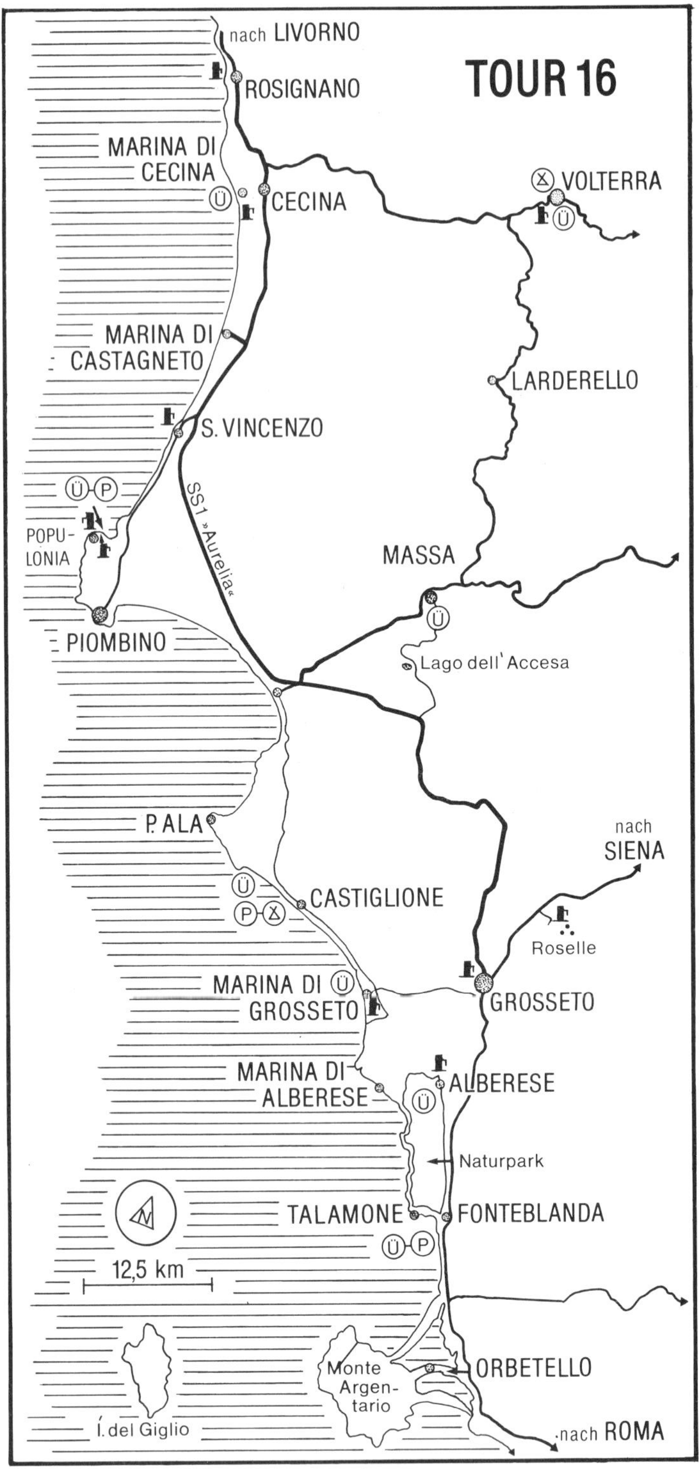
TOUR 16
nach LIVORNO
ROSIGNANO
MARINA DI CECINA
CECINA
VOLTERRA
MARINA DI CASTAGNETO
LARDERELLO
S. VINCENZO
SS1 »Aurelia«
POPULONIA
MASSA
PIOMBINO
Lago dell' Accesa
P. ALA
nach SIENA
CASTIGLIONE
Roselle
MARINA DI GROSSETO
GROSSETO
MARINA DI ALBERESE
ALBERESE
Naturpark
TALAMONE
FONTEBLANDA
12,5 km
Monte Argentario
ORBETELLO
I. del Giglio
nach ROMA

Tour 16: Die südliche Küste, ein fast schon trauriges Kapitel

Orbetello - Monte Argentario - Talamone - Alberese - Roselle - Castiglione d. Pescaia - Populonia - San Vincenzo Marina di Cecina

Übernachten:	Südlich von Fonteblanda; in Alberese; bei Castiglione d. Pescaia; mehrere Stellplätze am Golf von Baratti; bei Marina di Cecina; Campingplatz bei Castiglione della Pescaia
Besichtigen:	Ausgrabungen von Roselle; Etruskergräber bei Populonia; das Dorf Populonia
Wandern:	Im Naturpark von Maremma
Essen:	"Pizzeria - Trattoria" in Fonteblanda

In meiner Funktion als Reiseführerautor habe ich eine zwiespältige Aufgabe: Sie wahrheitsgemäß zu informieren und trotzdem positiv zu stimmen. So gesehen wäre es mir am liebsten, in der Toskana gäbe es gar kein Meer. Da ich aber weder die Welt erschaffen, noch die Grenzen des ehemaligen Großherzogtums gezogen, mich aber dennoch zu diesem Reiseführer entschlossen habe, mußte ich mit dem Gedanken liebäugeln, die Küste literarisch einfach zu unterschlagen. Das tue ich aber schon mit den Inseln, also mußte diese 16. Tour sein, und zwar in der Hochsaison. Denn um die Küste auch mal in dieser Zeit kennenzulernen sind wir dort ganz bewußt im letzten August für ein paar Tage auf Stellplatzsuche gegangen. Meine Familie nimmt mir dieses heute noch übel.

Am besten blättern Sie an dieser Stelle erstmal nach hinten in den allgemeinen Teil dieses Buches zu meinen Warnungen unter den Stichwörtern "Strände/Bademöglichkeiten". Danach sollten Sie sehr sorgfältig überlegen, ob Sie sich wirklich dem Frust der Küste aussetzen. Der bleibt nämlich nicht aus, auch wenn ich mich bemühe, sie an die wenigen schönen Meeresplätze südlich von Livorno zu führen. Ich weiß dabei, daß fast jeder Reisemobilist irgendwann in der Toskana die salzige Meeresluft schnuppern möchte und beschreibe Ihnen daher den Küstenabschnitt möglichst genau. Zumal wir nördlich von Livorno nur *ein* in Maßen sehenswertes Plätzchen kennen, an dem wir bei der ersten Tour gebadet haben.

Die Gestade der südlichen Küste steuern wir auf der SS 74 von Osten kommend an. Schon lange bevor wir das Meer überhaupt erahnen, verbietet uns ein unübersehbares Schild die Nacht in WOMO, Zelt oder Wohnwagen außerhalb der Zeltplätze an der Lagune von **Orbetello**. Dabei könnte das Fremdenverkehrsamt froh sein, wenn wir freiwillig am Ufer des stehenden Gewässers unser Blut den Schwärmen von Moskitos preisgeben und dennoch unsere Lirestücke in den Kassen der Geschäfte klimpern lassen würden! So ähnlich wie hier muß es noch in den ersten Jahren dieses Jahrhunderts gewesen sein, als die Maremma - so heißt das Land hinter dem Meer - noch malariaverseucht war. Denn seit dem Aussterben der Etrusker, die ausgezeichnete Wassertechniker gewesen sein müssen, funktionierte die Trockenlegung der Sümpfe nicht mehr, und ein ausgedehnter Landstrich wurde unbewohnbar. Über fehlende Menschen kann sich heute an der Küste niemand beklagen. Ganz im Gegenteil! Nur im Hinterland fährt man noch durch Gebiete ohne nennenswerte Besiedlung. Aber wer will dort schon Urlaubstage verbringen?

So strömt man fast zwangsläufig auf einer der schmalen Landzungen von Orbetello zum **Monte Argentario** und erlebt eine weitere Enttäuschung: So schön die rund um den Halbinselberg verlaufende Panoramastraße ist (für WOMO's oberhalb der Kleinbusklasse zum Teil etwas schwierig befahrbar), so ernüchternd ist die Suche nach einem Badeplatz. Es gibt nur eine einzige kleine Felsbucht, zu der man noch ein Stück hinabsteigen muß. Ansonsten findet man entweder keinen Zugang zur Küste oder dieser wurde von reichen Zweitwohnungsbesitzern eingezäunt.

Deutlich gefrustet fahren wir auf der vierspurigen Via Aurelia, der SS 1 nach Norden. Proppenvolle Campingplätze sind nun zwischen Straße und Meer gequetscht. Wie stark muß für deren Bewohner die Sehnsucht nach Meer und Strandleben sein, daß sie die Lastwagen fast durch's Vorzelt donnern lassen? Dann ein erster Lichtblick: Etwa 4 km südlich von **Fonteblanda** und unmittelbar südlich der Agip-Tankstelle zweigt ein kleines Sträßchen zum Meer ab, das zugleich Zufahrt eines weiteren Zeltplatzes ist. Direkt vor dem Pinienwaldgürtel, der sich vielerorts *noch* (das Piniensterben hat schon eingesetzt) zwischen Meer und Straße entlangzieht, sind zwei größere Parkplätze angelegt. Hier stehen sie schon, die Wohnmobile in Reih' und Glied, und schnell steht unseres daneben. Wir packen die Wertsachen in die Strandtasche, schalten die Alarmanlage ein und verleben zwei zufriedene Badestunden am 150 m entfernten Strand. Schade, daß am Tage (nachts wird ohnehin eine Kette vorgeschlossen) nur Pkw's an den Parkplätzen vorbei in den Pinienwald fahren dürfen. Wohnmobilen gebietet ein 2 m hoher Querbalken Halt (wohlgemerkt: *nicht* auf den beiden Parkplätzen). Als ob Pkw-Urlauber, die hier den ganzen Tag verbringen, nicht in den Wald sch.... würden! Aber die Verantwortlichen vor Ort rekrutieren sich wohl nicht nur aus Dummköpfen, die von Chemieklos noch nie etwas gehört haben. Wir können ihre Erfahrungen mit Wohnmobilreisenden nur aus der Existenz dieses Holzbalkens erahnen.

Am Abend ergattern wir in unter den Arkaden der **"Pizzeria-Trattoria"** von Fonteblanda an der unteren Schmalseite des Marktplatzes den letzten freien Tisch. Wir genießen ein überraschend gutes Essen mit knackigen Pizzas und schwitzen bei kühlem Faßbier den Tag aus. Im Dunkeln reihen wir uns auf dem erwähnten Parkplatz vor den Pinien wieder ein und genehmigen uns im Schein der Petroleumlampe ein letztes Gläschen Wein. Derart gestimmt können wir uns mit diesem kleinen Teil der Küste fast anfreunden. Bestünde nur der ständige Geräuschpegel aus dem Zirpen der Zikaden und nicht aus dem Brummen des Verkehrs auf der nahen Via Aurelia!

Am Morgen darauf überzeugen wir uns, daß es auch noch schöne Küstendörfer gibt. Nur offiziell dürfen wir davon nichts wissen, denn Wohnmobilen ist sogar das Parken in **Talamone** verboten.

Recht schnell starten wir deshalb wieder auf unserem Weg nach Norden. Eine kleine *Wanderung* im **Naturpark von Maremma** wird innerfamiliär heiß diskutiert. Eine Entscheidung braucht nicht zu fallen, denn man darf das Gebiet der Monti dell' Uccellina nur mittwochs, samstags und sonntags betreten. Freunde, die an diesen Tagen hier weilten, waren recht angetan und haben eine Menge von seltenen Wasservögeln gesehen. Es werden verschiedene Wanderrouten angeboten, wobei man Genaueres am Informationskiosk in **Alberese** auch auf deutschsprachigen Broschüren erfahren kann. Dort gibt es auch die notwendigen Eintrittskarten. Bei rechtzeitiger Anmeldung kann man im Sommer sogar mit einem Kanu den Ombrone abwärts paddeln. Auch Pferdefreunde kommen bei einem Ausritt im Naturpark auf ihre Kosten, die entsprechende "Azienda" liegt nördlich von Alberese. Wir sind an einem Dienstag hier und können daher nur vom Höhrensagen berichten.

Aber ein *Schlafplätzchen* für die Nacht vor dem Naturparkausflug dürfen wir empfehlen: Mitten in Alberese sieht man im westlichen Teil einen Wegweiser zu einer Picknick-Stelle. Fährt man die Straße ein paar Meter hinein, kann man in Ruhe Kraft für die Taten des nächsten Tages sammeln.

Wer Gleiches am angeblich unberührten Strand von Marina di Alberese tun möchte, hat Pech. Wohnmobile dürfen dort nicht einmal hinfahren.

Angesichts dieser traurigen Erkenntnis verabschieden wir uns für zwei Stunden von der Küste und klettern nördlich von Grosseto in den Ausgrabungen von **Roselle** herum. Man braucht gar nicht viel Fantasie, um sich auf den bestens erhaltenen Pflastersteinen 2000 Jahre alter Straßen in eine römische Provinzstadt zurückzuversetzen. Die Archäologen haben uns auch sehr anschaulich dargestellt, wie die Römer die Reste der etruskischen Ansiedlung einfach überbaut haben. Und wenn der Blick von der leichten Anhöhe hinunter in die Ebene schweift, weiß man auch, warum sich gerade hier die alten Völker eine Stadt gebaut haben.

Römisches Pflaster bei Roselle

Später finden wir über Grosseto wieder den Weg zurück zur Küste. Kurz vor Marina di Grosseto wurde an der Straße nach Principina a Mare eine Reisemobil-Entsorgungsstation mit Wasserhahn eingerichtet. Man sorgt also für uns. Nur übernachten dürfen wir auch hier nirgends. Nördlich von Marina di Grosseto käme ein Parkplatz in Strandnähe durchaus in Betracht, aber ein Schild verbietet das Parken zwischen 21,oo und 9,oo Uhr. Viele Italiener übersehen das einfach. Die - uns unbekannten - polizeilichen Folgen solchen Frevels scheinen nicht so schlimm zu sein, oder gar gänzlich auszubleiben.

Unsere Hoffnungen auf eine weitere Nacht am Meer schwinden. Doch zu unserem Erstaunen finden wir 600 m westlich von **Castiglione della Pescia**, einem noch erträglichen Städtchen, seitlich der Küstenstraße und direkt am Strand (beim Hotel "Le Dune") einen größeren, sandigen Parkplatz ohne jedes Verbotsschild. Zwar auch ohne jede Atmosphäre und nahe der Straße, zum schlafen aber gleichwohl nicht ungeeignet und zum baden - für toskanische Verhältnisse - fast ideal. Auch 3 km weiter am Ende der westwärts abbiegenden Sackstraße treffen wir am nächsten Tag auf große Parkplätze, auch hier gilt Nachtparkverbot, auch hier hält sich niemand daran.

Castiglione della Pescaia

Es fehlt aber immer noch eine Stelle, an der wir ein paar Tage bleiben können, wo etwas Gemütlichkeit aufkommt. Dieses Plätzchen haben wir an der ganzen Küste nicht gefunden. Fast nicht! Denn nachdem wir mit leichtem Schaudern anderen *Campingplätzen* den Rücken gekehrt haben, mieten wir uns 2 km nordwestlich von Castiglione auf dem "Camping Maremma Sans-Souci" ein, wo es in den Pfingstferien noch Platz gibt (im Juli und August findet man auf den am Meer gelegenen Plätzen ohne Voranmeldung keinen Einlaß). Man hat sich hier wirklich Mühe gegeben, fast jeden Stellplatz durch Büsche abzuschirmen, so daß man hier auch nicht näher untersuchen muß, ob nun der Nachbar oder der eigene Ehegatte so schrecklich schnarcht. Wer ein paar geruhsame Badetage erleben, auch mal auf seiner Liege dösen oder die Kinder unbeaufsichtigt herumstreunen lassen will, hat an der Toskanaküste zum Campingplatz keine Alternative. Und wenn schon, dann "Sans-Souci". Das heißt "Ohne-Sorgen". Damit Ihnen diese erspart bleiben, rufen Sie in der Saison rechtzeitig vorher an: Tel. 0564/933765. Diesen Rat gebe ich nur ungern, denn ich bin kein Freund der Zeltplätze. Aber hier haben wir unsere schönste Zeit am toskanischen Meer verbracht. Trotz des hohen Preises von über 40 DM pro Nacht.

Den weiteren Küstenabschnitt bis Piombino kann man vergessen! Punta Ala ist eine unattraktive aus dem Boden gezauberte Ansiedlung für bessergestellte Hotel- und Appartementurlauber. Die Gegend bei Follonica habe ich schon bei der 11. Tour als "potthäßlich" beschrieben. Daran ändert sich bis zu den Industrieansiedlungen von Piombino auch nichts mehr.

Aber dann wird es besser, sogar richtig empfehlenswert; es folgt die eindeutig schönste Stelle zwischen Carrara und Rom, der **Golf von Baratti** und das auf einem hohen Hügel liegende **Populonia**. Schon die Etrusker siedelten in der malerischen Sandbucht, hinter der ein Piniengürtel Schatten spendet.

Am Golf von Baratti bei Populonia

Wir parken unser Auto auf einem der vier leider in der Sonne liegenden Parkplätze (die sonn- und feiertags gebührenpflichtig sind), tragen die Badematten ans Meer und freuen uns über einen überraschend leeren Strand. Nach ausgiebigem Badevergnügen haben wir Lust, uns das kleine Ausgrabungsgelände seitlich der Straße anzusehen. Die Gräber wurden dort fast zufällig entdeckt, als man vor allem in der Zeit zwischen den beiden Weltkriegen eine antike Schlackenhalde noch einmal ausgebeutet hat. Etrusker und später Römer hatten hier früher mit Hilfe von Holzkohle Eisen- und Kupfererze verhüttet, wobei wegen der primitiven Methoden höchstens 50 Prozent des Erzes aus dem Gestein herausgelöst werden konnten. Der Rest wanderte auf die Halde, und diese bedeckte schließlich auch die Gräber und war ein, wenn auch bescheidenes Rohstoffreservoir. Wir heben die merkwürdig leichten Steine vom Boden auf und können in der Schlacke noch heute das Metall glitzern sehen. Das Gräberfeld des einstmals bedeutendsten Industriezentrums von Etrurien ist von 9,oo bis 19,oo Uhr geöffnet, ein Wärter führt uns dort zu den einzelnen Grabstätten.

Danach fahren wir hoch in das heutige Populonia und bestaunen vom Turm der alten Festung (Kinder an die Hand!) eine prächtige Rundsicht auf den schönsten Toskanaküstenabschnitt und auf die Insel Elba.

In Populonia

Nur die vielen Stellplätze unten könnten gemütlicher sein, es sind eben Parkplätze, auf denen die Wohnmobile in langen Reihen am Rande der Straße stehen. Wer dichter am Wasser nächtigen will, mißachtet entweder das WOMO-Parkverbot auf dem kleinen Platz östlich der Pinien oder fährt direkt am Hafen vorbei und auf das dortige Restaurant zu. Links davon führt ein Weg zu einem weiteren Parkplatz unmittelbar am Wasser. Haben Sie keine Angst, wenn die Straße eng wird, man kann auf jeden Fall später wenden. Einziger Nachteil: Hier gibt es keinen Sandstrand mehr, dafür zackige Felsen mit mäßigen Bademöglichkeiten. Als aber am Abend die Tagesausflügler auf dem Heimweg sind, stellen wir sogar die Klappstühle an die Klippen und genießen das Rauschen der Brandung. Denn morgen Abend, so fürchten wir, werden wir ein solch erfreuliches Plätzchen nicht wieder finden.

Genauso ist es auch! Dabei wollten wir den nächsten Tag mit einem weiteren toskanischen Höhepunkt krönen und im Restaurant "Gambero Rosso" in **San Vincenzo**, einem der besten italienischen Lokale, einkehren. Wir machen aber die Rechnung ohne den Wirt. Der nämlich bedeutet uns bei meiner persönlichen (!) Reservierungsvorsprache am Nachmittag, er habe zwar noch einen Tisch und halte diesen auch gerne für uns frei. Nur müsse er zur Sicherheit telefonisch die Reservierung in unserem Hotel bestätigen. Dieses hat aber vier Räder und keinen Fernsprecher. Wir diskutieren hin und her mit dem Ergebnis: Die Reservierung ist nicht möglich. Soll ich zur Sicherheit, daß unser Tisch nicht unbesetzt bleibt, eine Kaution anbieten? Nein danke! Wir verzichten lieber und sind um eine Erfahrung wohnmobilfeindlicher Praktiken reicher.

Mit dem Stellplatz in der Nähe der mondänen Badestadt wäre es ohnehin schwierig geworden, also suchen wir einen solchen weiter nordwärts bei Marina di Castagneto. Niente! Wollen Sie sich das mobile Reisen abgewöhnen? Dann verbringen Sie im Chaos des dortigen Pinienwaldes eine Augustwoche! Es darf aber auch Marina di Bibbona sein. Das Grauen befällt uns gleichermaßen, und Besseres als laute Parkplätze ist ohnehin nicht zu finden (außerhalb der Hauptsaison ist der Campingplatz CCC, Camping Casa di Cacia, einer der schönsten Küstenplätze, zu empfehlen).

Reichlich enttäuscht erinnern wir uns an eine Urlaubsnacht vor zwei Jahren am Strand von **Marina di Cecina**. Aber das kleine Küstensträßchen zwischen Strand und Pinien nach Vada ist inzwischen gesperrt und damit auch die dortigen Stellplatzmöglichkeiten. Eine Notlösung wäre noch der große Parkplatz (an der Kreuzung etwa 1 km nördlich des Flusses meerwärts abbiegen, der Platz liegt dann rechts vor den Pinien). Uns fällt ein, daß die Gemeinde Cecina sogar in deutschen Zeitungen mit der Installation eines Übernachtungsplatzes für Wohnmobile geworben hat, und wir suchen diesen. Wir fahren den Schildern zum "Camper Service" hinterher und stehen am Ende im freien Feld auf einem Stück Asphalt und 600 m vom Strand entfernt. Unser wohnmobiler Nachbar zur Rechten ist 2 m entfernt und das linke Klappfenster können wir gar nicht aufstellen, ohne mit dem des Kollegen auf der anderen Seite ins Gehege zu kommen. Den Leuten - vorwiegend Italienern - gefällt es trotzdem, sie verleben hier die "schönsten Tage des Jahres". Immerhin gibt es Wasser und eine Abwasser- und Fäkaltank-Entsorgungsanlage (wie auch auf dem noch häßlicheren "offiziellen" WOMO-Platz in Rosignano weiter nördlich).

Eigentlich wollten wir morgen die Heimreise beginnen. *So* darf uns aber die Toskana nicht in Erinnerung bleiben! Wir wissen, daß es an der Steilküste zwischen Castiglioncello und Livorno sowieso keine Stellplätze mehr gibt, und steuern daher am nächsten Tag im Landesinneren Volterra (siehe Tour 11) an.

Dort sitzen wir am Abend wieder auf dem Mäuerchen des schönsten städtischen Park- und Übernachtungsplatzes, wir trinken einen guten Wein und sehen zu, wie ein roter Sonnenball hinter den bizarren Hügeln untergeht. Vom Tal kriecht langsam die Kühle der Nacht unter unsere Hemden, und als uns später im Bett eine letzte Grille ein Nachtlied singt, sind wir uns einig: Die Küste kann uns die echte Toskana nicht verderben. Wir werden wiederkommen und auch im nächsten Jahr zufrieden nach Hause fahren.

Allgemeine Tips für die gesamte Toskana

Campingplätze

Diese sind, von der Küste einmal abgesehen, in der Toskana rar, relativ gut besucht und in Florenz, Siena und Pisa für Wohnmobile häufig wegen Überfüllung geschlossen. Außerdem sind die Campingplätze teuer. Einer Familie mit zwei Erwachsenen, zwei Kindern und einem Wohnmobil zieht man pro Nacht gut und gerne umgerechnet 40,-- DM aus der Tasche. Gerade in der Toskana kann man angesichts der vielfältigen freien Stellplatzmöglichkeiten wirklich auf diesen Aderlaß sowie die - häufig mittels eines Merkblattes in die Hand gedrückten - Campingplatzregeln verzichten, die sowieso das meiste von dem verbieten, was man sich vorgestellt hat, als man zum ersten Mal über "Camping" nachgedacht hat. Hinzu kommt, daß die Plätze oft nur in der Hauptsaison geöffnet sind, so daß wir bisweilen sogar noch in den Pfingstferien vor verschlossenen Toren standen.

Ein Verzeichnis sämtlicher Campingplätze gibt es - wenn man Glück hat - bei den *staatlichen Fremdenverkehrsämtern ENIT*, deren Adressen wir unter der Überschrift "Fremdenverkehrsbüros" nennen, oder man schreibt die *Federazione Italiana del Campeggio, Via Vittorio Emanuelle 11, 50041 Calenzano* an. Die deutschen Campingführer kommen natürlich auch in Frage, dort sind aber relativ viele, schön gelegene Plätze nicht erwähnt. Wer auf Campingplätze nicht verzichten kann, sollte rechtzeitig vor der Reise die beiden vorgenannten Adressen anschreiben.

Diebstahl

Laufen Sie einmal in einer italienischen Stadt an geparkten Autos vorbei, Sie werden darin kein Radio und erst recht keinen Kassettenrecorder entdecken. Diese werden nämlich von ihren Besitzern aus den Halterungen gezogen und zum Stadtbummel, und natürlich erst recht nach Hause mitgenommen. Genau dasselbe sollten Sie auch tun, wobei die Mitnahme durch ein gutes Versteck im WOMO ersetzt werden muß. Aber bitte nicht unter der Matratze oder hinter den Hemden im Schrank! Die meisten moderneren Autoradios lassen sich so einbauen, daß man sie ohne Fummelei an den Kabeln mit einem Handgriff aus der Halterung ziehen kann. Und wenn Sie noch ein älteres Modell besitzen, sollten Sie zu Hause in Ruhe den Aus- und Einbau proben oder sich erklären lassen. Wenn dann Ihr WOMO in einer Stadt ohne Radio geparkt wird, vermindern Sie das Einbruchsrisiko beträchtlich, denn das Kassettenradio gehört zu den beliebtesten Objekten italienischer Autoknacker.

In der Toskana muß man also auf der Hut sein. Auf dem Lande passiert zwar so gut wie nie etwas, aber in den großen Städten, vor allem in Pisa und Florenz sowie an den Stränden, wird Sorglosigkeit mit nicht geringer Wahrscheinlichkeit bestraft. Wir haben in dieser Richtung schon viele leidvollen Geschichten mitangehört, ohne jedoch jemals selbst Opfer geworden zu sein. Wir sorgen auch vor: Eine Alarmanlage kann sicher keinen umfassenden Schutz bieten, sie hilft aber doch beträchtlich. Nur darf man nicht das herkömmliche Signalhorn benutzen, sondern muß sich an versteckter Stelle eine zusätzliche Hupe einbauen. Es gibt Situationen, in denen man nicht weit vom Wohnmobil entfernt ist und schon deshalb das Alarmhupen hören kann, beispielsweise am Strand oder in der Kneipe. Die Alarmanlage leistet auch wertvolle Dienste, wenn das Auto auf einem bewachten Parkplatz steht, immerhin wird darüber dann der Wächter aufmerksam. Oder auch, wenn andere Wohnmobile in der Nähe parken, denn irgendwo sitzt gerade eine Familie beim Kaffee, oder sie macht ein Nickerchen. Sinnvoll ist es ferner, in der Nähe einer italienischen Café-Bar zu parken und den Wirt um Aufmerksamkeit zu bitten. Aber all diese Alternativen bieten nur Aussicht auf Erfolg, wenn man eine Alarmanlage hat, die auch funktioniert (ab und zu an entlegener Stelle ausprobieren).

In Florenz, Pisa und an der Küste, möglichst auch in den anderen Städten, sollte man das WOMO nie an einer abgelegenen, unbeobachteten Stelle parken. In größeren Städten suchen wir deshalb immer bewachte Parkplätze. Wir klappen auch die Einstiegsstufe heraus und ziehen alle Vorhänge zu, dann weiß der Dieb nicht, was ihn erwartet.

Beugen Sie auch für den Fall der Fälle vor: Verstecken Sie Geld und Schecks dort, wo es niemand vermutet, also beispielsweise lieber in der Packung mit den Kaffeefiltern als unter dem vielzitierten Kopfkissen. Ich traue auch nicht den fest einbaubaren Wohnmobil-Tresoren, vielleicht zu Unrecht. Tragen Sie in größeren Städten Ihre Ausweise, Scheck- und Kreditkarten, die Handtasche und die Fotoausrüstung immer - also auch abends in der Kneipe - mit sich herum. Denken Sie dabei aber auch an die Taschendiebe und die Bösewichte, die Ihnen in Florenz oder Pisa vom vorbeifahrenden Motorrad die Tasche vom Arm reißen (also immer an der straßenabgewandten Seite tragen und irgendwie festhalten). Am besten aber lassen Sie Ihre Wertsachen zu Hause.

Wenn das Schicksal Sie eines Tages doch ereilt, wünsche ich Ihnen eine Reisegepäckversicherung (die auch zahlt!) und etwas Kleingeld in der Tasche. Denn nach langem Warten im Polizeirevier wird Ihnen ein mürrischer Polizist erklären, daß Sie erst im Tabakgeschäft eine Gebührenmarke kaufen und sich dann wieder anstellen müssen, ehe man Ihre Anzeige, die Sie wegen des Fahrzeugschadens allein schon für die Teilkaskoversicherung dringend brauchen, aufnimmt.

Daß Sie mich aber nicht falsch verstehen: In punkto Übernachtungssicherheit habe ich außer der jahrealten Geschichte vom sogenannten "Liebespaarmörder von Florenz" noch nie irgend etwas Nachteiliges gehört oder gar selbst erlebt. Ich würde mich in keinem Moment darüber wundern, wenn das geparkte Auto geknackt wäre, beim freien Übernachten aber fühle ich mich in der Toskana genauso sicher wie anderswo.

Freies Camping

Die Gretchenfrage lautet immer: Darf ich oder darf ich nicht? Am liebsten würde ich Ihnen die Frage gar nicht beantworten, denn die Rechtmäßigkeit oder Unrechtmäßigkeit einer Nacht auf freiem Stellplatz stellt sich in der toskanischen Praxis nie. Entweder kann (der berühmte Balken in 2 m Höhe) man an einen bestimmten Ort gar nicht fahren, oder es gibt keine Probleme. In keinem europäischen Land haben wir jemals so viele Wohnmobilisten frei nächtigen sehen wie in Italien. Das Wohnmobil ist gerade bei Norditalienern außerordentlich beliebt, überall sieht man in den städtischen Vororte geparkte WOMO's in den Seitenstraßen. Und auf den meisten Stellplätzen, die wir in diesem Buch beschreiben, waren die Italiener, so überhaupt andere Wohnmobile dort standen, in der Überzahl. Italienische Reisemobilisten gehen nur selten auf den Campingplatz. Wo also eine große Stellplatznachfrage ist, kann das freie Camping kaum erschwert sein, denn die Bedürfnisse eines Volkes bestimmen auch den Inhalt seiner Gesetze. Wir wurden noch nie bei der freien Übernachtung schräg angeschaut, belästigt oder gar verscheucht.

Muß ich die eingangs gestellte Frage überhaupt noch beantworten? Wenn es Sie beruhigt: Das freie Übernachten ist grundsätzlich erlaubt, solange es nicht durch Schilder (zumeist Parkverbotsschilder mit entsprechendem Zusatz) verboten ist. Viele Verbotstafeln locken Italienern nur ein müdes Lächeln ab und werden rundweg ignoriert. Wenn lediglich "Camping" untersagt ist, meint man damit nicht Ihr WOMO, sondern ein Zelt, höchstens noch einen Wohnwagen.

Es gibt inzwischen auch einige Gemeinden, die spezielle Wohnmobil-Übernachtungsplätze eingerichtet haben (beispielsweise in Montepulciano, Marina di Cecina oder Rosignano).

Teilweise, so in Lucca haben wir jedoch den offiziellen Übernachtungsplatz nicht gefunden. Es ist anzunehmen, daß sich die Anzahl der wohnmobilfreundlichen Gemeinden ständig erhöht. Die Schilderungen schöner Stellplätze im Reiseteil unseres Buches werden durch die Einrichtung offizieller Übernachtungsplätze nicht unaktuell, denn die von den Bürgermeistern zugewiesenen Stellen sind, soweit wir dies überprüfen konnten, ausnahmslos eher häßlich oder verkehrsungünstig gelegen.

Gelegentlich haben wir bei den örtlichen Fremdenverkehrsbüros nach einem Übernachtungsplatz gefragt. Sofern man uns dort überhaupt Auskunft geben konnte, wurde uns auffälligerweise in verschiedenen Städten eine Stelle genannt, an der wir aufgrund eines "Camping"-Verbotsschildes das Übernachten für unrechtmäßig gehalten, uns aber darüber gewundert haben, daß dieses Schild nicht die italienischen Wohnmobilfahrer gestört hat.

Park- oder Übernachtungsverbotsschilder für Wohnmobile sind im Landesinneren der Toskana sehr selten, an der Küste aber allgegenwärtig. Vor allem in Form von Schildern, die das Parken eines Wohnmobils während der Nacht (meistens zwischen 21,oo und 9,oo Uhr) verbieten. Wir haben an solchen Stellen nur höchst selten genächtigt, dabei aber auch nie Ärger bekommen.

Wir fassen zusammen: Von der Küste abgesehen ist das freie Übernachten so unproblematisch wie in keinem anderen, von uns bisher bereisten Land. Trotzdem wollen wir an dieser Stelle darauf hinweisen, daß weder Verlag noch Autor die Gewähr dafür übernehmen, daß Sie an den in diesem Buch geschilderten Stellen legal oder unbehelligt die Nacht verbringen können.

Bei der "Cascate" von Saturnia

Fremdenverkehrsbüros

Wer sich vor der Reise von den *staatlichen* Fremdenverkehrsbüros Material schicken lassen will, muß folgende Adressen anschreiben:

Kaiserstr. 65, 6000 Frankfurt/M., Tel. 069-231213
Goethestr. 20, 8000 München 2, Tel. 089-530369
Uraniastr. 32, 6900 Zürich, Tel. 01-2113633
Kärntnerring 4, 1010 Wien, Tel. 0333-654374

Nach unseren Erfahrungen wird allerdings nicht viel dabei herauskommen. Besser ist es dann schon, man läßt sich von den *regionalen* Fremdenverkehrsämtern (EPT)

52100 Arezzo, Piazza Risorgimento 16, Tel. 0575-20839
54033 Carrara, Piazza 2 giugno 14, Tel. 0585-70894
50121 Florenz, Via Manzoni 16, Tel. 055-2478141
55100 Lucca, Via Vittorio Veneto 40, Tel. 0583-43639
Pisa, Piazza del Duomo, Tel. 0573-501761
51100 Pistoia, Piazza del Duomo, Tel. 0573-21622
53100 Siena, Via di Citta 5, 0577-47051

gezielt für das jeweilige Gebiet Prospektmaterial schicken, oder man sucht sich bei den *örtlichen* Touristenbüros die bunten Glanzprospekte selbst aus den Regalen. Insoweit ist das Fremdenverkehrsbüro in Greve (Chianti) besonders gut bestückt.

Gas

Wohnmobilbesitzer mit festeingebautem Gastank sind in Italien gut dran, dort ist das Gastankstellennetz so dicht wie sonst nirgends in Europa (über 1000 Stationen). Man kommt ständig an den Schildern "Gasauto" oder "G.P.L." (das heißt Gas Propano Liquido) vorbei. Notfalls kann man auch an einer normalen Benzintankstelle nach der nächsten Gastankstelle fragen. Dort braucht man einen speziellen Adapter für die deutschen Tankstutzen, der jedoch an den Gastankstellen vorrätig ist. Achtung: Gelegentlich sieht man auch Tankstellen mit dem Schild "Gas Metano". Dort bekommt man Methangas, das auf keinen Fall für Ihre Campinggasanlage geeignet ist.

An einer Autogastankstelle würde ich auch anfangen, wenn ich mich zu einer Flaschenfüllstation durchfragen müßte, denn, anderslautenden Gerüchten zum Trotz, Ihre deutschen Propangasflaschen werden in Italien nicht umgetauscht. Unser Gasvorrat hat für die Toskanareisen immer gereicht, wir haben uns nämlich zu Hause mit vollen Flaschen eingedeckt. Zur Not kann man sich auch mit den sündhaft teuren blauen "Camping-Gaz"-

Flaschen, die man auch in Italien überall bekommt, behelfen. Dieses rentiert sich aber nur, wenn man aus früheren Wohnwagen- oder Zeltausrüstungen noch eine Leerflasche besitzt, die in Italien aber etwas billiger ist als in der BRD. Man kann sich natürlich auch eine italienische Flasche ins WOMO stellen und diese vor der Heimreise dem Verleiher wieder zurückgeben (ein Flaschenverleihnetz über die Tankstellen, wie beispielsweise in Frankreich, konnten wir in der Toskana nicht feststellen), dazu braucht man aber einen Adapter (in Deutschland im WOMO-Zubehörgeschäft erhältlich) für den eigenen Gasregler, dessen Gewinde nicht an die italienische Gasflasche paßt. Hat man einen solchen Adapter nicht dabei, kann man das Problem mit dem Kauf eines italienischen Reglers nicht ohne weiteres lösen, da dieser den Betriebsdruck auf 30 Millibar herunter regelt, also auf weniger als die 50 Millibar des deutschen Reglers.

Geld

Die Banken sind meistens von montags bis freitags in der Zeit von 8,2o Uhr bis 13,2o Uhr geöffnet, manchmal auch 10 Minuten länger. In den Städten hat man häufig auch nachmittags von 14,45 Uhr bis 16,15 Uhr offen. In einigen Gegenden, beispielsweise im Chiantigebiet, sind die Banken nachmittags ausnahmslos geschlossen (!). Wer also Geld braucht tut gut daran, auf der Bank schon vormittags seinen Reise- oder Euroscheck einzulösen. In Restaurants kann man meistens mit Euroschecks bezahlen (zur Sicherheit aber vorher fragen!) und oft auch mit den immer beliebter werdenden Kreditkarten. In Florenz haben wir neuerdings sogar Automaten gesehen, in denen ein deutscher Geldschein in italienische Banknoten umgetauscht wird. Uneinheitlich ist der Höchstbetrag für den Euroscheck , genauso uneinheitlich sind die von den einzelnen Banken geforderten Gebühren. Man benötigt nach unseren Erfahrungen immer einen Ausweis, was zu Schwierigkeiten führt, wenn dieser in der Schreibtischschublade des Campingplatzbesitzers als Pfand verwahrt wird. Nicht nur aus diesem Grunde haben wir bei allen Reisen Paß *und* Personalausweis dabei, wir bewahren diese an verschiedenen Orten auf und ersparen uns damit auch Scherereien im Falle eines Diebstahls.

Geschichte

Mit ihr werden wir in der Toskana auf Schritt und Tritt konfrontiert. Es ist daher unumgänglich, daß wir wenigstens ein grobes geschichtliches Raster kennen:

Eine der interessantesten europäischen Hochkulturen macht den Anfang: Um *800 v. Chr.* gründeten die *Etrusker* in Mittelitalien staatliche Gemeinschaften und verdrängten dabei die bäuerliche sogenannte *Villanova-Kultur*. Bedeutende etruskische Zentren in der heutigen Toskana waren Arezzo, Volterra, Chiusi, Roselle, Populonia und Vetulonia. Diese Städte bildeten mit sechs anderen einen Staatenbund von 12 Stadtstaaten, die sich untereinander niemals bekriegt haben. Ihre Bewohner hatten ein ausgeprägtes handwerkliches und technisches Geschick, mit dessen Hilfe es ihnen gelang, die Sümpfe der Maremma trocken zu legen und sogar Erze zu schmelzen. Hauptort ihrer Metallindustrie war Populonia, wo man heute noch die Reste etruskischer Schlacke in die Hand nehmen kann. Da die Etrusker auch begabte Seefahrer waren, entwickelte sich ein Wohlstand, dessen Zeugnisse heute in den Museen zu bestaunen sind.

Eine verlorene Seeschlacht leitete im *5. vorchristlichen Jahrhundert* den Niedergang ein, so daß sich die Macht *Roms* allmählich nach Norden ausbreiten konnte. Mit der Eroberung der Stadt Veji (396 v. Chr.) begann die Unterwerfung der Etrusker, die damit endete, daß dieses Volk fortan römische Bürgerrechte erhielt und im Kampf der Römer gegen die Kelten den Kopf hinhalten mußte. Insgesamt gingen die Römer mit ihrer neuen Provinz ziemlich stiefmütterlich um, sie ließen die Maremma wieder versumpfen, die Erzgruben verfallen, und sie holzten zum Bau von Schiffen und Häusern die Wälder ab. In Etrurien verfolgten sie vorwiegend militärische Ziele, sie bauten dazu Straßen (die heutigen SS 1 und SS 2) und unterhielten strategische Festungen. So kann man heute entgegen der Erwartung nur relativ wenige Zeugnisse der römischen Kultur besichtigen. Zwar wurden einige Städte neu gegründet und, wie auch etruskische Ansiedlungen, mit der römischen Standardausrüstung (Tempel, Amphitheater und Thermen) versehen. Trotzdem sind die spektakulären Zeugnisse des Altertums in der Toskana etruskischen und nicht römischen Ursprungs.

Zwischen dem *5. und 11. Jahrhundert nach Chr.* herrschten zunächst die Westgoten, die Byzantiner und die Langobarden. Schließlich wurde ab dem *Jahr 774* die Toskana fränkische Provinz unter Karl dem Großen. In dieser Zeit, als zum ersten Mal die Bezeichnung *Tuskana* auftauchte, blühte die Region wieder auf, neue Landstriche wurden kultiviert.

Im *12. Jahrhundert* wurde das Feudalsystem zerstört, der Handel entwickelte sich weiter, was zur Folge hatte, daß die größeren Städte unabhängig wurden und wieder Stadtstaaten bildeten.

Sie mußten sich in den damaligen Machtstreitereien zwischen Papst und deutschem Kaiser auf die eine oder andere

Seite schlagen. Zu den Papsttreuen, den guelfischen Städten gehörten Florenz, Lucca und San Gimignano, während die Herren von Pisa, Siena und Pistoia die Ghibellinen, also die Anhänger des Kaisers, unterstützten. Beide Gruppen zeichneten sich gleichermaßen durch Machthunger und wirtschaftliche Interessen aus. Wie wenig sich die Geschichte bis heute gewandelt hat!

Der Kampf um die Vorherrschaft wurde schließlich von *Florenz* gewonnen, das zunächst Pisa und diverse andere Städte, im *Jahre 1555* schließlich auch Siena unterwerfen konnte. Nur Lucca gelang es, seine Unabhängigkeit zu bewahren. In Florenz war Mitte des 15. Jahrhunderts die Bankiersfamilie der *Medici* an die Macht gekommen, die bis in das Jahr 1737 andauerte. Papst Paul V. ernannte 1569 Cosimo I. zum Großherzog der Toskana und machte damit Florenz zum *kulturellen Mittelpunkt Europas*.

Dem Geld der Medici (Zinsforderungen bis zu 50%), seiner Macht und einer langen Zeit des Friedens verdanken wir heute die unermeßlichen Kunstschätze der *Renaissance*. Entscheidend für diese Zeit der "Erneuerung" ist die Wiederentdeckung des klassischen Altertums und des Menschen, also das Abrücken von der mittelalterlichen Ausrichtung auf das Jenseits. Ein Kunstwerk sollte fortan ein Abbild der Wirklichkeit sein. Der italienische Modeschöpfer Pucci hat die Bedeutung der Renaissance in der Kunst kürzlich einmal treffend erklärt: "Die Renaissance hat der Welt die Angst genommen, weil sie statt schrecklicher Heiliger schöne Madonnen malte." Die Renaissance blieb zwar eine stark religiöse Epoche, ihre Kunst wird aber geprägt durch die Merkmale: Individualität, Rationalität und durch die Darstellung einer sinnlichen Welt.

Dekadenz und das Fehlen eines männlichen Nachkommen setzte der Macht der Medici ein Ende. Die Toskana geriet in die Hände der *Habsburg-Lothringer* und unter die Herrschaft des *Großherzogs Pietro Leopoldo* (1765 - 90), der durch Reformen einen Musterstaat schuf. Er schaffte Folter und Todesstrafe ab, hob Steuerprivilegien des Adels auf und verordnete die Gleichheit der Bürger vor dem Gesetz. Napoleon unterbrach die Regierung der Habsburger, die aber nach der Verbannung des französischen Kaisers ihr Reformwerk fortsetzen konnten. Ihr letzter Regent räumte 1859 mehr oder weniger freiwillig das Feld. Damit war im *Jahre 1860* der Weg frei für einen durch Volksentscheid eingeleiteten Beitritt der Toskana zum italienischen Königreich und zum vereinten Italien. Florenz wurde von 1865 - 1871 italienische Hauptstadt, ehe in Rom die Macht des Kirchenstaates gebrochen war.

Die Toskana gehört heute zu den reicheren italienischen Regionen. Das Wirtschaftswunder hat sie aber auch stark verändert: Die Industrialisierung führte zur Landflucht und zu einem rapiden Anwachsen der Städte und Ballungsgebiete. Obgleich der relative Wohlstand die Toskana innerhalb Italiens zum Einwanderungsgebiet machte und die Einwohnerzahl trotz Geburtenrückgang der Einheimischen immer noch zunimmt, wurden viele bäuerliche Landstriche entvölkert. Die Landwirtschaft spielt nur noch eine untergeordnete Rolle. An die Stelle einer Jahrhunderte alten Bauernkultur ist die kleinerer und mittlerer Industrie- und Handwerksbetriebe getreten, wodurch allerdings der Lebensstandard beträchtlich gewachsen ist. So nimmt die Toskana heute teil an den Problemen mitteleuropäischer Gesellschaften - nur die Hektik und deutscher Konsumrausch konnten noch nicht vollends über die Alpen vordringen.

Karten

Von allen Straßenkarten, welche die gesamte Toskana umfassen, ist die offizielle Karte des Touring-Club Italiano mit einem Maßstab von 1:200.000 die beste. Die Karte wird in Deutschland von dem Kartenverlag Kümmerly und Frey vertrieben. In Italien bekommt man sie überall dort, wo es Straßenkarten gibt. Sie ist sehr genau und fast immer ausreichend. Kaufen Sie auf keinen Fall eine andere Karte mit kleinerem Maßstab, da sonst die Orientierung abseits der Hauptstraßen, also dort, wo wir uns häufig bewegen, fast unmöglich wird. Von der recht großen Provinz Florenz, zu der auch beinahe das gesamte Chianti-Gebiet gehört, gibt es in Italien vom Studio S.M.B. Bologna eine Karte im Maßstab 1:100.000, auf der auch Campingplätze eingezeichnet sind. Diese Karte ist eine empfehlenswerte Ergänzung zur Karte des Touringclubs.

Falls Sie ab und zu wandern möchten, suchen Sie natürlich nach Wanderkarten, die es inzwischen von den meisten Wandergebieten gibt; näheres können Sie unter der Überschrift "Wandern" nachlesen.

Lebensmittel/Getränke

Das Angebot an Lebensmitteln ist enorm. Sie brauchen also nicht Ihr WOMO mit heimischen Konserven zu überladen. Nur dunkles Brot, das sich mehrere Wochen hält, müssen Sie einpacken. Dafür schmecken die toskanischen Panini (Brötchen) oft auch so, wie gute Brötchen schmecken müssen. Nicht nach Papier und Backchemie, sondern wie bei uns in den 50-iger und 60-iger Jahren (leider gibt es auch in der Toskana Ausnahmen; mit der Zeit kennt man den Geschmack der unterschiedlichen Brötchenformen). Die Auswahl an Obst und vor allem Gemüse ist erwartungsgemäß breiter als in unseren Läden, nur wird enttäuscht, wer insoweit auf günstige Preise hofft. Praktisch alle Lebensmittel sind in der Toskana teurer als bei uns, leider sogar viele italienische Produkte.

Dies mag auch daran liegen, daß sich die Verbrauchergroßmärkte auf der "grünen Wiese" vor der Stadt in Italien noch nicht durchgesetzt haben. Ich kann mich nicht erinnern, in der Toskana jemals in einem solchen Großmarkt eingekauft zu haben. Auch Supermärkte innerhalb der Städte sind eher selten, oft auch nicht mit einem größeren Parkplatz ausgestattet und häufig auch nicht gut sortiert. Der tägliche Einkauf findet entweder im kleinen Selbstbedienungsladen oder, fast noch häufiger, in einem Geschäft statt, das bei uns "Tante Emma-Laden" heißen würde. In der Toskana wäre diese Bezeichnung völlig falsch (der Laden heißt dort negozio), da mit Sicherheit "Onkel Alberto" hinter der Theke steht und im Gegensatz zu "Tante Emma" altersmäßig noch nicht jenseits aller Schätzmöglichkeiten liegt. Der normale Einkauf hat noch eine soziale Funktion, er erfolgt unter lautstarken Debatten, aber auch mit Genuß und vor allem ohne Hektik.

Die Lebensmittelgeschäfte sind fast ausnahmslos mittwochs nachmittags, von Juni bis September zumeist auch samstags nachmittags geschlossen. Ganz selten ist auch einmal ein Laden montags vormittags oder nachmittags zu; zu dieser Zeit haben auch viele Geschäfte geschlossen, die keine Lebensmittel führen. Über Mittag macht jeder Laden dicht, meist zwischen 12,3o Uhr und 15,3o Uhr; am Abend bedient man Kunden normalerweise noch bis 19,3o Uhr. Es gibt aber keine einheitlichen Ladenöffnungszeiten.

Das Getränkeangebot ist groß, der Deutsche freut sich vor allem darüber, daß er aus Flaschen sogar 0,65 l Bier in seine durstige Kehle schütten darf. In den italienischen Bars - nicht in den Restaurants - gibt es zu nicht gerade niedrigen Preisen häufig auch Faßbier. Das sich in Italien sichtbar ausbreitende Umweltbewußtsein hat leider noch nicht dazu geführt, daß die umweltschädlichen 1,5 l Plastikflaschen für Mineralwasser, Sprudel und Limonaden abgeschafft worden sind. Sprudel und stilles Mineralwasser haben gemeinsam, daß auf beiden zumeist "Aqua minerale naturale" steht, auf der Sprudelflasche muß zusätzlich noch "addizionata di anitride carbonica" oder "frizzante" aufgedruckt sein. Wenn man nach Sprudel fragt, muß man "Aqua minerale con gas" verlangen. Fruchtsäfte werden meist in kleinen Fläschchen und relativ teuer verkauft. Insofern ist es sinnvoll, wenn man in den Bettkasten eine nicht zu geringe Anzahl heimischer Fruchtsaftpapptüten legt. Hochprozentiges kann man angesichts geringer Versteuerung in Italien deutlich billiger kaufen als bei uns, dies gilt auch für den Wein, dem wir ein weiter hinten eine eigenes Stichwort gegönnt haben.

Noch ein *Tip*: Geht es Ihnen auch so, daß Sie am letzten Urlaubstag unter Streß geraten, weil Sie noch alles Mögliche, vor allem Dinge, die es bei uns nicht oder nur in geringerer Auswahl gibt, einkaufen wollen? Eine große Packung getrockeneter Steinpilze, ein Stück Parmesankäse, Olivenöl, Grappa oder Campari? Auf unserer Hausstrecke kennen wir an der Autobahn Bologna-Milano eine erstklassige Einkaufsgelegenheit: Man verläßt bei Parma die Autobahn, fährt von der Mautstation rund 2,5 km geradeaus in Richtung Parma-Innenstadt und parkt beim linksseitig gelegenen, großen Einkaufszentrum, das man an mehreren Turmansätzen sofort erkennt. Dort ist neben zahlreichen anderen Geschäften ein für italienische Verhältnisse geradezu riesiger Supermarkt eingerichtet, in dem man alles bekommt. Man fährt mit dem Einkaufswagen zum WOMO und nach 45-minütiger Unterbrechung geht die Heimreise weiter.

Literatur

Sie werden sich sicher noch einen Reiseführer kaufen, der sich mit Dingen beschäftigt, die bei uns zu kurz kommen; dies sind in erster Linie Kunst, Kunstgeschichte und Architektur. Dafür hat der **DuMont Kunstreiseführer Toscana** von **Klaus Zimmermanns** nicht ohne Grund den größten Bekanntheitsgrad; das Buch ist bezüglich seiner Schwerpunkte sehr ausführlich und informativ. Es ist aufgrund seines Anspruchs und wegen der Materie für den durchschnittlichen Leser aber ausgesprochen trocken.

Angenehmer ist da schon das andere Buch von **DuMont** aus der Reihe **"Richtig Reisen"** von **Nana Nenzel**: **Toscana.**

Daß man Kunst und Kultur dem Reisenden auch kurzweiliger - wenn natürlich auch nicht so detailgenau - näher bringen kann, beweist **Chistoph Hennig** mit seinem **"Landschafts- und Erlebnisführer Toskana"**, erschienen im **Oase-Verlag**, Badenweiler. Für mich der beste Toskana-Reiseführer mit sehr vielen Adressen und Restaurant-Tips. Für uns störend sind allenfalls die vielen Hotelempfehlungen.

Eine sehr sinnvolle Begleitlektüre, wenn auch kein richtiger Reiseführer, ist das Buch **"Toskana-Umbrien"** von **Michael Kadereit** aus der Reihe **"Anders reisen"**, wo man viel Hintergründiges erfährt, und wo auch kritische Töne nicht zu kurz kommen.

Dem eiligen Toskana-Reisenden, der sich kurz und anschaulich informieren möchte, empfehlen wir den **"HB - Bildatlas: Toskana, Florenz"** mit vielen, recht schönen Fotos, anschaulichen Beschreibungen und passablem Kartenmaterial - aber bitte nur für den ersten Appetit, der beim Durchblättern mit Sicherheit geweckt wird. Ein wunderschönes Buch mit tollen Fotos hat schließlich **Helmut Dumler** mit seinen **"Wanderungen in der Toskana"** geschrieben. Der Kauf lohnt sich auch dann, wenn man nicht wandern will und 44,-- DM übrig hat. Für den Wanderer ist dieser Führer fast schon ein "Muß". Weitere Wanderführer erwähnen wir unter dem dazugehörigen Stichwort.

Notfälle

Hoffentlich müssen Sie hier nie genau nachlesen.

Ärzte:
Der von deutschen Krankenkassen ausgestellte Internationale Krankenschein gilt in Italien sowohl bei Kassenärzten wie auch in Krankenhäusern. Mit Hilfe dieses Krankenscheins kann man sich in Italien bei der italienischen Krankenkasse (S.A.U.B.) oder beim örtlichen Gesundheitsamt (U.S.L.) einen italienischen Krankenschein ausstellen lassen. Näheres ist auf Merkblättern nachzulesen, die von den deutschen Krankenkassen vergeben werden. Für diverse Leistungen und Arzneimittel verlangt man in Italien eine Eigenbeteiligung, die unter Umständen nach der Rückkehr von der deutschen Krankenkasse gegen Vorlage einer Quittung erstattet wird. Dies gilt in gewissem Umfange auch, wenn man den Arzt ohne Krankenschein in Anspruch genommen und bar bezahlt hat. Wer eine private Krankenversicherung (wenn auch nur für den Urlaub) abgeschlossen hat, hat es besser, man muß dann zwar bezüglich aller Leistungen das Geld vorlegen, mit der späteren Erstattung gibt es jedoch in der Regel keine Probleme.

Adressen deutschsprachiger Ärzte erhält man bei den Konsulaten oder vom ADAC, München (Tel. 089/222222), aber auch bei den örtlichen Touristenbüros oder beim Campingplatzverwalter. Auf mehrere große Campingplätze an der Küste kommt täglich ein deutsch sprechender Arzt, der Sie auch behandelt, wenn Sie sich nicht auf dem Campingplatz eingemietet haben, was man ihm ja auch nicht auf die Nase binden muß. Nebenbei: Auf Campingplätzen kann man oftmals einkaufen, Geld wechseln oder essen, wenn woanders alles dicht ist. Man sollte nur beim Betreten des Campingplatzes an der Rezeption Bescheid sagen.

Apotheken:
Die Anschrift der Nachtapotheke kann man an jeder anderen

Apotheke erfahren, zumeist unter der Überschrift "turno".

Konsulate:
Honorarkonsulat der Bundesrepublik Deutschland, Borgo Ss. Apostoli 22, Florenz, Tel. 055/294722
Honorarkonsulat der Bundesrepublik Deutschland, Via San Francesco 17, Livorno, Tel. 0586-38008
Österreichisches Konsulat, Via dei Servi 9, Florenz, Tel. 055/21352
Schweizer Konsulat, Via dei Tornabuoni 1, Florenz, Tel. 055/216142/284708

Notruf:
Polizei und Rettungsdienst: 113

Pannendienst:
Automobil Club Italiano - ACI: 116
Deutschsprachiger Notrufdienst des ADAC: in Rom Tel. 06/4954730

Weitere Infos erhalten Sie unter dem Stichwort "Unfall"

Post

Inzwischen kommen zwar Ihre Urlaubskarten mit ziemlicher Sicherheit bei den Lieben zu Hause an. Nur kann es Ihnen passieren, daß Sie schon vor der Karte wieder daheim sind, denn diese braucht aller Technik und Europäisierung zum Trotz weiterhin ihre 8 bis 10 Tage. Wenn es schneller gehen soll, schreiben Sie raccommandata/espresso drauf, was bedeutet: Einschreiben und per Eilpost. Dann wird der Schreibspaß aber ganz schön teuer, weshalb sich manch einer in Italien endlich zu einer klaren Linie durchringt und aus Prinzip keine Postkarte mehr anfaßt. Mit den engsten Verwandten kann man ja ab und zu telefonieren , was aber in Italien mit der Post rein gar nichts zu tun hat.

Preise

Diese sind in der Toskana leider hoch. Damit meinen wir nicht die in den Nepp-Zentren, sondern das touristische Alltagsleben. Der größte Fehler wäre es, davon auszugehen, daß in Italien alles billiger ist als zu Hause. Das Gegenteil ist richtig. Nur wenige Dinge sind wirklich preiswert. Vor allem die Preise in den Restaurants, den Lebensmittel- und Obstgeschäften und an den Eintrittskassen sind sehr hoch, teilweise regelrecht unverschämt. Man kommt also nicht umhin, wenigstens in gewissem Maße preisbewußt zu leben und sich auch das eine oder andere Vergnügen zu versagen. Denn auch der kurze Kaffee im Stehen an der Bar, das Stück Pizza aus der Hand oder das Eis aus dem Hörnchen reißen bei einer mehrköpfigen Familie schon kleine Löcher in den Geldbeutel. Wenn man sich aber etwas umsieht, muß der Toskana-Urlaub nicht zu einem kostspieligen Unterfangen werden.

Radfahren

Radfahren ist in der Toskana sehr beliebt, man sieht kaum ein WOMO, das nicht mehrere Räder auf dem Heckgepäckträger festgeschnallt hätte. Ich bezweifle allerdings, daß diese Fahrräder - wenn überhaupt - häufig heruntergenommen werden. Denn die Toskana ist kein ausgesprochenes Radfahrgebiet. Die Straßen sind bergig und schmal. Man kann freilich auch auf - meist nicht geteerten - Nebenwegen radeln, aber auch diese verlaufen quer durch die Hügel. Im Flachland, an der Küste oder im Becken von Florenz muß man sich zwar nicht bergauf quälen, dafür ist die Gegend ziemlich reizlos oder stark zersiedelt und befahren. Es gibt in der Toskana auch keine Radwege, und der Radfahrer ist im italienischen Straßenverkehr noch weniger gleichberechtigter Teilnehmer als bei uns. Andererseits gibt es doch eine Vielzahl von Straßen und Strecken, die man lieber in Ruhe genießen möchte, dem kommt das Fahrrad wieder sehr entgegen. Christoph Hennig hat in seinem Reiseführer (siehe "Literatur") einige Radtouren zusammengestellt und auch Adressen angegeben, wo man Fahrräder leihen kann, was in den meisten, nicht ganz kleinen Städten möglich ist. Wer sich näher für Radtouren interessiert, sollte sich das Buch **"Mittelitalien per Rad"** von **Jürgen Rieck und Uwe Schäfer** aus der Reihe **"Cyklos-Reiseführer"** des Verlags Wolfgang Kettler näher ansehen, das für WOMO-Reisende aber nur bedingt interessant ist, da es keine Rundreise-Vorschläge enthält.

Reisezeit/Klima

Unter dieser Überschrift muß man zuallererst ein weitverbreitetes Vorurteil ausräumen: In der Zeit um Ostern sind weder Wetter noch Klima wesentlich anders als in unseren mitteleuropäischen Regionen. Das heißt: Es regnet, es ist kühl und die Bäume sind auch kaum grüner als weiter im Norden. Es ist umgekehrt so, daß wir auf der Durchreise in der Po-Ebene schon blühende Frühlingslandschaften erlebt haben, während sich südlich von Florenz kaum grüne Blattspitzen an den Bäumen gezeigt haben. Wer also in der Erwartung des "warmen Südens" seine Osterferien in der Toskana verbringt, wird wahrscheinlich sehr enttäuscht sein. Gewiß, wir haben in dieser Jahreszeit auch schon Tage im T-Shirt genossen und im April auch schon mal gebadet. Aber das waren wirkliche Ausnahmen, denn zahlreicher sind die Tage, an denen wir die Wohnmobilheizung nur während der Fahrt und in der Nacht ausgeschaltet haben. Die meisten Regentage verzeichnen die Meteorologen in den Monaten März, April, Mai sowie Oktober bis Dezember. Die geringste Niederschlagsmenge fällt in den Monaten Januar und Februar, dann ist es auch wesentlich milder als beispielsweise in Süddeutschland. Temperaturen unter dem Gefrierpunkt kann man im Winter nur im Gebirge messen, so daß ein Urlaub im Januar oder Februar gar nicht so abwegig ist.

Sie würden uns aber gründlich mißverstehen, würden Sie annehmen, wir wollten Ihnen eine Toskana-Reise zur Osterzeit ausreden. Ganz und gar nicht! Wenn man mit durchwachsenem Wetter rechnet und für jeden Sonnentag dankbar ist, wird im April die Toskana-Reise besonders attraktiv. Nur eignen sich nicht alle Regionen der Toskana für alle Jahreszeiten gleich gut:

Am Fuß des Monte Amiata

Das sehr gern besuchte Chianti-Gebiet zwischen Florenz und Siena sollte man intensiv erst ab Anfang Mai bereisen. Da die Region stark bewaldet ist und die Bäume frühestens Ende April Blätter bekommen, fährt, radelt oder wandert man vorher durch eine bräunliche, laublose Landschaft, deren vielgepriesene liebliche Züge erst mit dem grünen Laub richtig zu Tage treten.

Andererseits ist im April, ja sogar schon Ende März die

Crete südlich von Siena besonders interessant, wenn nämlich das Getreide gerade junge, saftige Triebe bekommen hat und das ganze Land mit einem leuchtenden, wogenden Grün überzieht. Diese Landschaft verliert im Mai stark an Reiz, wenn die Getreidefelder grünlich-bräunlich werden, und gewinnt erst wieder im Spätsommer nach der Ernte, wenn die Hügel karg und braun an eine Mondlandschaft erinnern.

Die schönste Zeit für das Chianti-Gebiet wiederum ist sicher der Spätsommer um die Zeit der Weinlese, während die Küstenregionen, vor allem die Maremma, von den übervollen Campingplätzen einmal abgesehen, im Juni und im Hochsommer am empfehlenswertesten sein dürften. Vor Hitze flimmernde Luft, braunes Gras und ein seltenes Gewitter passen am besten zu dieser Region, die zu allen Jahreszeiten auch deutlich regenärmer ist als die übrige Toskana.

Überhaupt ist es westlich der höheren Gebirgszüge am regenreichsten, weil die von Westen kommenden Wolken dort stärker abregnen. Dieses merkt man auch als Tourist ganz deutlich. Während es beispielsweise im Chianti-Gebiet regnet, können andere Urlauber zur selben Zeit weiter westlich an der Küste am Strand liegen. Wenn man, um ein anderes Beispiel zu nennen, Anfang Juni in der Maremma schon durch braune Wiesen fährt, die deutlich zeigen, daß es seit Wochen nicht mehr geregnet hat, steht im Chianti das Gras in saftigem Grün.

Schließlich muß man berücksichtigen, daß das Becken von Florenz im Sommer brütend heiß werden kann, weshalb man dann abends raus aus der Stadt und hoch auf die Hügel fahren sollte. Insgesamt ist der Hochsommer keine sehr günstige Zeit für Reisen in die Toskana. Angeblich ist dann dort auch gar nicht Hochsaison, diese fällt im Landesinneren, glaubt man diversen Publikationen, in den Frühsommer und in den Herbst.

In der Sommerferienzeit ist an der Küste natürlich Hochbetrieb, der sich wegen der Algenpest der Adria eher noch verstärkt. Auf Campingplätzen am Meer findet man dann nur schlecht oder gar keinen Platz. Die Hauptreiswelle der Italiener schwappt am sogenannten "Ferragosto", dem zweiten Augustwochenende, und um den italienischen Feiertag "Mariä Himmelfahrt" (15. August) über das Land. Wer dann in der Toskana weilt und sich nicht rechtzeitig ein stilles Plätzchen gesucht hat, erlebt größten Urlaubsstreß. Auch wenn die Feiertage Ostermontag, Nationalfeiertag (25. April) und der 1. Mai dicht beieinander liegen, ist auf den Autobahnen und dort wiederum an den Mautstellen der Teufel los.

Die angenehmste Reisezeit liegt nach unseren Erfahrungen um Pfingsten. Wenn die Natur blüht, wenn der rote Klatschmohn den rechten Kontrast zum blauen Himmel bildet, wenn weiße Wölckchen über die Hügel ziehen, wenn man auf bunten Blumenwiesen die Decke zum Picknick ausbreiten kann, wenn ab und zu ein Gewitter Abkühlung verschafft und wenn am nächsten Tag klare Luft wieder den Blick in die Ferne ermöglicht, erlebt man die Toskana von ihrer schönsten Seite. Aber auch im September und noch in den Herbstferien, wenn sich das Laub braun färbt, wenn die Abende länger werden und man mit Freuden und Freunden in einem gemütlichen Restaurant sitzt, ist die Toskana nicht minder liebenswert.

Für alle Jahreszeiten gilt: Achten Sie darauf, daß Sie Ihre Aktivitäten dem Wetter anpassen. Trotz aller Kunstschätze lebt auch der Toskana-Urlaub von der Natur. Bei Regen haben Sie nichts von der Landschaft, aber viel von den Städten, den Kirchen und den Museen. Bei Sonne und klarer Luft müssen Sie aber raus auf die Hügel um Volterra und San Gimignano, auf die Berge des Chianti und in die Einsamkeit der Crete. Seien Sie also flexibel, planen Sie kurzfristig und dem Wetter angepaßt.

Restaurants

Daß die italienischen Köche mehr auf den Tisch bringen als Spaghetti, Pizza und Tirami-su, hat sich allmählich herumgesprochen -wenn auch nicht zu den meisten italienischen Lokalen in unseren Regionen. Während man dort aber zumeist noch freundlich bedient wird, wenn man nur ein Nudelgericht bestellt, sind die Sitten in einem *Ristorante* in Italien doch wesentlich anders: Hier erwartet man von Ihnen, daß Sie wenigstens einen primo piatto, also einen ersten Nudel- oder Reisgang einlegen, diesem dann ein Fisch- oder Fleischgericht folgen lassen, zu dem die Beilagen (contorni) immer extra bestellt - und bezahlt- werden müssen, und daß Sie dann das Mahl mit einem Nachtisch (dolce) oder wenigstens einem Espresso (nur der Tourist bestellt dann einen Cappuccino) beschließen. Wenn Sie danach "Il conto per favore" rufen und die Rechnung präsentiert bekommen, kann Ihnen leicht die Urlaubsfreude vergehen. Denn conto (Rechnung) ist leider nicht gleichbedeutend mit skonto (Nachlaß). Jedes Restaurant wird Ihnen nämlich einen stattlichen Betrag für die Tischdecken und Servietten, auch wenn diese nur aus Papier sind, sowie für das Brot abverlangen. "Pane e coperto" werden für jeden, der am Tisch sitzt, also auch für die Kinder mit 1.000 bis 3.000 Lire veranschlagt. Und nicht selten werden am Ende der Rechnung noch 10 bis 15% servizio (Bedienung) hinzuaddiert.

Sie merken, worauf ich hinaus will: Das Essen im toskanischen Ristorante ist teuer! Für ein noch einigermaßen bescheidenes Mahl muß man mit offenem Wein und Mineralwasser pro Person 30,-- DM rechnen. Speist man stilvoll und öffnet man vor einem primo piatto den Magen mit einem antipasto, bestellt man noch einen höherwertigen Flaschenwein, kommt man zu zweit unter 100,-- DM nicht mehr aus der Tür. Auffallend ist allerdings, daß das Preisniveau zwischen einfacheren und "besseren" Eßlokalen fast gleich ist. Es bringt also wenig, wenn man die bekannteren Lokale mit teilweise raffinierten Speisen meidet und sich an einen X-beliebigen Tisch setzt. Die Preisunterschiede zwischen beiden sind in Italien wesentlich geringer als in der Bundesrepublik oder in Frankreich. Man hat also viel mehr davon, wenn man das Ristorante vorher sorgfältig auswählt. Wir haben Ihnen in unseren Reisebeschreibungen eine Reihe von Lokalen genannt, in denen wir gut oder sehr gut gespeist haben. Wir könnten Ihnen aber genauso viele Gaststätten nennen, in denen das Essen allenfalls durchschnittlich, aber keineswegs billiger gewesen ist.

Ob die allenthalben erzählten Geschichten zutreffen, in denen Touristen, die nur einen Gang bestellt haben, des Lokals verwiesen oder zu weiteren Gängen gezwungen wurden, haben wir nie ausprobiert. Insoweit gilt sicher das allgegenwärtige Gesetz von Angebot und Nachfrage, so daß man in einer touristischen Gegend anderes erlebt als weiter abseits. Auf jeden Fall wird man aber nicht schief angeschaut, wenn man für seine Kinder nur Nudeln bestellt.

Es macht auch keinen Unterschied, ob das Lokal nun *"Ristorante"*, *"Trattoria"* oder gar *"Locanda"* heißt. Insoweit mag früher vielleicht einmal eine Rangfolge zum Schlichten hin bestanden haben. Heutzutage scheint es eher chic zu sein, wenn sich eine aufgemotzte Kneipe mit entsprechenden Preisen "Trattoria" nennt.

Wenn man nicht ständig selbst kochen möchte, wenn der Urlaub gleichwohl noch bezahlbar bleiben soll, muß man häufiger eine *Spaghetteria* oder *Pizzeria* aufsuchen. In letzterer ist inzwischen die Pizza, die in den Ristoranti nicht aufgetischt wird, in Form, Zubereitungsart und Geschmack der bei uns gebräuchlichen angeglichen. Auch in einer Pizzeria gibt es Brot und Tischdecke nicht umsonst, dafür sind die Pizzapreise wirklich so anständig, daß man mit einer vierköpfigen Familie auch mal mit 60,-- DM hinkommt. Hier darf man getrost nur eine Pizza oder eine Portion Spaghetti bestellen - und sonst gar nichts.

Als weitere preiswerte Alternative kommt eine *Tavola calda* (zu deutsch: warmer Tisch) in Frage, die man aber nur in Städten findet. Hier werden, mehr oder weniger liebevoll, besser oder schlechter zubereitete Spaghetti hinter einer Theke auf einen Teller geklatscht und dann an der Kasse bezahlt. In manch einer Tavola calda findet man aber auch ein sehr breites Speiseangebot und - aller mitteleuropäischen Schnellfreßkulturen zum Trotz - viel Gemüse. Schließlich kommt noch die *Rosticceria* in Frage, die der Tavola calda ähnlich ist, sich aber dadurch unterscheidet, daß vorwiegend Gebratenes auf die Teller kommt.

Die beste Art, den kleinen Hunger zu stillen, sind die kleinen Geschäfte, in denen auf großen Blechen viereckige Pizzastücke abgeschnitten und Ihnen mittels Pergamentpapier in die Hand gedrückt werden. Hier kann man beim Stadtbummel für sehr wenig Geld mit Glück regelrechte Gaumenfreuden erleben. Das hat nichts mit amerikanisch-europäischem Fast-Food zu tun, der in der Toskana, vor allem in Florenz leider auch mehr und mehr Platz greift, von uns aber aus guten Gründen nicht weiter erwähnt werden soll.

,Eine durchschnittliche Speisekarte kann man schon aufgrund der Erfahrungen aus hiesigen italienischen Kneipen übersetzen. Lokale die sich dadurch auszeichnen, daß sie eine viersprachige Karte aushängen haben, möglichst jede Sprache noch mit der entsprechenden Landesfahne dekoriert, sollten nicht unbedingt zu Ihren bevorzugten Adressen gehören. Bei etwas ausgefalleneren Speisekarten stellen sich jedoch Übersetzungsschwierigkeiten ein, weshalb wir Ihnen unbedingt den **Eßdolmetscher, Italien** erschienen im **Mosaik-Verlag** empfehlen. Mit diesem Taschenbuch bleibt kein Wort unübersetzt.

Wenn wir gerade bei der Eßliteratur sind: Wollen Sie nicht nur dem eigenen Instinkt oder den Empfehlungen dieses Wohnmobilführers folgen, sollten Sie sich den roten Führer **"Michelin Italia"** (sowohl in Deutschland als auch in Italien für rund 45,-- DM) anschaffen. Wir wurden zwar schon von manchem Gasthaus begeistert, das in diesem Führer nicht erwähnt ist (so sind auch einige davon in unserem Buch genannt), wir sind aber umgekehrt noch nie total eingebrochen, wenn wir ein Haus in dem dicken roten Buch gefunden haben. Schon bei *einem* Reinfall hat sich der Kauf gelohnt (von den ausgezeichneten Stadtplänen ganz abgesehen). Und denken Sie daran, daß die Toskaner vielerorts vom Tourismus leben. An solchen Orten gab es schon immer viel Licht, aber auch ebensoviel Schatten.

In den bekannten Restaurants sollte man sich so frühzeitig wie möglich anmelden, insbesondere für freitags- oder samstagsabends. Dann bekommt man ohne Reservierung nur mit Glück einen Platz. Andererseits reicht es nach unseren Erfahrungen, wenn man sich um die Mittagszeit (nachmittags nimmt oft niemand das Telefon ab) für denselben Abend noch einen Platz vormerken läßt. Die notwendige Redewendung hierfür: "Vorrei ordinare un tavolo per questa sera" ("Ich möchte für heute Abend einen Tisch bestellen"). Wir teilen Ihnen bei den Reisebeschreibungen mit, wann die Restaurants geschlossen sind; diese Zeiten können sich natürlich ändern, auch insoweit empfiehlt sich ein vorheriger Anruf.

Schlangen

Fast jeder Toskana-Urlauber redet über sie, kaum einer wird sie jemals zu Gesicht bekommen, auch uns ist noch keine über den Weg gekrochen. Gemeint sind die in den Hügelregionen vorkommenden giftigen Vipern. Sie erkennt man gegenüber ungefährlichen Schlangen am dreieckigen Kopf mit senkrechten Schlitzpupillen, kräftigem Leib und kurzem, spitz zulaufendem Schwanz. Ihr Biß bildet zwei deutliche Löcher, die gut einen Zentimeter auseinander stehen. Wird man gebissen, ist Panik fehl am Platz, denn das Gift wirkt erst nach drei bis sechs Stunden. Angeblich stellen sich Bißschmerz, Durst, Schweißausbrüche und zuletzt ein Schockzustand ein. Eine Selbstbehandlung ist nicht sinnvoll (allenfalls vorsichtiges Abbinden des gebissenen Körperteils), statt dessen sollte man sich bei Wanderungen schnellstmöglich dorthin bewegen, wo man Autos antrifft, die einen dann zum nächsten Arzt oder - noch besser - in die nächste Klinik fahren.

Einem Schlangenbiß beugt man bekanntlich am besten dadurch vor, daß man auf Spaziergängen und Wanderungen festes, möglichst halbhohes Schuhwerk trägt und im Gras oder an steinigen, vor allem sonnigen Hängen guckt, wo man hingeht. Da die Viper immer bestrebt sein wird, vor Ihnen zu verschwinden, besteht die Gefahr eines Bisses nur wenn man auf oder unmittelbar neben eine Schlange tritt. Ganz vorsichtige Wanderer haben ein in Apotheken erhältliches Schlangenserum im Rucksack, was wir aber für übertrieben halten.

Sehenswürdigkeiten

Ihretwegen haben Sie vermutlich eine Toskana-Reise geplant, folglich wollen Sie Sehenswertes auch würdigen. Dabei gibt es aber vielfältige Hindernisse:

Nicht selten werden Ihre Pläne nämlich durch ungünstige *Öffnungszeiten* durchkreuzt. Am besten gehen Sie grundsätzlich davon aus, daß über Mittag, also zwischen 12,oo oder 12,3o und 15,oo Uhr alles dicht ist, wobei wir sogar die Kirchen mit einbeziehen. Es gibt zwar Gotteshäuser und Museen, die den ganzen Tag über offen sind, gerade bei den Museen ist das aber die absolute Ausnahme. Diese haben großenteils auch einen ganzen oder halben Ruhetag, entweder sonntags, montags oder mittwochs. Das unangenehme daran ist aber, daß es insoweit keine Gesetzmäßigkeit oder Verläßlichkeit gibt. So haben wir erlebt, daß Sehenswürdigkeiten im Jahre 1989 mittwochs geschlossen waren, im Jahre 1990 aber montags. Soweit wir bei den Reisebeschreibungen Öffnungszeiten angegeben haben, sind diese also mit Vorsicht zu genießen.

An den Pforten der Museen knöpft man Ihnen stattliche *Eintrittsgebühren* ab, kleinere Schulkinder läßt man oftmals umsonst hinein. Dabei ist man bezüglich des Alters der Kinder großzügig.

Kirchen sind fast ausnahmslos eintrittsfrei, hier wird mittels Beleuchtungsautomaten kassiert. Will man Fresken, ein Altarbild oder eine Kanzel richtig genießen, muß man ständig 500-Lirestücke (bei einigen älteren Automaten genügen auch 200-Lire) in der Tasche klimpern lassen. Ich bin jedesmal wieder erstaunt, daß große Scharen von Touristen ihre Hälse in dunkle Kirchenecken recken und dabei eher an die in ihrem Reiseführer erwähnten Sterne denken als an den Beleuchtungsautomaten. Es geht dann immer ein Raunen durch die Massen, wenn Ihre Münze in den Automaten fällt, denn erst jetzt kann man richtig sehen, was es zu sehen gibt. Sind dann die zwei Minuten des Lichts vorbei, werden in den nächsten zehn Minuten wieder Heerscharen von Kunstliebhabern im Halbdunkel die Schönheit eines Gemäldes mehr erahnen als tatsächlich erleben. Wer einmal Absurditäten deutscher Sparsamkeit kennenlernen möchte, stelle sich einige Zeit im Dunkeln vor eine Kirchenkanzel oder ein Fresko!

Sprache

In der Toskana spricht man italienisch, basta! Eine sprachliche Hilfestellung darf man grundsätzlich nirgends erwarten. In besseren Gaststätten kann mitunter ein Kellner etwas englisch oder deutsch, vor allem, wenn an den Tischen ohnehin überwiegend deutsche Landsleute sitzen. Aber davon abgesehen empfiehlt sich dringend die Anschaffung eines Wörterbuches.

Dann gibt es aber auch Orte, beispielsweise Einkaufsgeschäfte auf Campingplätzen, in denen der Herr hinter der Theke oder die Dame an der Kasse besser deutsch als Sie italienisch sprechen. Es wird dann schnell peinlich, wenn Sie "panini" kaufen und geradezu akzentfrei "Brötchen" erhalten.

Stellplätze

Kaum ein Thema beschäftigt den Wohnmobilisten mehr als die Frage: Wie finde ich den passenden Stellplatz? Hierüber wurde schon viel geschrieben, unter anderem auch im "Allgemeinen Wohnmobilhandbuch", Band 5 der "WOMO-Reihe". Wir wollen daher hier nur noch wenig hinzufügen und zunächst auf das verweisen, was uns oben unter der Überschrift "Freies Camping" eingefallen ist.

Natürlich braucht man Gespür, viel Erfahrung und ein bißchen Glück, um einen guten Platz zu entdecken. Das ist in der Toskana genauso wie anderswo. Sie können dem Glück jedoch ein wenig nachhelfen: Vom kleinsten Dorf bis zur größten Stadt hat man in der Toskana - bei kleineren Städten zumeist am Ortsrand - Parkplätze eingerichtet. Die üblichen blauen Schilder weisen den Weg zu ihnen. Hier sollten Sie als erstes ein Nachtlager suchen, insbesondere, wenn Ihnen die freie Natur zu unheimlich ist. Oft wird man auch fündig, wenn man den (gelben) Wegweisern zu außerhalb von Ortschaften stehenden Burgen, Kirchen oder anderen Sehenswürdigkeiten folgt. Wenn nichts mehr hilft, suchen wir in der Regel den Wegweiser zum Sportplatz (campo sportivo) oder, da wir nicht abergläubig sind, zum Friedhof (cimitero). Auch Kneipen außerhalb der Ortsbebauung verfügen oft über geräumige Parkplätze, die allerdings ein kostspieliges Abendessen notwendig machen. Wir haben aber schon mehrfach erlebt, daß man uns dann dort regelrecht zum Verweilen eingeladen hat.

Stellplatz in Arezzo

Es versteht sich beinahe von selbst, daß Sie auf Wanderungen und Spaziergängen manch gutes Plätzchen entdecken, auch mit dem Fahrrad läßt sich vieles erkunden.

Und machen Sie es sich zur Regel, lieber einen mittelschlechten Stellplatz zu nehmen (einen halbwegs ruhigen Parkplatz oder einen vor Blicken etwas geschützten Feldwegrand finden Sie immer), als genervt und schlecht gelaunt stundenlang in der Gegend herumzukurven. Außerdem können Sie auf die vielen Stellplatzempfehlungen in unserem Buch zurückgreifen.

Die Grundregeln für die Stellplatzsuche lauten aber stets: Möglichst nie im Dunkeln, möglichst nie müde und nach langer Fahrt und möglichst nicht hungrig; oder man reduziert die Erwartungen auf ein Minimum, also auf einen einigermaßen ruhigen und ebenen Platz. Daß Sie an allen Orten, also auch auf dem Campingplatz so stehen sollten, daß Sie jederzeit ohne Rangiermanöver abfahren können, versteht sich für den erfahrenen Wohnmobilisten fast von selbst.

Strände/Bademöglichkeiten

Die toskanische Küste besteht größtenteils aus Sandstrand. Wer angesichts dessen ideale Bade- oder gar Stellplatzmöglichkeiten erwartet, wird jedoch bitter enttäuscht. Einen 100%-ig guten Stellplatz haben wir an der ganzen Küste nicht gefunden.

Außerhalb der absoluten Hochsaison von Mitte Juli bis Ende August findet man aber von sonntags abends bis samstags morgens (Feiertage ausgenommen) im Sommer fast an jedem Küstenabschnitt, wenn auch nach etwas Sucherei, wenigstens ein Badeplätzchen, bei dem man aber das Wohnmobil oft nicht in Sichtweite hat (Wertsachen mit zum Strand nehmen und Alarmanlage einschalten - siehe auch unter dem Stichwort "Diebstahl"). Leider kommen viele Badeplätze als Stellplätze nicht in Frage, wenn man sich an das Nachtparkverbot hält.

Für einen mehrtägigen Badeaufenthalt sollten Sie einen *Campingplatzbesuch* erwägen, der jedoch im Hochsommer nicht selten an der Überfüllung der Plätze scheitert. Wir müssen Sie an dieser Stelle in aller Deutlichkeit warnen: Für einen Urlaub, der überwiegend vom Bade- und Strandleben bestimmt sein soll, ist die Toskana vor allem im Hochsommer ungeeignet! Kommen Sie dann lieber in den Pfingstferien oder im Spätsommer hierher. Glauben Sie nichts von dem, was andere Reiseführer Ihnen in schönfärberischer Weise von ruhigen Stränden, malerischen Fischerorten oder Badeparadiesen vorschwärmen.

Wenn Sie aber nur ab und an einen Badetag einschieben, wenn Sie die Bereitschaft haben, sich am Spätnachmittag wieder ein paar Kilometer von der Küste zurückzuziehen, wenn Sie einen wesentlichen Teil Ihres Toskana-Urlaubs im Erleben von Land- und Ortschaften sehen, und wenn zwischen Samstagmorgen und Sonntagabend für Sie die Küste absolut tabu ist, können Sie Ihre Toskana-Fahrt durchaus mit Strandleben bereichern. Und dieses muß ja auch nicht unbedingt am Meer stattfinden, auch in den meisten Seen (beispielsweise im Lago di Bolsena) kann man baden, wenn auch dort die Reinheit des Wassers zur Zeit noch etwas zu wünschen läßt.

Interessante Bademöglichkeiten findet man auch in den warmen Schwefel- oder Heilquellen, von denen wir an dieser Stelle beispielhaft Saturnia - siehe 15. Tour - erwähnen wollen. Die Badehose gehört also schon in den ersten Frühlingstagen in Ihr Kleiderfach, auch wenn öffentliche, städtische Schwimmbäder selten am Wegesrand liegen.

Straßenverhältnisse/Tankstellen

Toskanische Straßen sind mit Ausnahme der auf den Karten rot eingezeichneten Hauptdurchgangsstraßen kurvig, hügelig und nicht selten auch schmal. Wenn man aber entsprechend langsam und vorsichtig fährt, kommt man auch mit einem breiten Alkoven-Wohnmobil fast überall durch. Wenn jedoch einmal, was wirklich selten vorkommt, das Befahren ab einer bestimmten Fahrzeugbreite, -höhe oder -gewicht beschränkt wird, sollten Sie diese Schilder wirklich ernst nehmen. Denn italienische Schilderaufsteller neigen eher zum Gegenteil dessen, was man mit übertriebener Vorsicht beschreibt. Demgemäß wird es Ihnen auch der Bus- oder LKW-Fahrer nicht übelnehmen, wenn er Ihrem WOMO auf schmalster Strecke begegnet und deswegen minutenlang rangieren muß. Unser Fahrzeug hat die übliche Breite eines Alkoven-Modells, also mehr als 2 m und ist etwa 5,3o m lang. Dies vorausgeschickt kann ich mich nicht an nennenswerte Straßenprobleme erinnern, obgleich wir unzählige kleine und kleinste Nebenstrecken bergauf und bergab bewältigt haben. Jedes Sträßchen, das von den obigen Beschränkungen einmal abgesehen dem allgemeinen Verkehr freigegeben ist, kann von Ihnen ohne weiteres in Angriff genommen werden. Oft hatten wir zunächst gehörige Bedenken, die aber dann zumeist schon dadurch zerstreut wurden, daß wir sahen, wie LKW's oder Busse an schier unglaublichen Stellen gefahren sind.

Gerade auf den kleinen Nebenstrecken kann man vielmehr erleben als auf den breiten Straßen im Strom der Touristen. Sie sollten es sich daher unbedingt zur Gewohnheit machen, immer wieder auch einmal kleine, unter Umständen sogar nur geschotterte Straßen auszuwählen - und vor jeder unübersichtlichen Kurve zu hupen, denn dies erwartet der Italiener am anderen Ende der Kurve. Stellen Sie das Autoradio leise und machen Sie die Fahrerhausscheibe etwas auf, damit Sie sein Hupzeichen hören, fahren Sie langsam, seien Sie stets bremsbereit und nehmen Sie unsere Warnung wirklich ernst.

Passen Sie auch unbedingt auf, daß Ihr - möglicherweise

chronisch überladenes - Wohnmobil beim Bergabfahren weitestmöglich mit dem Motor gebremst wird und lassen Sie vor der Urlaubsfahrt Ihre Bremsanlage in einer Werkstatt überprüfen (alle zwei Jahre Austausch der Bremsflüssigkeit, Stärke der Bremsbelege, Handbremsfunktion). Sie werden nämlich Ihre Bremsen viel mehr in Anspruch nehmen, als Sie dieses erwarten. Und denken Sie daran, daß 50 km toskanische Hügelstrecke etwas anderes sind, als dieselbe Entfernung auf einer deutschen Bundesstraße.

Wenn Sie eine nennenswerte Entfernung in wirklich kurzer Zeit zurücklegen wollen, sollten Sie die - immer gebührenpflichtige - Autobahn benutzen. Wer in kurzer Zeit von Florenz nach Siena fahren will, nimmt die vierspurige kostenlose (!) Superstrade - und versäumt die landschaftlichen Schönheiten des Chianti-Gebiets. Entsprechendes gilt für die Strecke von Florenz nach Pisa, wobei nur stellenweise eine vierspurige Straße parallel zur - landschaftlich nicht sehr schönen - Staatsstraße durch das Arnotal geführt ist.

Das *Tankstellennetz* ist extrem dicht, allerdings bekommt man nicht überall Dieselkraftstoff. Sofern Sie zu den Mobilisten gehören, die bleifrei tanken, werden Sie auch nicht mehr vor ernsthafte Probleme gestellt. Normalbenzin kommt wegen seiner geringen Oktanzahl auch für die nicht in Frage, die bei uns "normal" tanken dürfen. Ein Liter Superbenzin kostet mehr als 2,-- DM . Die Benzingutscheine dafür sind gerade mal wieder abgeschafft worden, für immer - wie schon öfters. Der Liter Diesel kostete zuletzt rund 35% mehr als in der Bundesrepublik. Wegen der ständigen Schwankungen der Kraftstoffpreise verzichten wir auf genauere Angaben.

Nur eines ist weitgehend sicher: Wenn Sie - außer an Autobahnen - zwischen 12,3o und 15,oo Uhr eine Tankstelle ansteuern, werden Sie Pech haben! Denn dann liegt der Tankwart zu Hause auf dem Ohr. Benzinkanister sind in Italien verboten, wir haben trotzdem einen und es ist mir noch nie zu Ohren gekommen, daß die Polizei auf der Suche nach dem corpus delicti Kofferräume durchwühlt oder einen ausländischen Übeltäter beim Befüllen seines Tanks in flagranti ertappt hätte.

Viele Tankstellen sind auch sonntags geschlossen, dann muß man, wie auch über Mittag, eine der immer häufiger vorkommenden Zapfsäulen mit Geldscheinautomaten suchen.

Telefonieren

Wenigstens sind die Zeiten vorbei, in denen man öffentliche Telefone nur mit speziellen Telefonmünzen (den sogenannten "gettoni") füttern konnte. Für sie ist zwar immer noch ein eigener Einwurfschlitz vorgesehen, daneben aber auch solche für 100- 200- und zumeist auch für 500-Lirestücke. Aber die Anzahl öffentlicher Telefonzellen ist nach wie vor niedrig, weshalb man die Lieben zu Hause weiterhin aus der Bar oder dem Restaurant grüßen wird. Dort hängt der Telefonapparat meistens einfach an der Wand, und wenn man sich nicht das freie Ohr zuhält, ist die telefonische Kommunikation fast unmöglich. Zumal man auch ständig nachwerfen muß, denn Gespräche von Italien in die Bundesrepublik sind teurer als in umgekehrter Richtung, und eine Gebührenermäßigung gibt es nur in der Zeit zwischen 22,oo und 8,oo Uhr sowie an Sonntagen. Für wichtigere Gespräche sollte man sich eine Telefonzelle mit Zähler suchen, die es nur in sehr wenigen Bars gibt (sog. posto publico) oder bei den Zentralen der staatlichen Telefongesellschaft SIP. Nicht bei der Post, die mit dem italienischen Telefonwesen nichts zu tun hat (SIP-Zentralen findet man zumeist in der Nähe der Hauptpost oder des Bahnhofs). Hin und wieder kann man in einer Bar auch ohne Zelle wenigstens mit Zähler telefonieren, wenn man danach fragt ("telefono a scati"). Mehr und mehr werden die wenigen Telefonhäuschen auf Magnetkarten (schede telefoniche) umgestellt, diese kann man bei der SIP, an den Hauptbahnhöfen und in einigen Bars zum Wert von 3.000, 6.000 oder 9.000 Lire kaufen.

Die Ländervorwahlziffern, denen bekanntlich nicht mehr die Null der Ortsvorwahl folgen darf, sind folgende:

von Deutschland nach Italien	0039
von der Schweiz nach Italien	0039
von Österreich nach Italien	04039
von Italien nach Deutschland	0049
von Italien in die Schweiz	0041
und von Italien nach Österreich	0043

Toiletten

Viele werden dabei nur an die legalen Entleerungsmöglichkeiten für das Chemieklo denken. Eine saubere öffentliche Toilette - die meisten in der Toskana sind akzeptabel - entlastet aber auch das eigene Klo und spart Chemie; darauf kann man gar nicht oft genug hinweisen. Wir unterstellen einmal, daß unsere Leser ohnehin schon lange keine Toilettenflüssigkeit mehr benutzen, die Formaldehyd enthält, und daß jeder, der dieses Buch zur Hand nimmt, sich darüber im klaren ist, daß auch die neu entwickelten, sogenannten "umweltfreundlichen" Chemikalien die Kläranlagen belasten. Denn was in Ihrem Örtchen Bakterien zerstört, tut dieses auch in der Kläranlage, die aber gerade nach dem Prinzip arbeitet, daß dort Bakterien die Abwässer reinigen. Man muß also die Chemie so einsetzen, daß sie auch für das eigene Klo richtig dosiert ist und von den eigenen Fäkalien sozusagen weitgehend aufgebraucht wird. Das heißt: So wenig Chemie wie möglich! Der gute Vorsatz nutzt aber dann gar nichts mehr, wenn man von vornherein soviel Sanitärflüssigkeit in den Fäkalienbehälter kippt, wie es dessen gesamtem Fassungsvermögen entspricht. Wenn man dann nämlich bei guter Gelegenheit ein erst halbvolles Klo ausleert, ist die Hälfte der Chemie noch gar nicht aufgebraucht. Der verantwortungsvolle Wohnmobilist dosiert (mittels eines kleinen Meßgefäßes, das es in Fotogeschäften zum Abmessen für das Heimlabor gibt) also zunächst höchstens für ein Drittel des Fäkalbehälterinhalts und füllt dann nach Bedarf auf.

Noch besser ist es, zunächst gar keine keimtötende Flüssigkeit einzufüllen, denn einen Tag lang geht es problemlos auch ohne. Und wer sich ein bißchen umsieht, findet fast jeden Tag eine öffentliche Toilette zur Entsorgung. Wir haben Sie daher bei den Reisebeschreibungen immer wieder auf öffentliche WC's hingewiesen, an die man einigermaßen nahe heranfahren kann. Leider ist die Toskana keineswegs flächendeckend mit solchen Toiletten versorgt, weshalb man es sich unbedingt zur Gewohnheit machen muß, bei jeder sich bietenden Gelegenheit das Chemieklo auszuleeren.

Denken Sie bitte immer daran, daß es gerade die "großen Geschäfte" im Gebüsch sind, welche mehr und mehr dazu führen, bestimmte Plätze für Wohnmobile zu sperren. Es ist gar nichts dagegen einzuwenden, verstohlen an einen Baum zu pinkeln (ganz im Gegenteil: dafür wird die Natur sogar von Chemie verschont), wer aber am selben Baum ein Häuflein rosa Klopapier zurückläßt, braucht sich nicht zu wundern, wenn er im nächsten Urlaub sein Wohnmobil nicht mehr in die Nähe dieses Baumes stellen darf. Wer meint, ich würde ihn bei solchen Aussagen mit Selbstverständlichkeiten langweilen, sollte sich doch einmal im Gebüsch einiger Stellplätze näher umsehen!

Italienische Wohnmobile verfügen sehr häufig über einen fest eingebauten Fäkaltank. Es ist mir nach wie vor ein Rätsel, wie diese legal entsorgt werden, zumal die wenigen offiziellen Entleerungsstellen, bei denen man in ein spezielles, im Boden befindliches Loch entsorgen kann, ausgesprochen selten sind. Mich wundert auch, wie selten man einen Wohnmobilbesitzer mit einem transportablen Fäkalbehälter, beispielsweise aus den zunehmend in Mode kommenden Kassetten-Klos, zu einer öffentlichen Toilette eilen sieht. Mir schwant hier nichts Gutes, so daß eine gehörige Portion von Selbstkritik und Verantwortungsbewußtsein bei manchem von Ihnen Platz greifen sollte!

Tourismus

Die Toskana ist vor allem im Bereich der bekannten Städte und an der Küsten ein Touristengebiet. Wäre dies nicht so, hätten Sie sich vermutlich weder zu einer Reise dorthin entschlossen, noch diesen Wohnmobilreiseführer gekauft. Die entscheidende Frage ist aber, ob die Toskana vom Tourismus geprägt ist, ob es dort Massentourismus gibt? Wir sagen: Es kommt darauf an, wann man wohin fährt:

So ist die gesamte Küstenregion im Grunde das ganze Jahr über vom Tourismus bestimmt, wozu auch alle erdenklichen baulichen Auswüchse gehören. Auch in der Innenstadt von Florenz stolpert man förmlich - jedenfalls im Sommerhalbjahr - allenthalben über die Schatten des Geschäfts mit Millionen von Urlaubern, genauso am Schiefen Turm von Pisa. Auch ein Ostersamstagnachmittag in San Gimignano kann zum Alptraum werden. Aber auf dem sogenannten "flachen Land" sprich: den Hügeln, ist es sofort vorbei mit der Angst vor Unseresgleichen, den anderen, die genauso Touristen sind wie wir. Für sie ist zwar auch überall gesorgt, wo eine Kirche, ein Kunstdenkmal oder eine Natursehenswürdigkeit lockt. Aber Massentourismus gibt es, von den genannten Einschränkungen einmal abgesehen, wirklich nirgends. Nur wer hauptsächlich einen Badeurlaub verbringen, dabei noch am Rande die Toskana auf kurzen Fahrten nach Pisa, Florenz, San Gimignano und Siena "mitnehmen" möchte, wird andere Wahrnehmungen machen.

Selbst wenn Sie sich einmal ins Getümmel stürzen müssen, können Sie mit den mobilen Vorzügen Ihres Fahrzeuges dem Touristengedränge sehr schnell wieder entfliehen. Es ist dem Tourismus nämlich noch nicht gelungen - von den genannten wenigen Ausnahmen abgesehen - Land und Leuten das für sie Typische zu nehmen und sie touristisch glatt zu bügeln. Es hat auch den Anschein, daß sich daran in Zukunft nichts ändern wird. Ist doch die Toskana seit mehreren Jahrzehnten ein Reiseland, das sich allmählich auf die vielen Besucher einstellen konnte.

Und auf ein wenig Tourismusstruktur wollen wir oft auch gar nicht verzichten: Die Kinder möchten ein Eis, der Vater ein Bier und die Mutter (verdammte Klischees!) soll auch nicht frustriert am Zweiflammkocher hantieren, nur weil man keine Pizzeria gefunden hat. Wohl gemerkt: Wir reden nicht von der Küste!

Man kann nicht einmal behaupten, daß der häufigste toskanische Tourist der deutsche wäre. Denn auch die Italiener wissen ihr Land zu schätzen und zu bereisen. Ich habe zwar keine statistischen Erhebungen angestellt, ich wage aber zu behaupten, daß Ihnen häufiger italienische Wohnmobile als deutsche begegnen werden. Und das will wirklich was heißen.

Unfall

In meinem Elsaß-Buch ("WOMO-REIHE" Band 6) konnte ich mit eigenen Unfallerfahrungen aufwarten. Diese sind uns in der Toskana glücklicherweise bislang erspart geblieben. Ich wünsche Ihnen dasselbe!

Wenn das Schicksal Sie trotzdem ereilt, sollten Sie als erstes daran denken, daß deutscher Bürokratismus in Italien ein schlechtes Vorbild ist, daß Sie auf sich selbst gestellt sind. So Sie einen Unfallgegner haben, notieren Sie sofort dessen Kennzeichen und unbedingt seine Versicherungsgesellschaft sowie die Versicherungsnummer. Beides können Sie von einem viereckigen Aufkleber hinter der Windschutzscheibe (bei Motorrädern in einer kleinen Plastiktasche am Vorderbau des Fahrzeuges) ablesen. Es ist nämlich unmöglich, nur anhand des Kennzeichens den Haftpflichtversicherer zu ermitteln. Machen Sie möglichst eine Vielzahl von Fotos von Kennzeichen und Versicherungsplakette, den Unfallendständen, den Verkehrszeichen, Bremsspuren und der Gesamtsituation. Die Polizei kommt nur bei schweren Sachschäden, oder wenn Personen verletzt wurden. Falls der Unfallgegner keine Polizei möchte und Sie eindeutig schuld sind - die Verkehrsregeln sind im wesentlichen die gleichen wie bei uns, falls niemand schwer verletzt worden ist, können Sie auch mit Ihrem Kontrahenten Formalitäten austauschen, ohne die Polizei zu rufen. Dann ersparen Sie sich nämlich mit hoher Wahrscheinlichkeit ein nicht geringes Bußgeld oder gar eine Kautionszahlung. Ihr deutscher Haftpflichtversicherer wird den Schaden nämlich auch regulieren, wenn Sie ohne Zuhilfenahme der Polizei über den Unfall wahrheitsgemäß berichten. Nur unverzüglich, das heißt so schnell Sie können, also spätestens am nächsten Tag, sollten Sie die deutsche Haftpflichtversicherung per Einschreiben und Eilboten (siehe Stichwort "Post") informieren. Einzelheiten können Sie notfalls in der Heimat nach Rückkehr aus dem Urlaub noch nachreichen. Unterschreiben Sie nichts, was Sie nicht verstehen und lassen Sie sich nicht von gegnerischen Mitfahrern oder von Passanten beeinflussen.

Haben Sie eine Rechtsschutzversicherung, in der Ihr WOMO auch mitversichert ist? Prüfen Sie diesen Punkt sehr genau rechtzeitig vor Urlaubsantritt. Legen Sie eine Fotokopie Ihres Rechtsschutzversicherungsscheines ständig ins Wohnmobil (vergessen Sie auch nicht die grüne Versicherungskarte!) und rufen Sie bei gravierenderen Schäden sofort bei Ihrer Rechtsschutzversicherungsgesellschaft an. Diese wird Ihnen einen deutschsprachigen Anwalt in der Nähe Ihres Unfallortes benennen, mit dem Sie dann sogleich Kontakt aufnehmen sollten. Sie haben noch keine Rechtsschutzversicherung, aber ein Wohnmobil im Wert von zig-tausend Mark? Sie sind ein unverbesserlicher Optimist! Denn ohne die Hilfe eines italienischen Anwaltes, den Sie auch als schuldloses Unfallopfer selbst bezahlen müssen, können Sie die Regulierung Ihres Schadens vollkommen vergessen. Ich selbst konnte als deutscher Advokat noch niemals von Deutschland aus einen Unfallschaden in Italien ohne die Hilfe eines italienischen Kollegen regulieren. Eine italienische Haftpflichtversicherung reagiert nämlich auf Schreiben aus Deutschland so gut wie gar nicht - und wenn, erst nach vielen Monaten, ohne dabei jedoch auch nur einen Pfennig zu bezahlen. Schadensersatzleistungen sind in Italien überdies in vielfacher Hinsicht schlechter als bei uns, so daß ich Ihnen auch dringend eine Vollkaskoversicherung empfehle. Denken Sie an die Werte, die Sie durch die Gegend kutschieren!

Sie haben ein Wohnmobil gemietet? Fragen Sie Ihren Vermieter *vor* Abschluß des Mietvertrages, ob das Fahrzeug auch vollkaskoversichert ist. Lassen Sie die Finger davon, wenn Sie nicht den Versicherungsschein gesehen haben *und* Ihnen der Vermieter schriftlich erklärt hat, daß er auch die Versicherungsprämie bezahlt hat (am besten lassen Sie sich den bankbestätigten Einzahlungsbeleg zeigen, ein seriöser Vermieter ist dazu gerne bereit). Fragen Sie Ihren Vermieter nach der Rechtsschutzversicherung. Falls er keine unterhält, Sie sich aber selbst rechtsschutzversichert haben, beispielsweise für Ihr normales Auto, genießen Sie Rechtsschutzversicherungsschutz auch als Fahrer eines fremden Autos, sofern Ihre eigenen Rechte betroffen sind. Dieses gilt für den gesamten strafrechtlichen Bereich, also für Geldstrafen, Freiheitsstrafen (Gott bewahre!) und auch für die Durchsetzung Ihrer eigenen Schadensersatzansprüche, wenn Sie einen Körperschaden erlitten haben. Achten Sie darauf, daß Ihre Familienmitglieder in dieser Rechtsschutzversicherung mitversichert sind. Ich kann Sie, um dieses unheilvolle Kapitel zu beschließen, nicht eindringlich genug bitten, alle diese Dinge nicht auf die leichte Schulter zu nehmen. Zuletzt verweise ich auf das Stichwort "Notfälle".

Wanderungen

Wir wollen Sie bei den Reisebeschreibungen mit einigen selbstgetesteten Vorschlägen zu Wanderungen und Spaziergängen verleiten. Wandern, oder wie die Italiener sagen: Trekking ist in der Toskana längst in Mode gekommen. Nur sind leider die äußeren Voraussetzungen dafür nicht gerade ideal. Damit meine ich weniger die Landschaft, wenngleich auch hier ein paar Einschränkungen zu beachten sind: Im Sommer ist es heiß, und lange schattige Wege dürfen Sie längst nicht überall erwarten. Ein größeres Problem liegt aber darin, daß es alles in allem relativ wenig markierte Wanderwege gibt. Hier leistet zur Zeit deutscher Pioniergeist Hilfestellung: Rund um Greve im Chianti-Gebiet hat sich der Odenwald-Club durch professionelle Wanderzeichen verewigt. Überhaupt ist das Chianti markierungsmäßig noch recht gut versorgt, das gilt auch für die schöne Region am Monte-Amiata und mit Abstrichen auch für die Apuanischen Alpen. In punkto Wanderzeichen besteht aber die Toskana aus riesengroßen, weißen Flecken auf der Landkarte.

Immerhin gibt es aber inzwischen mehrere ausreichende Wanderkarten: Der Südtiroler Kompass-Verlag hat im Maßstab 1:50.000 zwei ordentliche Karten herausgegeben, nämlich "Firenze-Chianti" und "Siena-Chianti" (Karten-Nr. 660 und 661). Die Karten bekommen Sie in der Toskana, wenn auch nach etwas Suchen in fast jedem größeren Ort. Sie können sie auch schon in der heimischen Buchhandlung bestellen. Mit Hilfe dieser beiden Karten ist ein großes Wandergebiet abgedeckt, zumal auf den Karten die Wanderwege eingezeichnet sind. Auch außerhalb dieser markierten Wege können Sie sich mit den beiden Karten ausreichend orientieren. Für die Apuanischen Alpen gibt es beispielsweise in zwei oder drei Geschäften in Carrara eine weitere Wanderkarte. Daneben bleiben nur noch die unpräzisen und völlig veralteten, topografischen Karten des Instituto Geografico Militare (IGM), die man in Florenz im Viale (nicht Via) Strozzi 14 (Nähe Hauptbahnhof) von montags bis freitags zwischen 9,oo und 12,oo Uhr kaufen kann, in Siena bei der Liberia Ticci in der Via delle Terme 5/7 (Nähe Piazza del Campo). Angeblich ist in Florenz auch die Buchhandlung Geographica in der Via Cimatori 16, einem Gäßchen nördlich des Palazzo Vecchio, gut sortiert, das habe ich aber noch nicht selbst überprüft.

Mit Hilfe einer Autokarte im Maßstab 1:200.000 oder 1:100.000 kann man sich in übersichtlichen Gegenden auch durchaus auf die Wanderschaft machen, zumal die Landschaft häufig wenig bewaldet und demgemäß ungewohnt übersichtlich ist. Ein kleiner Irr- oder Umwegbleibt dann allerdings nicht aus. Wir haben zur Sicherheit immer noch einen Kompass dabei, ihn aber selten gebraucht. Falls Sie ernsthaft wandern wollen, empfehle ich Ihnen unbedingt das schöne Buch von **Helmut Dumler "Wanderungen in der Toskana", Bruckmann-Verlag, München** das ich unter der Überschrift "Literatur" auch schon denen ans Herz gelegt habe, die gar nicht wandern. Für Wanderfreunde ist es das "Non plus ultra". Es enthält zuverlässige

Wegbeschreibungen, sehr vieles über die Landschaft, die Städte und die Menschen und nach meinem Geschmack die schönsten Fotos aller Toskana-Reiseführer.

Hingegen ist das Werk **"Richtig wandern" Toskana, Latium** aus dem **DuMont Buchverlag** von **Christoph Hennig** für unsere Zwecke weniger geeignet, beschreibt der Autor nämlich hauptsächlich Streckenwanderungen. Wir brauchen Rundwanderwege, wie sie Herr Dumler beschreibt. Oder wollen Sie am Abend im Linienbus zu Ihrem WOMO zurückfahren oder gar trampen?

Ängstlichen Gemütern sei noch das Buch von **Bernhard Steinacker "Florenz, Chianti, Siena, Kunstwanderführer"** erschienen in der **Steinackerschen Verlagsbuchhandlung**, Leverkusen-Obladen (ISBN 3 - 980 1588-1-0) empfohlen, wo der Autor Ihnen nach dem Motto: "Zwei Schritte rechts, einen links, zehn Schritte geradeaus" ein Abkommen vom rechten Weg mit schier unglaublicher Genauigkeit erspart. Mit derselben Präzision erzählt er Ihnen aber auch vieles von den kleinen sogenannten unbedeutenden Sehenswürdigkeiten am Rande der Strecke.

Oder Sie versuchen es erst einmal mit unseren Wanderrouten, wobei wir bewußt nicht so großen Wert darauf gelegt haben, Ihnen den Wegeverlauf genauestens zu schildern. Ein bißchen Kreativität sollte auch beim Wandern mitspielen!

Blick auf Carmignano (Tour 4)

Wasserversorgung

Kein Problem! Wir haben wirklich noch in keinem anderen Reisegebiet so viele öffentliche Wasserzapfstellen gesehen.

Jede toskanische Ortschaft verfügt über einen oder mehrere Wasserhähne, die man in den meisten Fällen auch relativ leicht findet. Damit Sie völlig sorglos durch die Lande fahren können, haben wir auf den Karten zu den einzelnen Touren unseres Reiseführers auch noch Wasserentnahmemöglichkeiten eingezeichnet. Entweder sehen Sie diese beim Vorbeifahren von der Straße aus, oder wir beschreiben Ihnen die Örtlichkeit im Text genau. Dabei haben wir, von wenigen Ausnahmen abgesehen, nur Wasserhähne eingezeichnet, an denen Sie einen Schlauch zum Befüllen Ihres festeingebauten Tanks anschließen können.

Wir verfügen allerdings über einen etwa 8 m langen Wasserschlauch und setzen Ähnliches auch bei Ihnen voraus. Wenn Sie nämlich nur ein Schläuchlein von 2 m Länge mit einem einzigen Anschlußstück mitführen, wird es gelegentlich Probleme geben. Denn die meisten italienischen Wasserhähne verfügen über ein Schraubgewinde, entweder in der Größe 1/2 Zoll oder 3/4 Zoll. Sie sollten unbedingt einen Schraubanschluß in beiden Größen dabei haben, den Sie dann je nach Bedarf auf Ihren Schlauch stecken können (die besten Erfahrungen haben wir mit den Anschlüssen der Firma Gardena gemacht). Wir verfügen außerdem über verschiedene, etwa 4o cm lange Schlauchenden (es gibt in den Baumärkten bei uns durchsichtige PVC-Schäuche, bei denen der jeweils kleinere genau in den nächst größeren hineingesteckt werden kann), mit deren Hilfe man seinen Schlauch jeder Dicke eines Wasserhahns, der vorne kein Gewinde hat, anpassen kann. Notfalls kann man den Schlauch auch in den Wasserhahn hineinstecken.

Wie man sich bei besonders dicken Brunnenrohren behilft, wenn man nicht zunächst einen Kanister füllen und diesen dann in den Wassertank entleeren möchte - so wie viele weitere Tricks, die wir im Rahmen dieses Buches aussparen müssen, sollten Sie im "Allgemeinen Wohnmobilhandbuch" in der "WOMO-REIHE" Band 5 nachlesen. Oder Sie haben eine große Gießkasse dabei, dann nötigt Ihnen auch die unförmige Ausflußöffnung einer altväterlichen Handpumpe nur ein müdes Lächeln ab.

An den öffentlichen Zapfstellen bekommen Sie durchweg Trinkwasser, wir entkeimen zur Sicherheit trotzdem mit den im Handel befindlichen Mitteln.

Zum Wäschewaschen findet man in kleineren Orten gelegentlich noch Waschhäuser. Ein Becken dient dort für die Hauptwäsche, ein anderes zum Klarspülen.

Wein

Nach dem Wasser nun zum Wein. Eine kleine *Weinkunde* vorab ist unerläßlich:

Italienischer Wein wird nach bestimmten Kriterien in Qualitätsklassen gruppiert, die auf dem Etikett genannt sein müssen. Das EWG-Normen angepaßte italienische Weingesetz wird seit dem Methanol-Skandal des Jahres 1986 (jedenfalls in der Toskana) bei Weinen, die in den offiziellen Handel gelangen, genau überwacht. Es erlaubt in den beiden höchsten Kategorien die Bezeichnungen *DOC* (denominazione di origine controllata) und *DOCG* (denominazione di origine controllata e garantita), was bedeutet, daß die Herkunftsbezeichnung geschützt und falls das "G" noch hinzugefügt wird, obendrein noch garantiert ist. Die höchste Echtheitsgarantie, also DOCG, dürfen in der Toskana nur der Brunello di Montalcino, bestimmte Weine des Chianti und teilweise der Vino nobile di Montepulciano tragen. Womit allerdings noch nicht gesagt ist, daß Weine, welche diese Buchstaben auf dem Etikett haben, unbedingt auch die besten sind. Es gibt nämlich durchaus Gewächse, die nur die Bezeichnung der untersten Kategorie, nämlich *Vino da tavola* (Tafelwein) führen dürfen, aber gleichwohl zu den besten Weinen Italiens zählen. Das liegt daran, daß dann die Traubenzusammensetzung dieser Weine nicht den Anforderungen entspricht, welche ein Qualitätswein des jeweiligen Anbaugebiets eigenlicht haben müßte. Abgesehen davon kann man sagen, daß normalerweise die Tafelweine, die sich in der Regel noch mit irgendwelchen Fantasiebezeichnungen schmücken, zu den einfachen, aber durchaus schmackhaften Tischweinen gehören.

Lesen Sie auf der Flasche die Aufschrift *frizzante*, handelt es sich um einen perlenden Wein. Schaumwein oder Sekt werden mit *spumante* gekennzeichnet, süßer Wein trägt das Prädikat *amabile* oder *dolce* und trockener Sekt die Kennzeichnung *brut*. Wie schon erwähnt, müssen die Qualitätsweine aus bestimmten Traubensorten hergestellt werden, die Anbaumenge ist reglementiert, außerdem darf ein bestimmter Alkohlgehalt nicht unterschritten werden.

Häufig findet man bei *Rotweinen* noch die Bezeichnung *riserva*, die nur dann auf der Flasche stehen darf, wenn der Wein eine für das Anbaugebiet festgelegte Faßlagerzeit hat. Derartige Tröpfchen sind meist edel und entsprechend teuer. Ein geschmacklicher Reinfall ist bei ihnen höchst selten, wenngleich das Preis-Leistungsverhältnis nicht unbedingt gewahrt sein muß. Aufgrund unserer jahrelangen Geschmackstests können wir feststellen, daß nur das Wörtchen riserva weitestgehend wirkliche Qualität garantiert.

Vieles was mit der Qualitätsbezeichnung DOC in den Regalen der Geschäfte steht, ist höchst mittelmäßig, wenn nicht sogar schlecht. Jedenfalls bei den Rotweinen. Wenn Sie eine solche Flasche für 5,-- oder 6,-- DM im Supermarkt erstanden haben, werden Sie mit absoluter Sicherheit keine Geschmacksoffenbarung erleben.

Wir können Ihnen über das Gesagte hinaus keine allgemein verbindliche Weinkaufempfehlung geben. Denn gerade das Angebot an Chianti-Weinen ist riesengroß, und in der Preisklasse bis 10,-- DM trinkt man mindestens neun mäßige Flaschen aus, bevor man auf eine beachtenswerte trifft. Ihnen muß klar sein, daß man für diesen Preis auch keinen wirklich guten Wein herstellen kann, von ganz wenigen Ausnahmen abgesehen.

Die Auswahl von *Weißweinen* ist in der Toskana relativ einfach, diesbezüglich werden ohnehin keine Superlativen geboten, dafür schmeckt aber auch schon die Flasche *Vernaccia di San Gimignano* oder *Bianco di Pitigliano* für 6,-- bis 8,-- DM nach mehr. Die Weißweine eignen sich nach unserer Meinung nicht zum Mitnehmen, da füllen wir freien Gepäckraum schon lieber mit *Rotweinen*. Bei diesen wird der *Vino nobile di Montepulciano* hoch gelobt und auch auch oft teuer bezahlt. Ich habe es mir abgewöhnt, diese Weine zu kaufen, denn ich war auch bei den höheren Preisklassen immer enttäuscht. Es gibt aber zwei Anbaugebiete, die ich Ihnen sehr ans Herz legen darf: Die Weine aus dem Anbaugebiet *Carmignano*, hier vor allem die Erzeugnisse des Weingutes von Artimino (siehe 4. Tour) und natürlich die Erzeugnisse des Weingebiets von Montalcino (siehe 12. Tour). Ein *Brunello* zählt zum Besten, was Italien rotweinmäßig zu bieten hat, leider aber auch zum Teuersten, denn unter umgerechnet 20,-- DM kann man heutzutage kein Fläschchen mehr erstehen. Ganz hervorragend kann auch ein *Rosso di Montalcino* sein, sozusagen der kleine Bruder des Brunello. Er wird nicht solange gelagert, daß er sich Brunello nennen darf, er stammt möglicherweise auch von jüngeren Reben, er kostet aber meist nicht viel mehr als 10,-- DM und beschert uns oftmals schon einen geschmacklichen Hochgenuß. Wenn Sie mich nach dem Rotwein fragen, dem ich das beste Preis-Leistungsverhältnis zuerkennen kann, gibt es für mich nur eine Antwort: Einen Rosso di Montalcino des Weinguts Poggio Antico (Näheres können Sie bei der 12. Tour nachlesen). Ich muß allerdings einräumen, daß ich diesen Rosso erst einmal ein Jahr lang im heimischen Keller lagere, bevor ich die erste Flasch entkorke. Sicher gibt es auch jahrgangsbedingte Unterschiede, aber über mehrere Jahre hinweg habe ich nur beste Erfahrungen gemacht. Die Flasche kostete im Frühsommer 1990 6.000 Lire, und ich kann mit Fug und Recht behaupten, daß ich für einen solchen Preis in ganz Europa keinen besseren Rotwein getrunken habe. Dasselbe gilt entsprechend auch für den Brunello der Fattoria Poggio Antico, die sich allerdings den Riserva zuletzt mit rund 27,-- DM pro Flasche bezahlen ließ. Für eine vergleichbare französische Qualität zahlt man aber gemeinhin mindestens das Doppelte. Wer also den heimischen Rotweinkeller auffüllen möchte, fahre entweder nach Artimino oder nach Montalcino.

Nicht unerwähnt lassen dürfen wir auch den *Vinsanto*. Der "Heilige Wein" wurde wohl früher als Meßwein verwendet, er begegnet Ihnen heutzutage nach jedem guten Mahl beim Dessert. Ein guter, goldbrauner und sehr aromatischer Vinsanto kann etwas köstliches sein. Leider bekommt man zum Nachtisch aber auch gelegentlich üble Gesöffe. Falls Sie mit einem Einkauf in größeren Mengen liebäugeln, fragen Sie in einem der von uns genannten Weingüter, denn eine Fattoria, die etwas auf sich hält, keltert lieber gar keinen Vinsanto als einen schlechten.

Wenn Sie ernsthaft beabsichtigen, sich in der Toskana mit Wein einzudecken, kaufen Sie sich vor der Reise unbedingt das kleine Büchlein **"Italiens Weine"** von **Burton Anderson, Hallwag-Verlag**. Sie müssen dann 24,80 DM über die Theke des Buchgeschäftes schieben, die sie aber in mehrfacher Hinsicht wieder reinholen, schon wenn Sie später nur 12 Flaschen einkaufen. Das dünne Buch nennt Ihnen von jedem Anbaugebiet die besten Weingüter und, was ganz wichtig ist, die guten Jahrgänge. Die Spitzenweinguter bringen zwar schlechte Ernten erst gar nicht in den Handel, die allermeisten lassen aber die Erzeugnisse aus mäßigen Jahren vornehmlich in Weingeschäften oder bestimmten Kneipen an Touristen verscherbeln. Nehmen Sie das Buch also auch zum Essen mit und fragen Sie den Kellner vor der Bestellung einer Flasche nach dem Jahrgang.

Damit sind wir beim letzten Aspekt des Weinkaufs, nämlich bei der Frage, wie findet man einen guten Wein? Der beste Weg: Folgen Sie zuerst einmal den - wenigen - Empfehlungen unsers Buches. Die schlechte Alternative: Sie kaufen sich im Touristen-Shop drei Flaschen und tragen diese im Pappkarton mit Henkel zu Ihrem WOMO. Sie können das Problem auch stategisch in Angriff nehmen: Sie sitzen an einem schönen Abend im Restaurant, Sie müssen hinterher nicht mehr fahren und bestellen sich eine Flasche Wein. Hat sie Ihnen geschmeckt, dann schreiben Sie sich die Sorte des Weins, den Jahrgang und die Lage, ferner den Namen und die Ortschaft des Weinguts auf. Wenn Sie zu mehreren sind, können Sie im Restaurant verschiedene Weine testen. Beim Essen macht eine "Weinprobe" auch viel mehr Spaß, als mitten am Tag, wenn man gar keine Lust auf Alkohohl hat und noch mit dem Auto fahren muß - ein ganz wichtiger Faktor! Wenn Sie so einmal eine Anlaufadresse gefunden haben, können Sie beim Winzer in der Regel noch verschiedene Rebsorten und Jahrgänge verkosten. Allerdings ist man diesbezüglich in der Toskana nicht unbedingt freigiebig, man muß den Erzeuger schon regelrecht um ein Gläschen bitten. Leider gibt es in der Toskana so gut wie keine halben Flaschen (mit 0,37 l Inhalt), so daß man auch bei einem ausgedehnten Abendessen nur wenige Weine, wenn man zu zweit ist, ist in der Regel nur eine Flasche einem Test unterziehen kann. Insgesamt gilt aber: Haben Sie keine Scheu, direkt zum Erzeuger zu gehen, er freut sich über Sie und belohnt Sie in mit einem Preis, der niedriger ist als im Weingeschäft.

Abend bei Carmignano

Stichwortverzeichnis

Weitere Bände der WOMO-Reihe:

Band 1–4 und 6–15

MIT DEM WOHNMOBIL . . . .

- Durchs ganze Land in vielen Touren.
- Die schönsten Badestrände, die noch nicht jeder kennt – mit uns finden Sie hin.
- Freies Camping – kein Problem!
- Bergtouren für groß und klein.
- 300 Tricks und Tips für Ausrüstung, Reisevorbereitung und Urlaub.
- Ausgefeilte Packliste.
- Die besten Anreiserouten, Fähren, usw. usw.
- Gesicherte Trinkwasserversorgung durch Hinweise auf über 50 Brunnen.
- Die besten Fährverbindungen.
- Genaue Kennzeichnung schöner Bade-, Picknick- und Wanderparkplätze.

Band 5:

ALLGEMEINES WOHNMOBIL-HANDBUCH

- Beratung bei Wohnmobilkauf oder -miete.
- Einweisung in die Gas-, Wasser- und Elektroinstallation.
- Einrichtung des Wohnmobils.
- Tips und Tricks füs wohnmobile Wochenende.
- Freies Camping in Deutschland – Stellplatztips.
- Zubehörtips, Ver- und Entsorgungsratschläge.
- Urlaubsvorbereitung mit Profipackliste.
- Tips und Tricks für die große Fahrt mit Informationen über freies Camping in ganz Europa.
- Rezepte f. d. Wohnmobilküche./Ratschläge f. Reisen m. Kindern.
- Mit dem Wohnmobil zum Wintersport./Alle Wohnmobilclubs.
- WUPS – der WOMO-Urlaubs-Partner-Service.
- Adressen der Wohnmobilhersteller, -händler, -vermieter, Campingzubehör, Gastankstellen.

Absender:

____

____

____

Datum Unterschrift

WOMO-VERLAG

Versandabteilung

D-7128 Lauffen / Neckar

Wir bestellen:

___Ex.:	Mit dem Wohnmobil nach Griechenland	DM 22,80
___Ex.:	Mit dem Wohnmobil nach Nord-Spanien	DM 24,80
___Ex.:	Mit dem Wohnmobil nach Korsika	DM 19,80
___Ex.:	Mit dem Wohnmobil nach Schweden	DM 22.80
___Ex.:	Allgemeines Wohnmobil-Handbuch	DM 24,80
___Ex.:	Mit dem Wohnmobil ins Elsaß	DM 22,80
___Ex.:	Mit dem Wohnmobil nach Sardinien	DM 22,80
___Ex.:	Mit dem Wohnmobil in die Toskana	DM 22,80
___Ex.:	Mit dem Wohnmobil nach Thüringen	DM 24,80
___Ex.:	Mit dem Wohnmobil in die Bretagne	DM 22,80
___Ex.:	Mit Wohnwagen/Wohnmobil in die Auvergne	DM 19,80
___Ex.:	Mit dem Wohnmobil in die Provence	DM 24,80
___Ex.:	Mit dem Wohnmobil in die Pfalz	DM 22,80
___Ex.:	Mit Wohnwagen/Wohnmobil nach Burgund	DM 22,80
___Ex.:	Mit dem Wohnmobil nach Norwegen	DM 24,80

Preisänderungen vorbehalten.

Unsere Bücher erhalten Sie in jeder Buchhandlung oder porto- und verpackungsfrei und auf Rechnung direkt vom Verlag.
Bestell-Telefon: 0 71 35 / 1 45 53, Fax 1 46 52.
Hier auch Infos über unsere ständigen Neuerscheinungen.

* WOMO * * WOMO * * WOMO * * WOMO *